Conheça o
Saraiva Conecta

Uma plataforma que apoia o leitor em sua jornada de estudos e de atualização.

Estude *online* com conteúdos complementares ao livro e que ampliam a sua compreensão dos temas abordados nesta obra.

Tudo isso com a **qualidade Saraiva Educação** que você já conhece!

Veja como acessar

No seu computador
Acesse o *link*
https://somos.in/SJDCDOE20

No seu celular ou tablet
Abra a câmera do seu celular ou aplicativo específico e aponte para o *QR Code* disponível no livro.

Faça seu cadastro

1. Clique em **"Novo por aqui? Criar conta"**.

2. Preencha as informações – insira um *e-mail* que você costuma usar, ok?

3. Crie sua senha e clique no botão **"CRIAR CONTA"**.

Pronto! Agora é só aproveitar o conteúdo desta obra!*

Qualquer dúvida, entre em contato pelo *e-mail* **suportedigital@saraivaconecta.com.br**

Para consultar o conteúdo complementar, acesse: **https://somos.in/SJDCDOE20**

*Sempre que quiser, acesse todos os conteúdos exclusivos pelo *link* ou pelo QR Code indicados. O seu acesso tem validade de 24 meses, a contar da data de fechamento desta edição.

Rodrigo César Rebello Pinho

DIREITO CONSTITUCIONAL

20ª edição
2024

DA ORGANIZAÇÃO DO ESTADO, DOS PODERES E HISTÓRICO DAS CONSTITUIÇÕES

Av. Paulista, 901, Edifício CYK, 4º andar
Bela Vista – São Paulo – SP – CEP 01310-100

SAC | sac.sets@saraivaeducacao.com.br

Diretoria executiva	Flávia Alves Bravin
Diretoria editorial	Ana Paula Santos Matos
Gerência de produção e projetos	Fernando Penteado
Gerência de conteúdo e aquisições	Thais Cassoli Reato Cézar
Gerência editorial	Livia Céspedes
Novos projetos	Aline Darcy Flôr de Souza
	Dalila Costa de Oliveira
Edição	Iris Ferrão
Design e produção	Jeferson Costa da Silva (coord.)
	Rosana Peroni Fazolari
	Guilherme Salvador
	Lais Soriano
	Tiago Dela Rosa
	Verônica Pivisan Reis
Planejamento e projetos	Cintia Aparecida dos Santos
	Daniela Maria Chaves Carvalho
	Emily Larissa Ferreira da Silva
	Kelli Priscila Pinto
Diagramação	Fernanda Matajs
Revisão	Paula Brito
Capa	Lais Soriano
Produção gráfica	Marli Rampim
	Sergio Luiz Pereira Lopes
Impressão e acabamento	Gráfica Paym

DADOS INTERNACIONAIS DE CATALOGAÇÃO NA PUBLICAÇÃO (CIP)
VAGNER RODOLFO DA SILVA – CRB-8/9410

P654s   Pinho, Rodrigo César Rebello

Sinopses jurídicas – Direito Constitucional – Da organização do Estado, dos poderes e histórico das Constituições / Rodrigo César Rebello Pinho. – 20. ed. – São Paulo : SaraivaJur, 2024.

144 p.

ISBN 978-65-5362-364-4 (impresso)

1. Direito. 2. Direito Constitucional. I. Título.

2023-2657

CDD 342
CDU 342

Índices para catálogo sistemático:

1. Direito Constitucional   342
2. Direito Constitucional   342

Data de fechamento da edição: 14-11-2023

Dúvidas? Acesse www.saraivaeducacao.com.br

Nenhuma parte desta publicação poderá ser reproduzida por qualquer meio ou forma sem a prévia autorização da Saraiva Educação. A violação dos direitos autorais é crime estabelecido na Lei n. 9.610/98 e punido pelo art. 184 do Código Penal.

CÓD. OBRA	2241	CL	608697	CAE	844841

ÍNDICE

Capítulo I – Da organização do Estado 1
1. Federação 1
2. Conceito de Federação 1
3. Características do Estado Federal 1
4. Origem do federalismo brasileiro 2
5. Município como entidade política de 3º grau 2
6. Traço federativo 2
7. Entidades federativas 2
8. Grau de centralização 2
9. Espécies de federalismo 3
10. Brasília 3
11. Territórios 4
12. Estados 4
13. Municípios 4
14. Vedações constitucionais 5

Capítulo II – Repartição de competências 7
1. Introdução 7
2. Conceito de competência 7
3. Princípio geral da repartição de competências 7
4. Critérios adotados na repartição de competências 7
5. Sistema adotado pela Constituição brasileira 7
6. Classificação das competências quanto à natureza 7
7. Classificação das competências quanto à forma 8
8. Classificação das competências quanto à extensão 8
9. Classificação das competências quanto à origem 10
10. Inexistência de hierarquia entre leis federais, estaduais, distritais e municipais 11
11. Espécies de leis 11

Capítulo III – Intervenção 13
1. Introdução 13
2. Fundamento e finalidades 13
3. Regra geral 13
4. Espécies de intervenção 13
5. Competência e procedimento para intervenção 14

6. Hipóteses de intervenção federal 14
7. Princípios constitucionais sensíveis 15
8. Forma e limites da intervenção federal 15
9. Requisitos da intervenção 15
10. Controle político e jurisdicional 15
11. Duração da intervenção 16
12. Figura do interventor 16
13. Legitimidade ativa para pedido de intervenção federal 16
14. Hipóteses de intervenção estadual 17
15. Forma e limites da intervenção estadual 17

Capítulo IV – União **18**
1. Introdução 18
2. A União e a República Federativa do Brasil 18
3. A dupla face da União 18
4. Bens da União 18
5. Competências da União 23

Capítulo V – Estados Federados **25**
1. Introdução 25
2. Autonomia 25
3. Auto-organização 25
4. Limites do poder constituinte decorrente 25
5. Princípios constitucionais sensíveis, estabelecidos e extensíveis 26
6. Forma de elaboração das Constituições Estaduais 26
7. Autolegislação 27
8. Autogoverno 27
9. Autoadministração 28

Capítulo VI – Municípios **29**
1. Introdução 29
2. Auto-organização – Lei Orgânica Municipal 29
3. Autolegislação 29
4. Autogoverno 31
5. Autoadministração 31

Capítulo VII – Distrito Federal **33**
1. Introdução 33
2. Natureza jurídica 33
3. Auto-organização 34

4. Autolegislação...	34
5. Autogoverno...	34
6. Controle da constitucionalidade de leis distritais..............................	34

Capítulo VIII – Territórios, regiões metropolitanas e regiões de desenvolvimento......... **36**
1. Territórios (CF, art. 33)...	36
2. Regiões metropolitanas (CF, art. 25, § 3º).......................................	36
3. Regiões de desenvolvimento (CF, art. 43).......................................	36

Capítulo IX – Organização dos Poderes... **38**
1. Introdução...	38
2. Fundamento do sistema de separação de Poderes..........................	38
3. Funções estatais básicas...	38
4. Sistema de freios e contrapesos..	38
5. Tripartição de poderes políticos...	39
6. Elementos da divisão de Poderes..	39
7. Independentes e harmônicos entre si..	39
8. Sistemas de governo..	39

Capítulo X – Poder Legislativo... **40**
1. Introdução...	40
2. Composição..	40
3. Câmara dos Deputados (CF, art. 45)..	40
4. Senado Federal (CF, art. 46)...	41
5. *Quorum*...	41
6. Maioria..	42
7. Sistemas eleitorais...	42
8. Legislatura..	43
9. Principais atribuições do Congresso Nacional.................................	44
10. Atribuições privativas da Câmara dos Deputados e do Senado Federal.........	45
11. Auto-organização..	45
12. Mesas ou Mesas Diretoras...	45
13. Comissões (CF, art. 58)..	46
13.1. Comissão permanente...	46
13.2. Comissão temporária ou especial...	46
13.3. Comissão mista..	46
13.4. Comissão representativa...	46
13.5. Comissão Parlamentar de Inquérito (CPI).............................	47
14. Estatuto dos Congressistas (CF, arts. 53 a 56)..............................	49
14.1. Prerrogativas..	49
14.2. Subsídio...	52
14.3. Incompatibilidades ou impedimentos (CF, art. 54)...............	52

14.4. Perda do mandato (CF, art. 55) 53
14.5. Extensão das imunidades para outras esferas do Poder Legislativo.. 54
14.6. Não extensão das imunidades parlamentares ao corpo auxiliar e nos gabinetes de trabalho 54

Capítulo XI – Processo Legislativo **57**
1. Introdução.. 57
2. Tipos de processo legislativo... 57
3. Espécies de procedimento legislativo... 57
4. Fases do processo legislativo ordinário 58
    4.1. Iniciativa 58
        4.1.1. Usurpação de iniciativa 60
    4.2. Emendas.. 60
    4.3. Votação ou deliberação 61
        4.3.1. Procedimento legislativo ordinário 61
        4.3.2. Procedimento legislativo sumário, abreviado ou em regime de urgência.. 62
        4.3.3. Autógrafo... 62
    4.4. Sanção ou veto.. 62
    4.5. Promulgação 63
    4.6. Publicação 64
5. Procedimentos legislativos especiais.. 64
6. Controle judicial do processo legislativo 64
7. Aplicação das regras do processo legislativo federal nas demais esferas de poder 65
8. Atos legislativos.. 65
    8.1. Espécies de atos legislativos... 65
    8.2. Emendas à Constituição (CF, arts. 59, I, e 60 e seus parágrafos)............... 65
    8.3. Leis complementares (CF, arts. 59, II, e 69) 67
    8.4. Leis ordinárias (CF, art. 59, III) 68
    8.5. Leis delegadas (CF, arts. 59, IV, e 68) 68
    8.6. Medidas provisórias (CF, arts. 59, V, e 62)...................................... 69
    8.7. Decretos legislativos (CF, art. 59, VI) 74
    8.8. Resoluções (CF, art. 59, VII) 74
    8.9. Constituições Estaduais... 75
    8.10. Emendas parlamentares impositivas... 75

Capítulo XII – Poder Executivo **78**
1. Introdução.. 78
2. Sistema de governo 78
3. Forma monocrática 78
4. Eleição, mandato e posse 78

Da Organização do Estado, dos Poderes e Histórico das Constituições

4.1. Duração do mandato	79
4.2. Eleição por maioria absoluta	79
4.3. Posse	79
4.4. Data das eleições	79
4.5. Requisitos	80
5. Vice-Presidente da República	80
6. Sucessores do Presidente da República	80
7. Perda do cargo	80
8. Vacância dos cargos de Presidente e Vice-Presidente da República (CF, art. 81 e §§ 1º e 2º)	81
9. Atribuições do Presidente da República	81
10. Faculdade de regulamentar	81
11. Crimes de responsabilidade e o processo de *impeachment* (impedimento)	82
11.1. Introdução	82
11.2. Natureza jurídica	82
11.3. Procedimento	83
11.4. Sanções	84
11.5. Controle judicial	84
12. Prerrogativas do Presidente da República	84
13. Julgamento dos Governadores de Estado e do Distrito Federal por crime comum e de responsabilidade	84
14. Ministros de Estado	85
14.1. Introdução	85
14.2. Referenda ministerial	85
14.3. Crimes de responsabilidade	85
14.4. Improbidade administrativa e foro competente	86
15. Conselhos	86

Capítulo XIII – Poder Judiciário — **88**

1. Introdução	88
2. Distinções entre a função jurisdicional e as demais funções básicas do Estado	88
3. Princípios fundamentais do Poder Judiciário	88
3.1. Princípio da inafastabilidade do controle jurisdicional	88
3.2. Princípio da inércia	88
3.3. Princípio do devido processo legal	88
4. Seleção dos membros do Poder Judiciário	89
4.1. Quinto constitucional	89
5. Garantias do Poder Judiciário	89
5.1. Garantias institucionais	90
5.2. Garantias dos magistrados ou garantias de independência dos membros do Poder Judiciário (CF, art. 95)	90
5.3. Garantias da imparcialidade (CF, art. 95, parágrafo único)	91
6. Organograma do Poder Judiciário no Brasil	91

7. Supremo Tribunal Federal (CF, arts. 101 a 103)	92
7.1. Composição	92
7.2. Competência	92
7.3. Recurso extraordinário	93
7.4. Súmulas	94
7.5. Súmulas Vinculantes	94
7.6. Repercussão geral	95
8. Superior Tribunal de Justiça (CF, arts. 104 e 105)	96
8.1. Composição	96
8.2. Competência	97
8.3. Recursos repetitivos	97
9. Justiça Federal (CF, arts. 106 a 110)	98
9.1. Histórico	98
9.2. Órgãos	98
9.3. Competência	98
10. Justiça do Trabalho (CF, arts. 111 a 117)	99
10.1. Histórico	99
10.2. Órgãos	99
10.3. Competência	99
11. Justiça Eleitoral (CF, arts. 118 a 121)	100
11.1. Histórico	100
11.2. Órgãos	100
11.3. Competência	101
12. Justiça Militar (CF, arts. 122 a 124)	101
12.1. Introdução	101
12.2. Órgãos	101
12.3. Competência	101
13. Justiça Estadual (CF, arts. 125 e 126)	102
13.1. Introdução	102
13.2. Órgãos	102
13.3. Competência	102
13.4. Justiça Estadual Militar	103
14. Conselho Nacional de Justiça	103
Capítulo XIV – Ministério Público	**106**
1. Introdução	106
2. Natureza jurídica	106
3. Princípios institucionais	107
4. Princípio do promotor natural	107
5. Atribuições do Ministério Público	108
6. Estrutura do Ministério Público (CF, art. 128)	108
7. Chefia do Ministério Público da União	109
8. Chefia do Ministério Público dos Estados e do Distrito Federal	109

Da Organização do Estado, dos Poderes e Histórico das Constituições

9. Garantias e vedações (CF, art. 128, § 5º)	110
10. Agentes políticos	110
11. Conselho Nacional do Ministério Público	110
12. Poderes de investigação do Ministério Público	111

Capítulo XV – Advocacia e Defensoria Pública	**113**
1. Introdução	113
2. Advocacia-Geral da União (CF, art. 131)	113
3. Procuradoria-Geral do Estado (CF, art. 132)	114
4. Defensoria Pública (CF, art. 134)	114
5. Advocacia (CF, art. 133)	116
6. Ordem dos Advogados do Brasil	117

Capítulo XVI – Defesa do Estado e das Instituições Democráticas	**119**
1. Introdução	119
2. Sistema constitucional de crises	119
3. Legalidade especial ou extraordinária	119
4. Poderes de crise	119
5. Princípios informadores	119
6. Espécies de estados de exceção	120
6.1. Estado de defesa (CF, art. 136)	120
6.2. Estado de sítio (CF, art. 137)	120
7. Controle político	121
8. Controle jurisdicional	121

Capítulo XVII – História das Constituições Brasileiras	**123**
1. Evolução cronológica	123
2. Introdução	123
3. Constituição de 1824 – 1ª Constituição brasileira	123
3.1. Momento histórico	123
3.2. Características principais	124
4. Constituição de 1891 – 2ª Constituição brasileira e 1ª Constituição republicana	125
4.1. Momento histórico	125
4.2. Características principais	125
5. Constituição republicana de 1934 – 3ª Constituição brasileira	126
5.1. Momento histórico	126
5.2. Características principais	126
6. Constituição de 1937 – 4ª Constituição brasileira	127
6.1. Momento histórico	127
6.2. Características principais	127
7. Constituição de 1946 – 5ª Constituição brasileira	128

7.1. Momento histórico	128
7.2. Características principais	128
7.3. Emenda parlamentarista	128
8. Constituição de 1967 – 6ª Constituição brasileira	129
8.1. Momento histórico	129
8.2. Características	129
9. Constituição de 1969 – 7ª Constituição brasileira	129
9.1. Momento histórico	129
10. Constituição de 1988 – 8ª Constituição brasileira	130
10.1. Momento histórico	130
10.2. Características principais	131
11. Constituições provisórias	132

Capítulo I
DA ORGANIZAÇÃO DO ESTADO

1 FEDERAÇÃO

O Brasil adotou a Federação como forma de organização do Estado. Ela é acolhida por países com características políticas bem diversas, mas onde se verificou a necessidade de preservar, ao mesmo tempo, a unidade nacional e as autonomias regionais. A forma federal de organização do Estado é adotada, entre outros países, além do Brasil, pelos Estados Unidos da América, Canadá, México, Argentina, Alemanha, Suíça, Austrália, Índia, Rússia e África do Sul.

2 CONCEITO DE FEDERAÇÃO

A Federação é uma aliança de Estados para a formação de um Estado único, em que as unidades federadas preservam autonomia política, enquanto a soberania é transferida para o Estado Federal. O federalismo possibilita a coexistência de diferentes coletividades públicas, havendo diversas esferas políticas dentro de um único Estado, com atribuições fixadas pela própria Constituição. A soberania, como ensina Paulo Gustavo Gonet Branco, deve ser entendida como o poder de autodeterminação plena, não condicionada a nenhum outro poder, externo ou interno. Já a autonomia pode ser definida como a capacidade de autodeterminação dos Estados-Membros da Federação dentro da esfera de atribuições fixadas pela Constituição Federal.

3 CARACTERÍSTICAS DO ESTADO FEDERAL

As principais características de uma Federação, de acordo com Dalmo de Abreu Dallari, são as seguintes:

1ª) a união faz nascer um novo Estado;

2ª) a base jurídica da Federação é uma Constituição e não um Tratado;

3ª) não existe o direito de secessão;

4ª) só o Estado Federal tem soberania, pois as unidades federadas preservam apenas parcela de autonomia política;

5ª) repartição de competências entre a União e as unidades federadas fixada pela própria Constituição;

6ª) renda própria para cada esfera de competência;

7ª) poder político compartilhado pela União e pelas unidades federadas;

8ª) o indivíduo é cidadão do Estado Federal e não da unidade em que nasceu ou reside.

Para Cármen Lúcia Antunes Rocha, o princípio federativo nasce de uma Constituição rígida. Este princípio deve vir reforçado por uma condição de imutabilidade absoluta, para não ficar ao sabor das decisões políticas momentâneas. Além disso, exige uma Suprema Corte ou Corte Constitucional que exerça, de forma efetiva, o controle de constitucionalidade para dirimir os conflitos entre os Estados-Membros ou entre qualquer um deles e a União. O Estado Federal dispõe ainda do instrumento da intervenção federal para assegurar a supremacia da Constituição Federal e evitar a desagregação.

4 ORIGEM DO FEDERALISMO BRASILEIRO

Quanto à origem, a Federação pode formar-se de duas maneiras: por agregação e por desagregação.

Federalismo por agregação. Estados independentes reúnem-se para a formação de um Estado Federal. Foi o que aconteceu com as 13 colônias norte-americanas, que, após a independência, agregaram-se e formaram os Estados Unidos da América.

Federalismo por desagregação. Parte-se de um Estado unitário já constituído para a formação de um Estado Federal. Foi o que aconteceu no Brasil, em que, com a abolição da Monarquia, o Estado mudou de unitário para federal, com a transformação das antigas províncias em Estados-Membros, dotados de autonomia política e com Constituições próprias.

5 MUNICÍPIO COMO ENTIDADE POLÍTICA DE 3º GRAU

Pela Constituição de 1988, os Municípios foram expressamente elevados à condição de entidades federativas, ao lado da União, dos Estados e do Distrito Federal (arts. 1º e 18). Antes da atual ordem constitucional, prevalecia na doutrina o entendimento que somente a União e os Estados poderiam ser considerados entes federativos, existindo apenas duas esferas de poderes políticos.

A atual Constituição consagrou o entendimento de Hely Lopes Meirelles de que o Município, no Brasil, dadas as prerrogativas políticas que lhe são reconhecidas, "é entidade político-administrativa de terceiro grau". Para José Afonso da Silva, ainda assim, "não é admissível uma Federação de Municípios, mesmo que dotados de autonomia reconhecida pela Constituição. Existiria só uma Federação de Estados".

6 TRAÇO FEDERATIVO

O traço federativo do Estado brasileiro é encontrado na própria denominação "República Federativa", bem como na expressão "união indissolúvel", realçada no art. 1º da Constituição de 1988. Essa união indissolúvel significa a inexistência do direito de secessão, própria de uma Confederação.

Observa-se que a Guerra de Secessão nos Estados Unidos da América foi justamente travada entre os Estados federados do Norte, favoráveis à abolição da escravatura, e os confederados do Sul, que não aceitavam a emancipação aprovada pelos Estados mais desenvolvidos do norte do país e pretendiam retirar-se, sem êxito, da união norte-americana.

7 ENTIDADES FEDERATIVAS

Dentro da atual organização do Estado brasileiro, existem as seguintes entidades federativas: a União, os Estados, o Distrito Federal e os Municípios (arts. 1º e 18).

8 GRAU DE CENTRALIZAÇÃO

No Estado Federal há uma repartição espacial de poder, em que a soberania é transferida para o poder central, enquanto as unidades conservam a autonomia política fixada pela Constituição Federal. O maior ou menor grau de centralização política de um Estado Federal depende das atribuições que forem concedidas ao governo central e às unidades federadas. Quanto maiores ou menores as atribuições da União, em quantidade e qualidade, maior ou menor será o grau de autonomia das unidades federadas. Para Paulo Gustavo Gonet Branco,

Da Organização do Estado, dos Poderes e Histórico das Constituições

a concentração de competências na União revela um modelo centralizador, também chamado de centrípeto. A opção por uma distribuição maior das competências entre as entidades federativas aponta um modelo descentralizador, também denominado centrífugo. Havendo uma dosagem balanceada de atribuições, fala-se em federalismo de equilíbrio. Além da distribuição de encargos, o princípio federativo pressupõe a distribuição de rendas que possibilite às entidades federativas assumir, com efetivo poder de decisão, aqueles que forem atribuídos pela Constituição. No Brasil, a própria enumeração das atribuições da União, tanto em quantidade como em qualidade, evidencia o grau de centralização do nosso Estado Federal. Nos Estados Unidos da América, os Estados-Membros dispõem de uma autonomia política muito maior.

9 ESPÉCIES DE FEDERALISMO

Na Constituição de 1891 prevalecia um federalismo rígido, com rigorosa distinção entre as competências da União e dos Estados. Na Carta de 1934 adotávamos um federalismo cooperativo, com a participação de uma entidade federativa nas competências e rendas de outras. Na Constituição de 1969 preponderava um federalismo nominal, pois a autonomia política das unidades federadas existia somente no texto da Carta Constitucional. Paulo Bonavides sugere um federalismo das regiões, em que existiria uma quarta forma de governo além da União, dos Estados e dos Municípios: as regiões. Propõe a institucionalização das regiões brasileiras com autonomia política prevista na própria Constituição.

O Supremo Tribunal Federal (STF) registrou que o federalismo fortalece a democracia, pois promove a desconcentração do poder e facilita a aproximação do povo com os governantes. Observou que o federalismo gravita em torno do princípio da autonomia e da participação política. Salientou que o Estado federal se fundamenta em dois valores importantes: a) inexistência de hierarquia entre os seus integrantes, de modo a não permitir que se cogite da prevalência da União sobre os Estados-Membros ou, destes, sobre os Municípios, consideradas as competências que lhe são próprias; b) princípio da subsidiariedade, que significa, em palavras simples, que tudo aquilo que o ente menor puder fazer de forma mais célere, econômica e eficaz não deve ser empreendido pelo ente maior. Desta forma, dentro dos quadros do "federalismo cooperativo" ou "federalismo de integração", compete concorrentemente à União, aos Estados-Membros e ao Distrito Federal legislar sobre a "proteção e defesa da saúde" (art. 24, XII, § 1º) e constitui competência comum a todos, "cuidar da saúde e assistência pública" (CF, art. 23, II). Desta forma, considerou natural que os Municípios e os Estados-Membros sejam os primeiros a serem instados a reagir numa emergência de saúde, sobretudo quando se trata de uma pandemia (ADI 6362/DF, Rel. Min. Ricardo Lewandowski, *Informativo STF*, n. 989).

10 BRASÍLIA

A Constituição Federal, em seu art. 18, § 1º, estabelece que "Brasília é a Capital Federal". A cidade foi construída como a sede do Estado Federal brasileiro. Na Constituição de 1988, os habitantes do Distrito Federal ganharam o direito de eleger seus representantes nos Poderes Legislativo e Executivo. É importante salientar que, a partir de 1988, a sede da Federação brasileira não mais é o Distrito Federal, que adquiriu a natureza jurídica de entidade federativa, e sim Brasília. Como observa Cármen Lúcia Antunes Rocha: "Brasília, centro do Distrito Federal (o qual compreende uma realidade jurídica diversa e mais extensa que aquela), é que se investe, constitucionalmente, na condição de 'Capital Federal', tendo como função precípua sediar o polo central do governo nacional".

11 TERRITÓRIOS

Territórios são meras autarquias, descentralizações administrativas-territoriais da União. Não constituem entidades federativas, pois não são dotados de autonomia política. Atualmente não existe nenhum Território no Estado brasileiro. Roraima e Amapá foram transformados em Estados, e Fernando de Noronha foi extinto, com a reincorporação de sua área ao Estado de Pernambuco (arts. 14 e 15 do ADCT). Contudo, nada obsta que sejam criados por lei complementar novos Territórios, com a divisão de sua área em Municípios, desde que aprovada a medida por plebiscito realizado com a população diretamente interessada (arts. 18, § 2º, e 33 e parágrafos da CF).

12 ESTADOS

A Federação é uma aliança de Estados-Membros, todos dotados de autonomia política. Eles podem incorporar-se, subdividir-se ou desmembrar-se para se anexar a outros ou formar novos Estados e Territórios Federais, mediante aprovação por plebiscito da população diretamente interessada e por lei complementar. Os conflitos judiciais entre a União e os Estados, ou somente entre estes, são de competência originária do Supremo Tribunal Federal (art. 102, I, *f*).

13 MUNICÍPIOS

Município é a entidade federativa voltada para assuntos de interesse local. A Constituição admite sua criação, incorporação, fusão e desmembramento. Com a vigência da Carta de 1988, foram criados inúmeros Municípios em diversos Estados. Em razão dos abusos verificados com a criação de vários Municípios deficitários, sem condições de assumir os encargos decorrentes da autonomia reconhecida, o Congresso Nacional aprovou a Emenda Constitucional n. 15, de 1996, que modificou o art. 18, § 4º, estabelecendo critérios mais restritivos para a formação de novas entidades locais. Devem ser observados os requisitos a seguir descritos: **a)** lei complementar federal determinando o período para a criação de novos Municípios e o conteúdo do estudo de viabilidade municipal; **b)** aprovação por plebiscito da população diretamente interessada; **c)** divulgação de "Estudos de Viabilidade Municipal" apresentados e publicados na forma da lei; e **d)** lei estadual criando o Município.

Decorridos mais de dez anos da emenda constitucional que exigiu a edição de uma lei complementar específica para a criação, incorporação, fusão e desmembramento de novos Municípios, o Congresso Nacional ainda não editou a referida norma regulamentadora. O art. 18, § 4º, é norma de eficácia contida, que precisa ser regulamentada, para que novos Municípios possam ser instalados no Brasil. Embora existam projetos de lei em andamento, verifica-se uma notória *inertia deliberandi* (discussão e votação) no âmbito das Casas Legislativas. Em razão disso, o Supremo Tribunal Federal, ao julgar a ação direta de inconstitucionalidade por omissão, acolhendo voto do Ministro Gilmar Mendes, em 9 de maio de 2007, além de declarar a mora legislativa, estabeleceu o prazo de 18 meses para que seja editada a referida lei complementar (ADIn 3.682). Por outro lado, por influência do referido ministro, a Suprema Corte julgou procedentes diversas ações diretas de inconstitucionalidade de leis estaduais, mas sem pronunciar a nulidade pelo prazo de 24 meses, dentro do qual o legislador estadual poderá reapreciar a questão, tendo como base os parâmetros que deverão ser fixados na lei complementar federal (ADIn 2.240, 3.316, 3.489 e 3.689 e *Informativo STF*, n. 467).

14 VEDAÇÕES CONSTITUCIONAIS

A Constituição estabelece expressamente três ordens de vedações dirigidas à União, aos Estados, ao Distrito Federal e aos Municípios (art. 19, I a III). Essas vedações visam assegurar o equilíbrio federativo, impedindo a aprovação de normas que sirvam para dividir os brasileiros.

I – Estabelecer cultos religiosos ou igrejas, subvencioná-los, embaraçar-lhes o funcionamento ou manter com seus representantes relações de dependência ou aliança, ressalvada, na forma da lei, a colaboração de interesse público. Esta vedação é uma decorrência da liberdade religiosa e da absoluta separação entre a Igreja e o Estado, providências adotadas pelo governo provisório da República em 1890. O Estado brasileiro é laico. É excluída a aliança, mas não a colaboração com entidades assistenciais mantidas por associações religiosas, como creches, escolas, abrigos e hospitais.

O STF declarou a inconstitucionalidade de norma de constituição estadual que impunha a designação de um pastor evangélico para atuar nas corporações militares daquele Estado, por ofensa à liberdade religiosa e ao princípio da laicidade do Estado. Entendeu que a regra de neutralidade do Estado não se confunde com a imposição de uma visão secular, mas consubstancia o respeito e a igual consideração que o Estado deve assegurar a todos dentro de uma realidade multicultural. Decidiu que o princípio da laicidade impede que razões religiosas sejam utilizadas como fonte de justificação de práticas institucionais e exige que o Estado se abstenha de qualquer predileção, sob pena de ofensa ao art. 19, I, da CF (ADI 3478, Rel. Min. Edson Fachin, *Informativo* n. 967).

A Suprema Corte considerou inconstitucional a imposição legal de manutenção de exemplares de Bíblias em escolas e bibliotecas públicas, por contrariedade à laicidade estatal e à liberdade religiosa consagrada pela Constituição. Entendeu que esta determinação estimula e promove certos tipos de crenças e dogmas religiosos em detrimento de outros. Considerou que, em matéria confessional, compete ao Estado manter-se neutro, para preservar, em favor dos cidadãos, a integridade do direito fundamental à liberdade religiosa (ADI 5258/AM, Rel. Min. Cármen Lúcia, *Informativo STF*, n. 1012).

Como já decidiu a Suprema Corte, o Estado é simplesmente neutro – não é religioso, tampouco ateu. O princípio da laicidade estatal atua de modo dúplice: resguarda as diversas confissões religiosas do risco de intervenção estatal nas respectivas questões internas e protege o Estado de influências indevidas provenientes de dogmas, de modo a afastar a prejudicial confusão entre o poder secular e democrático e qualquer doutrina de fé, inclusive majoritária. As garantias do Estado secular e da liberdade de culto impedem que as religiões estabeleçam o tratamento estatal a ser dispensado a outros direitos fundamentais, como os direitos à autodeterminação, à saúde física e mental, à privacidade, à liberdade de expressão, à liberdade de orientação sexual e à liberdade no campo da reprodução (ADPF 54/DF, Rel. Min. Marco Aurélio, *Informativo STF*, n. 661).

II – Recusar fé aos documentos públicos. Qualquer documento emanado de uma pessoa de direito público interno tem valor perante as outras unidades da Federação e goza de presunção de veracidade, não podendo ser recusado em razão da origem.

III – Criar distinções entre brasileiros ou preferências entre si. É vedado estabelecer qualquer distinção entre brasileiros em razão de sua origem, do Estado ou Município em que nasceu. Não se admite, por exemplo, a criação de cargos privativos de naturais do próprio Estado. A Constituição veda também que as entidades federativas instituam preferências entre si, como, por exemplo, comprar bens somente de determinados Municípios.

Corte de benefício do Bolsa Família e isonomia – O STF, com fundamento no art. 19, III, da CF, determinou que a União disponibilizasse dados que justificassem a concentração de cortes de benefícios do Programa Bolsa Família na Região Nordeste, bem assim dispensasse aos inscritos nos Estados autores tratamento isonômico em relação aos beneficiários dos demais entes da Federação. O Tribunal destacou que não se valora a extrema pobreza conforme a unidade da Federação, devendo haver isonomia no tratamento, tendo em conta o objetivo constitucional de erradicação da pobreza e redução das desigualdades sociais, a teor do disposto nos arts. 3º, II e III, 19, III, 203 e 204 da CF, bem como da Lei n. 10.836/2004. Considerou que não se pode conceber comportamento discriminatório da União em virtude do local de residência de brasileiros em idêntica condição. Considerou que a diferença numérica sinalizava desequilíbrio tanto na concessão de novos benefícios quanto na liberação dos recursos para aqueles já inscritos na Região Nordeste (ACO 3359 Ref-MC/DF, Rel. Min. Marco Aurélio, *Informativo STF*).

Quadro sinótico – Da organização do Estado

Conceito de Federação	Aliança de Estados para a formação de Estado único, em que as unidades federadas preservam autonomia política, enquanto a soberania é transferida para o Estado Federal.
Soberania	Capacidade de autodeterminação plena.
Autonomia	Capacidade de autodeterminação dos Estados-Membros da Federação dentro da esfera de atribuições fixadas pela Constituição Federal.
Características	1ª) a união faz nascer um novo Estado; 2ª) a base jurídica da Federação é uma Constituição e não um Tratado; 3ª) não existe o direito de secessão; 4ª) só o Estado Federal tem soberania, pois as unidades federadas preservam apenas autonomia política; 5ª) repartição de competências entre a União e as unidades federadas fixada pela própria Constituição; 6ª) renda própria para cada esfera de competência; 7ª) poder político compartilhado pela União e pelas unidades federadas; 8ª) o indivíduo é cidadão do Estado Federal e não da unidade em que nasceu ou reside.
Entidades federativas	União, Estados, Distrito Federal e Municípios (arts. 1º e 18).
Espécies	a) Federalismo rígido; b) Federalismo cooperativo; c) Federalismo nominal; d) Federalismo das regiões.

Capítulo II
REPARTIÇÃO DE COMPETÊNCIAS

1 INTRODUÇÃO

A questão fundamental do federalismo é a repartição de competências entre o governo central e os Estados-Membros. O grau de centralização ou descentralização política de um Estado Federal é medido pela quantidade e qualidade de atribuições concedidas às entidades federativas. Quanto maior a centralização política, maiores serão as atribuições do governo central. Dentro dessa perspectiva é evidente o grau de centralização do Estado Federal brasileiro. Nos Estados Unidos da América, a autonomia política dos Estados-Membros é muito maior, alguns admitem a pena de morte, enquanto outros não a admitem.

2 CONCEITO DE COMPETÊNCIA

Conforme ensina José Afonso da Silva, "competência é a faculdade juridicamente atribuída a uma entidade"; é a esfera delimitada de atribuições de uma entidade federativa. Em uma Federação, a repartição de competência é feita pelas atribuições dadas pela Constituição a cada uma das entidades federativas: União, Estados, Distrito Federal e Municípios.

3 PRINCÍPIO GERAL DA REPARTIÇÃO DE COMPETÊNCIAS

O princípio geral da repartição de competências é o da predominância de interesses. Em matérias em que prevalecer o interesse geral e nacional, a competência será atribuída à União; em temas em que preponderar o interesse regional, a competência será concedida aos Estados; quando predominar o interesse local, a competência será dada aos Municípios.

4 CRITÉRIOS ADOTADOS NA REPARTIÇÃO DE COMPETÊNCIAS

Dois são os critérios adotados pela Constituição Federal na repartição de competências: horizontal e vertical. Pelo critério horizontal são atribuídas competências exclusivas ou privativas para cada entidade federativa. Pelo critério vertical certas competências são dadas para diversas entidades federativas, estabelecendo-se regras para seu exercício simultâneo. Por esses critérios são fixadas as competências comuns, concorrentes e suplementares.

5 SISTEMA ADOTADO PELA CONSTITUIÇÃO BRASILEIRA

Na repartição das competências materiais e legislativas, a Constituição brasileira optou por enumerar as atribuições da União (CF, arts. 21 e 22) e dos Municípios (CF, art. 30) e reservar o restante, as remanescentes, aos Estados (CF, art. 25, § 1º).

6 CLASSIFICAÇÃO DAS COMPETÊNCIAS QUANTO À NATUREZA

Quanto à natureza das competências, a primeira grande distinção a ser estabelecida é entre: **a)** competência material; e **b)** competência legislativa.

a) Competência material ou administrativa. É a prática de atos de gestão. As competências materiais da União estão previstas no art. 21, enquanto as dos Municípios, no art. 30, III a IX, ambos da Constituição Federal. Certas competências materiais são comuns a todas as entidades federativas (CF, art. 23).

b) Competência legislativa. É a faculdade para a elaboração de leis sobre determinados assuntos. À União foi atribuída uma ampla competência legislativa (CF, arts. 22 e 24). Os Municípios ficaram com competência para legislar sobre assuntos de interesse local e suplementar a legislação federal e estadual no que couber. Aos Estados foi reservada competência legislativa remanescente (CF, art. 25, § 1º).

7 CLASSIFICAÇÃO DAS COMPETÊNCIAS QUANTO À FORMA

Considerando o sistema adotado pela Constituição brasileira em relação à repartição de competências, quanto à forma, elas podem ser: a) enumeradas ou expressas; b) reservadas ou remanescentes e residuais; e c) implícitas, resultantes, inerentes ou decorrentes.

a) Competências enumeradas ou expressas. Atribuições específicas feitas pela Constituição Federal para cada entidade federativa. A União (CF, arts. 21, 22 e 24) e os Municípios (CF, art. 30) possuem competências enumeradas ou expressas.

b) Competências reservadas ou remanescentes. São as demais competências, as restantes, que não foram atribuídas especificamente a nenhuma entidade federativa. Tratando-se de competência material e legislativa, a reservada ou remanescente, ou seja, a que não for atribuída à União nem aos Municípios, no sistema constitucional brasileiro, é de responsabilidade dos Estados (CF, art. 25, § 1º). Competência residual, conforme ensina José Afonso da Silva, "consiste no eventual resíduo que reste após enumerar a competência de todas as entidades federativas". Tratando-se de matéria tributária, a competência residual, ou seja, além dos tributos que foram atribuídos pela Constituição à União, aos Estados e aos Municípios, outros poderão ser instituídos somente pela União (CF, art. 154, I).

c) Competências implícitas, resultantes, inerentes ou decorrentes. São as que decorrem da própria natureza do ente federativo, embora não expressamente previstas no texto da Constituição.

Essa distinção de atribuições não é rígida, pois a Constituição combinou critérios visando assegurar o equilíbrio federativo. Certos encargos são designados a mais de uma entidade da Federação pelo critério vertical de repartição de competências.

8 CLASSIFICAÇÃO DAS COMPETÊNCIAS QUANTO À EXTENSÃO

As competências materiais e legislativas quanto à extensão subdividem-se em outras espécies. Dessa forma, em relação ao alcance das atribuições, podem ser classificadas em: a) exclusivas; b) privativas; c) comuns, cumulativas ou paralelas; d) concorrentes; e e) suplementares.

a) Competências exclusivas. Competências atribuídas a uma única entidade federativa, sem a possibilidade de delegação e competência suplementar (CF, arts. 21 e 30, I).

b) Competências privativas. Competências atribuídas a uma única entidade federativa, mas com a possibilidade de delegação em questões específicas (CF, art. 22 e parágrafo único). É justamente a possibilidade de delegação que distingue as competências privativas das exclusivas. José Afonso da Silva observa que a Constituição não foi rigorosamente técnica na distinção entre elas, pois os arts. 51 e 52 tratam de matérias de competência exclusiva da Câmara dos Deputados e do Senado Federal, por não admitirem a possibilidade de delegação, mas denomina-as privativas.

c) Competências comuns, cumulativas ou paralelas. Competências atribuídas a todas as entidades federativas sobre determinadas matérias, estando as entidades no mesmo nível hierárquico (CF, art. 23). Estabelece o parágrafo único desse dispositivo constitucional que leis complementares fixarão normas de cooperação entre as entidades federativas, tendo em vista o equilíbrio do desenvolvimento e o bem-estar em âmbito nacional. Atualmente, considerando-se que essa legislação complementar ainda não foi editada, se todas legislarem sobre o mesmo assunto, deve prevalecer a legislação de caráter mais rigoroso.

Em matéria de direito ambiental, da competência comum de todos os entes federativos, o Supremo Tribunal Federal entende que os Municípios podem adotar legislação ambiental mais restritiva em relação aos Estados-Membros e à União, desde que o façam de forma fundamentada (ARE 748.206-AgR/SC, Rel. Min. Celso de Mello).

d) **Competências concorrentes.** São as atribuídas a todas as entidades federativas. Compete à União estabelecer normas gerais sobre determinados assuntos (art. 24, § 1º), podendo os Estados e o Distrito Federal desdobrar esses princípios gerais. A União deve restringir-se a fixar somente normas gerais, deixando aos Estados a implementação de regras específicas de acordo com suas particularidades. Muito embora o art. 24 não estabeleça a possibilidade de os Municípios desdobrarem regras sobre essas matérias, essa faculdade é prevista, de forma ampla, pelo art. 30, II, da Constituição Federal.

e) **Competências suplementares.** Competências atribuídas aos Estados para desdobrarem as normas gerais estabelecidas pela União, dentro da competência legislativa concorrente, de acordo com as suas peculiaridades (CF, art. 24, § 2º). Foi atribuída pela Constituição aos Municípios a competência para suplementar a legislação federal e estadual no que couber (art. 30, II). **Competência supletiva.** Inexistindo legislação federal sobre normas gerais em matéria de competência concorrente, os Estados possuem a faculdade de exercer competência legislativa plena para atender as suas peculiaridades (CF, art. 24, § 3º). Nessa hipótese, a superveniência da legislação federal suspende a eficácia da lei estadual no que lhe for contrário (art. 24, § 4º).

Para alguns autores os termos competência privativa e exclusiva expressam a mesma ideia e podem ser usados indistintamente.

O Supremo Tribunal Federal salientou a necessidade de, em respeito ao federalismo, não se ampliar a compreensão das denominadas normas gerais, sob pena de se afastar a autoridade normativa dos entes regionais e locais para tratar do tema, de modo a prestigiar as iniciativas regionais e locais, a menos que ofendam de maneira expressa e inequívoca a Constituição. Dessa forma, considerou constitucionais leis estaduais que, em matéria de educação, estabeleciam número máximo de aluno em sala de aula da educação infantil, fundamental ou média, ou que estabelecia a obrigatoriedade de ensino de educação artística em toda a rede pública (ADI 4060/SC, Rel. Min. Luiz Fux, *Informativo STF*, n. 775).

Competência concorrente da União, dos Estados e do Distrito Federal em matéria de proteção ao meio ambiente e defesa da saúde (CF, arts. 23, II e VI, e 24, VI e XII) – O STF considerou constitucional, por representar norma mais protetiva à saúde e ao meio ambiente do que as diretrizes gerais da legislação federal, bem como estabelecer restrição razoável e proporcional, em técnicas de aplicação de pesticidas, lei estadual que veda a pulverização aérea de agrotóxicos na agricultura local e sujeita o infrator ao pagamento de multa. Entendeu que a livre iniciativa não é incompatível com a regulamentação das atividades econômicas pelo Estado, quando se mostrar indispensável ao resguardo de outros valores constitucionais. A Suprema Corte tem privilegiado a proibição do retrocesso socioambiental ao ponderar o direito à livre iniciativa com relação à defesa do meio ambiente e à proteção da saúde humana (ADI 6.137/CE, Rel. Min. Cármen Lúcia, *Informativo STF*, n. 1096).

Competência concorrente e pandemia – Todos os entes federativos, União, Estados, Distrito Federal e Municípios, possuem competência concorrente para adotar as providências normativas e administrativas necessárias ao combate à pandemia, como, entre outras: **a)** proceder à importação e distribuição, excepcional e temporária, de vacina contra o coronavírus, no caso de ausência de manifestação, a esse respeito, da Agência Nacional de Vigilância Sanitária, no prazo estabelecido em lei (ACO 3451 TPI-Ref/DF, Rel. Min. Ricardo Lewandowski); **b)** estabelecer que a vacinação compulsória não significa vacinação forçada, porque facultada sempre a recusa do usuário, podendo, contudo, ser implementada por meio de medidas indiretas (ADI 6587); e **c)** promover a imunização contra a Covid-19 em adolescentes acima de 12 anos, observadas as evidências científicas e análises estratégicas pertinentes (ADI 6.587, 6.586, 6.625, 6.421 e 6.422 e ADPF 756, Rel. Min. Ricardo Lewandowski, *Informativo STF*, n. 1033). Considerando as posturas políticas centralizadoras e restritivas de algumas autoridades federais, o STF decidiu que a União não deveria ter o monopólio quanto às medidas cabíveis para combater a pandemia. A União teria o papel de coordenação entre os entes federados, mas a autonomia de todos deveria ser respeitada, porque seria impossível ao poder central conhecer todas as particularidades regionais. Dessa forma, a exclusividade da União quanto às regras de transporte intermunicipal durante a pandemia seria danosa. Estabeleceu que não seria exigível que Estados e Municípios se vinculassem a autorizações e decisões de órgãos federais para tomar atitudes de isolamento, pautando-se por recomendações técnicas internacionais, mas com autonomia respeitada. A Suprema Corte considerou que, nos termos da regra constitucional que preconiza a descentralização do Sistema Único de Saúde, desde que amparados em evidências científicas e nas recomendações da Organização Mundial da Saúde, Estados, Municípios e Distrito Federal podem determinar as medidas sanitárias de isolamento, quarentena, exumação, necropsia, cremação e manejo de cadáveres. Firmou o entendimento que a União pode e deve legislar sobre o tema, mas o exercício dessa competência deve resguardar a atuação própria dos demais entes, sem submetê-los, no plano da proteção à saúde, a uma hierarquia (ADI 6343, MC, *Informativo STF*, n. 975).

A Suprema Corte considerou constitucional lei municipal que veda a soltura de fogos de artifício e artefatos pirotécnicos produtores de estampidos, por dispor sobre a proteção do meio ambiente e defesa da saúde, matérias de competência legislativa concorrente entre a União e os demais entes federativos (art. 24, VI e XII), por conferir regulamentação mais protetiva, considerando os impactos negativos à saúde e ao meio ambiente advindos dos efeitos ruidosos causados por esses objetos, além de estabelecer restrição adequada e proporcional no âmbito de sua competência suplementar e nos limites do interesse local (art. 30, I e II) (RE 1.210.727/SP, Rel. Min. Luiz Fux, *Informativo STF*, n. 1093).

Estatuto do Desarmamento – Enquanto a União possui competência para dispor sobre normas gerais (art. 24, § 1º), os Estados, no exercício de sua competência constitucional para suplementar sobre matéria atinente à segurança pública (art. 24, § 2º), possuem autonomia para legislar sobre normas específicas quanto ao porte de arma de fogo, desde que mais restritivas (ADI 7.024/PR, Rel. Min. Roberto Barroso, *Informativo STF*, n. 1081).

9 CLASSIFICAÇÃO DAS COMPETÊNCIAS QUANTO À ORIGEM

Quanto à origem, as competências podem ser divididas entre originárias e delegadas.

a) Competências originárias. São as atribuições dadas pela Constituição Federal, desde logo, a uma entidade federativa.

b) Competências delegadas. São as atribuições recebidas em razão do repasse de uma competência originária de uma entidade federativa para outra. As competências legislativas privativas da União previstas no art. 22 da Constituição Federal (competências originárias) podem ser transferidas para os Estados, mediante legislação complementar, para a elaboração de leis sobre questões específicas.

10 INEXISTÊNCIA DE HIERARQUIA ENTRE LEIS FEDERAIS, ESTADUAIS, DISTRITAIS E MUNICIPAIS

Não existe qualquer hierarquia entre as leis editadas pela União, Estados, Distrito Federal e Municípios em assuntos da competência exclusiva de cada entidade federativa. Nestes, cada uma deve legislar sobre os que estejam incluídos entre suas atribuições constitucionais, não havendo a possibilidade jurídica da edição de normas contraditórias. A norma editada por uma entidade federativa fora de suas atribuições é inconstitucional, não podendo prevalecer sobre qualquer outra. Dessa forma, se a União, por exemplo, legislar sobre assuntos de interesse local, invadindo a competência específica dos Municípios (CF, art. 30, I), essa lei federal será inconstitucional, não podendo prevalecer sobre a norma municipal. Somente em se tratando de competência concorrente, há prevalência da União para a edição de normas gerais, em razão de expressa disposição constitucional. A União deve editar normas gerais sobre determinadas matérias, podendo os Estados suplementar essa legislação. Nessa atividade de desdobramento das normas gerais já enunciadas, a legislação estadual não poderá contrariar a federal já promulgada. Inexistindo legislação federal, os Estados poderão exercer a competência legislativa plena. A superveniência de lei federal sobre normas gerais suspenderá a eficácia de lei estadual no que lhe for contrário (CF, art. 24, §§ 1º a 4º).

11 ESPÉCIES DE LEIS

Considerando o modelo federativo de repartição de competências, existem no Brasil cinco espécies de leis: **a)** nacionais; **b)** federais; **c)** estaduais; **d)** distritais; e **e)** municipais. Leis nacionais são editadas pela União, aplicando-se a todas as pessoas, órgãos e instituições no Brasil (legislação penal, civil, comercial, processual etc.). Leis federais são promulgadas pela União e aplicáveis apenas a ela e a seus agentes, órgãos e instituições (p. ex., Estatuto dos Funcionários Públicos Civis da União). Leis estaduais, distritais e municipais são editadas pelas respectivas pessoas jurídicas de direito público interno no exercício de suas atribuições constitucionais.

Quadro sinótico – Repartição de competências

Competência	É a faculdade juridicamente atribuída a uma entidade.
Princípio geral	Predominância de interesses. Em matérias em que prevalecer o interesse geral e nacional, a competência será atribuída à União; em temas em que preponderar o interesse regional, a competência será concedida aos Estados; quando predominar o interesse local, a competência será dada aos Municípios.
Critérios	a) horizontal – são atribuídas competências exclusivas ou privativas para cada entidade federativa; b) vertical – certas competências são dadas para diversas entidades federativas, estabelecendo-se regras para o exercício simultâneo.
Classificação das competências quanto à natureza	a) material ou administrativa – prática de atos de gestão; b) legislativa – faculdade para elaboração de leis sobre determinados assuntos.

Classificação das competências quanto à forma	a) enumeradas ou expressas – atribuições específicas feitas pela Constituição Federal para cada entidade federativa; b) reservadas ou remanescentes – são as demais competências que não foram atribuídas a nenhuma entidade federativa; c) implícitas, resultantes, inerentes ou decorrentes – são as que decorrem da própria natureza do ente federativo, embora não expressamente previstas no texto da Constituição.
Classificação das competências quanto à extensão	a) exclusivas – competências atribuídas a uma única entidade federativa, sem a possibilidade de delegação (CF, arts. 21 e 30, I). b) privativas – competências atribuídas a uma única entidade federativa, mas com a possibilidade de delegação em questões específicas (CF, art. 22 e parágrafo único). c) comuns, cumulativas ou paralelas – competências atribuídas a todas as entidades federativas sobre determinadas matérias, estando as entidades no mesmo nível hierárquico (CF, art. 23). d) concorrentes – são as atribuídas à União para estabelecer normas gerais sobre determinados assuntos (art. 24, § 1º), podendo os Estados e o Distrito Federal desdobrar esses princípios gerais. e) suplementares – competências atribuídas aos Estados para desdobrarem as normas gerais estabelecidas pela União, dentro da competência legislativa concorrente, de acordo com as suas peculiaridades (CF, art. 24, § 2º). Competência supletiva – competência dos Estados para exercer a capacidade legislativa em face da inexistência de legislação federal (art. 24, § 4º).
Classificação das competências quanto à origem	a) originárias – atribuídas pela Constituição a uma entidade federativa; b) delegadas – atribuições recebidas em razão do repasse de uma competência originária de uma entidade federativa para outra.
Espécies de leis	a) nacionais; b) federais; c) estaduais; d) distritais; e e) municipais.

Capítulo III
INTERVENÇÃO

1 INTRODUÇÃO

O federalismo fundamenta-se na autonomia das entidades componentes do Estado Federal. Autonomia é a capacidade de agir dentro de limites previamente estabelecidos. A autonomia de cada entidade federativa é determinada pelas atribuições feitas pela Constituição Federal. A ideia de intervenção é justamente o contrário da autonomia, a negação desta. É a interferência de uma entidade federativa em outra, a invasão da esfera de competências constitucionais atribuídas aos Estados-Membros ou aos Municípios.

2 FUNDAMENTO E FINALIDADES

A intervenção visa justamente manter, de diversas formas, o equilíbrio federativo entre as entidades que compõem a Federação brasileira: União, Estados-Membros, Distrito Federal e Municípios. Como salientado pelo Ministro Celso de Mello: "É um instrumento essencial ao próprio sistema federativo. E, não obstante o caráter excepcional de sua utilização – necessariamente limitada às hipóteses taxativamente definidas na Carta Política –, mostra-se impregnado de múltiplas funções de ordem político-jurídica, destinadas: **a)** a tornar efetiva a intangibilidade do vínculo federativo; **b)** a fazer respeitar a integridade territorial das unidades federadas; **c)** a promover a unidade do Estado Federal; e **d)** a preservar a incolumidade dos princípios fundamentais proclamados pela Constituição da República. A intervenção federal, na realidade, configura expressivo elemento de estabilização da ordem normativa plasmada na Constituição da República" (STF, IF 608-9-RS, Rel. Min. Celso de Mello, *DJ*, 1º-10-1998, p. 11).

3 REGRA GERAL

A regra geral é a não intervenção em entidades federativas, em respeito à autonomia de cada um dos entes componentes do Estado Federal, característica essencial do próprio federalismo. Essa é a razão pela qual os dispositivos constitucionais que permitem a intervenção federal ou estadual são redigidos de forma negativa: "A União não intervirá nos Estados nem no Distrito Federal, exceto para (...)" (CF, art. 34) e "O Estado não intervirá em seus Municípios, nem a União nos Municípios localizados em Território Federal, exceto quando (...)" (CF, art. 35). Como salienta Pinto Ferreira, são limitações negativas. Normas restritivas de direitos devem ser interpretadas restritivamente. Por isso, só se admite a intervenção federal ou estadual nas hipóteses taxativamente previstas na Constituição Federal.

4 ESPÉCIES DE INTERVENÇÃO

A Constituição prevê duas espécies de intervenção: a federal e a estadual.
a) Intervenção federal (também denominada execução federal ou coação federal). É a intervenção da União nos Estados, no Distrito Federal e nos Municípios localizados em Territórios Federais.
b) Intervenção estadual. É a intervenção dos Estados em seus Municípios. A União não pode intervir em Municípios situados em Estados-Membros, por falta de previsão constitucional nesse sentido. Somente é possível a intervenção do Estado em Municípios situados em seu território.

5 COMPETÊNCIA E PROCEDIMENTO PARA INTERVENÇÃO

A competência para decretar e executar a intervenção é do Chefe do Poder Executivo. Tratando-se de intervenção federal, a atribuição é privativa do Presidente da República (CF, art. 84, X). No caso de intervenção estadual, considerando-se o princípio da simetria constitucional entre as entidades federativas, será de competência privativa do governador do Estado. Essa atribuição de decretar a intervenção pode ser classificada como: **a)** espontânea (ou discricionária), sujeita a critérios de oportunidade e conveniência, o Presidente da República age de ofício; ou **b)** provocada, quando atende a solicitação do Poder Legislativo ou Executivo local coacto ou a requisição do Poder Judiciário. Solicitação é mero pedido, não vincula o Presidente da República. Já a requisição, pela própria terminologia adotada pela Constituição, é ordem; a decisão judicial vincula o Presidente da República, sendo o decreto de intervenção expedido pela Presidência mera formalização de uma decisão soberana do Poder Judiciário. Como adverte Pontes de Miranda: "Tratando-se de requisição pelo Supremo Tribunal Federal, a abstinência é suscetível de ser classificada como figura penal, com a respectiva sanção. Se o Presidente da República desatende, a questão passa ao terreno da responsabilidade: ou do Presidente da República que denegou a execução da intervenção requisitada, ou dos próprios juízes que, indevidamente, a requisitaram".

6 HIPÓTESES DE INTERVENÇÃO FEDERAL

A Constituição Federal, em seu art. 34, traz sete hipóteses de intervenção federal. Para José Afonso da Silva, são os pressupostos de fundo da intervenção "situações críticas que põem em risco a segurança do Estado, o equilíbrio federativo, as finanças estaduais e a estabilidade da ordem constitucional". Adotando mais essa classificação proposta pelo renomado autor, podemos agrupar as hipóteses de intervenção federal da forma a seguir exposta.

I – Defesa do Estado (art. 34, I e II). Manter a integridade nacional e repelir invasão estrangeira.

II – Defesa do princípio federativo (art. 34, II, III e IV). Repelir invasão de uma unidade da Federação em outra, pôr termo a grave comprometimento da ordem pública e garantir o livre exercício de qualquer dos Poderes nas unidades da Federação.

III – Defesa das finanças estaduais (art. 34, V). Reorganizar as finanças da unidade da Federação que: **a)** suspender o pagamento da dívida fundada por mais de dois anos consecutivos, salvo motivo de força maior; e **b)** deixar de entregar aos Municípios receitas tributárias fixadas na Constituição dentro dos prazos estabelecidos em lei. De acordo com a lei de responsabilidade fiscal, entende-se como dívida pública consolidada ou fundada: "montante total, apurado sem duplicidade, das obrigações financeiras do ente da Federação, assumidas em virtude de lei, contratos, convênios ou tratados e da realização de operações de crédito, para amortização em prazo superior a 12 meses" (Lei Complementar n. 101/2000, art. 29, I).

IV – Defesa da ordem constitucional (art. 34, VI e VII). Prover a execução de lei federal, ordem ou decisão judicial e assegurar a observância dos seguintes princípios constitucionais: **a)** forma republicana, sistema representativo e regime democrático; **b)** direitos da pessoa humana; **c)** autonomia municipal; **d)** prestação de contas da Administração direta e indireta; e **e)** aplicação do mínimo exigido da receita resultante de impostos estaduais, compreendida a proveniente de transferências, na manutenção e desenvolvimento do ensino e nas ações e serviços públicos de saúde.

7 PRINCÍPIOS CONSTITUCIONAIS SENSÍVEIS

São denominados princípios constitucionais sensíveis os previstos na Constituição como de observância obrigatória pelos Estados-Membros de um Estado Federal, sob a ameaça de intervenção federal em razão de seu descumprimento. Os princípios constitucionais sensíveis da Federação brasileira são expressamente enumerados no art. 34, VII, da Carta Magna. A violação de qualquer um deles, de forma direta ou indireta, autoriza a invasão da esfera de autonomia do Estado-Membro pela União, justamente para assegurar o equilíbrio federativo. A intervenção federal, na hipótese de violação dos princípios sensíveis, depende de provimento pelo Supremo Tribunal Federal de representação do Procurador-Geral da República. A atual Constituição reduziu a quantidade de princípios sensíveis, de forma a conceder maior autonomia política para os Estados-Membros.

8 FORMA E LIMITES DA INTERVENÇÃO FEDERAL

A forma da intervenção federal é de decreto expedido pelo Presidente da República, fixando a amplitude, o prazo, as condições e, se couber, o interventor. É possível a realização de intervenção sem a nomeação deste, limitando-se o decreto a suspender a execução do ato impugnado, se essa medida bastar para o restabelecimento da normalidade e do equilíbrio federativo.

9 REQUISITOS DA INTERVENÇÃO

Como assinala José Afonso da Silva, os pressupostos formais de intervenção são o modo de sua efetivação, seus limites e requisitos. Nas hipóteses previstas nos incisos I, II, III e V do art. 34, a intervenção federal fica ao critério discricionário do Presidente da República, sob o crivo político do Congresso Nacional. No caso previsto no inciso IV do art. 34, para garantir o livre exercício de qualquer dos Poderes, dependerá de solicitação do Poder Legislativo ou Executivo ou de requisição do Supremo Tribunal Federal. Solicitação é mero pedido, que pode ser atendido ou não pelo Presidente da República. Requisição é ordem, que deve ser obrigatoriamente acatada. Não é por acaso que os constituintes utilizaram esses dois termos, com sentidos diversos, no mesmo dispositivo constitucional (CF, art. 36, I). Na hipótese prevista no inciso VI do art. 34, de desobediência a ordem ou decisão judicial, a intervenção dependerá de requisição do Supremo Tribunal Federal, do Superior Tribunal de Justiça ou do Tribunal Superior Eleitoral, de acordo com a natureza da matéria em discussão (CF, art. 36, II). No caso de recusa à execução de lei federal (CF, art. 34, VI, primeira parte) ou para assegurar a observância dos princípios constitucionais sensíveis (CF, art. 34, VII), a intervenção dependerá de provimento, pelo Supremo Tribunal Federal, de representação formulada pelo Procurador-Geral da República.

Compete exclusivamente ao Supremo a requisição de intervenção para assegurar decisões da Justiça do Trabalho ou da Justiça Militar, ainda quando fundadas em direito infraconstitucional.

10 CONTROLE POLÍTICO E JURISDICIONAL

A intervenção federal está sujeita ao controle político do Congresso Nacional, enquanto a estadual, ao controle político da Assembleia Legislativa, a ser exercido no prazo de 24 horas, contado da expedição do decreto de intervenção. Estando de recesso, aquelas Casas Legislativas serão convocadas extraordinariamente em 24 horas para a apreciação política do ato de intervenção. Trata-se de competência exclusiva do Congresso Nacional aprovar a intervenção federal, bem como suspendê-la (CF, art. 49, IV). Suspensa pelo Poder Legislativo, será restabelecida a plena autonomia da entidade federativa, com a recondução das autoridades eventualmente afastadas. Nas hipóteses de intervenção para prover a execução de lei federal, ordem ou decisão judicial, bem como para assegurar a observância de determinados princípios constitucionais que dependem de requisição judicial, pode ser dispensada a posterior apreciação pelo Congresso Nacional se o decreto de intervenção limitar-se a suspender o ato impugnado e for o bastante para o restabelecimento da normalidade (CF, art. 36, § 3º). Por se tratar de ato de natureza eminentemente política, o controle jurisdicional é possível somente se houver violação das regras previstas na Constituição Federal.

11 DURAÇÃO DA INTERVENÇÃO

A intervenção, por sua própria natureza, é um ato temporário, cabível somente em hipóteses taxativamente previstas, devendo prevalecer apenas pelo tempo necessário para a superação da causa que a justificou. Cessados os motivos da intervenção, as autoridades afastadas são reconduzidas para seus cargos, salvo impedimentos legais (CF, art. 36, § 4º). O afastamento de governadores dos Estados e de Prefeitos Municipais são medidas excepcionais, admitidas só quando necessárias para resolver o motivo que justificou a intervenção.

12 FIGURA DO INTERVENTOR

Interventor é a autoridade nomeada pelo Chefe do Poder Executivo, quando necessário, para resolver a questão que justificou a invasão da esfera de autonomia da entidade federativa. Tratando-se de intervenção federal, o interventor é considerado autoridade federal, cujas funções, limitadas ao ato de intervenção, são federais. Mas o interventor, ao dar continuidade à administração do Estado, pode praticar atos de gestão típicos do governo estadual. Na qualidade de interventor, como agente federal, a responsabilidade civil por eventuais danos causados será da União. Todavia, quando age no exercício normal da administração estadual, eventual responsabilidade civil será do Estado.

13 LEGITIMIDADE ATIVA PARA PEDIDO DE INTERVENÇÃO FEDERAL

A requisição de intervenção federal está regulamentada pela Lei n. 8.038/90, em seu art. 19. A medida pode ser decretada de ofício pelo Presidente da República nas hipóteses em que a Constituição confere essa discricionariedade ao Chefe do Poder Executivo. Nos casos de intervenção vinculada, a requisição do Supremo Tribunal Federal, do Tribunal Superior Eleitoral ou do Superior Tribunal de Justiça pode ser feita de ofício ou decorrer de: **a)** pedido do Presidente do Tribunal de Justiça ou de Presidente de outro tribunal federal; **b)** pedido da parte interessada; **c)** representação do Procurador-Geral da República. Há de se examinar a referida lei, adequando a hipótese concreta para cada caso.

A respeito de precatórios estaduais e municipais não pagos, a Suprema Corte fixou o entendimento de que: "Não é lícito ao credor de Estado-Membro, agindo *per saltum*, formular, diretamente, ao Supremo Tribunal Federal, pedido de intervenção federal, quando se tratar de prover a execução de ordem ou decisão emanada de tribunal local. É que, tratando--se de condenação transitada em julgado, proferida por órgão competente da Justiça Estadual, falece legitimidade ativa *ad causam* ao credor interessado para requerer, diretamente, ao Supremo Tribunal Federal, a instauração de processo de intervenção federal contra o Estado-Membro que deixou de cumprir a decisão ou a ordem judicial, pois, em tal hipótese, impor-se-á, à parte interessada, a obrigação de previamente submeter o pedido de intervenção ao Presidente do tribunal local, a quem incumbirá formular, em ato devidamente motivado, o pertinente juízo de admissibilidade. Se este juízo de admissibilidade for positivo, caberá ao Presidente da Corte judiciária inferior determinar o processamento do pedido e ordenar o seu ulterior encaminhamento ao Supremo Tribunal Federal, para que este – apreciando e eventualmente acolhendo a postulação formulada pelo credor interessado – requisite ao Presidente da República, se for o caso, a decretação da intervenção federal no Estado-Membro que houver descumprido a decisão judicial exequenda" (STF, AgRgIF 555-8-MG, Rel. Min. Celso de Mello, *DJU*, 13-11-1998, p. 11).

14 HIPÓTESES DE INTERVENÇÃO ESTADUAL

A Constituição Federal, em seu art. 35, enumera as hipóteses de intervenção dos Estados nos Municípios, que se justifica: **a)** para reorganizar as finanças de Município que deixar de pagar, sem motivo de força maior, por dois anos consecutivos, a dívida fundada; e **b)** para a defesa da ordem constitucional, das seguintes formas: assegurar a observância de princípios indicados na Constituição Estadual; prover a execução de lei, ordem ou decisão judicial; garantir a prestação de contas devidas na forma da lei e a aplicação do mínimo exigido da receita municipal na manutenção e desenvolvimento do ensino e nas ações e serviços públicos de saúde.

O STF declarou inconstitucionais, por violação aos princípios da simetria e da autonomia dos entes federados, normas de constituições estaduais, que estabeleceram outras hipóteses de intervenção do Estado no Município, fora das taxativamente elencadas no art. 35 da Constituição Federal (ADI 6619/RO, Rel. Min. Gilmar Mendes, *Informativo STF*, n. 1073).

15 FORMA E LIMITES DA INTERVENÇÃO ESTADUAL

A forma da intervenção estadual é de decreto expedido pelo Governador do Estado, fixando a amplitude, o prazo, as condições e, se necessário, o interventor. O decreto de intervenção pode limitar-se a suspender a execução do ato impugnado se essa medida for o suficiente para o restabelecimento da normalidade e do equilíbrio federativo.

Quadro sinótico

Intervenção	É a interferência de uma entidade federativa em outra, a invasão da esfera de competências constitucionais atribuídas aos Estados-Membros ou aos Municípios.
Fundamento	Manter o equilíbrio entre as entidades que compõem a Federação brasileira: União, Estados, Distrito Federal e Municípios.
Espécies de intervenção	a) Federal. b) Estadual.
Competência	É do Chefe do Poder Executivo. A intervenção pode ser: a) espontânea (ou discricionária); b) provocada.
Hipóteses	Situações críticas que põem em risco a segurança do Estado, o equilíbrio federativo, as finanças estaduais e a estabilidade da ordem institucional (art. 34 da CF).
Forma e limites	Procede-se por meio de decreto expedido pelo Presidente da República, na Intervenção Federal, bem como pelo Governador do Estado, na Intervenção Estadual, fixando a amplitude, o prazo, as condições e, se couber, o interventor.

Capítulo IV
UNIÃO

1 INTRODUÇÃO

União é a entidade federativa voltada para os assuntos de interesse de todo o Estado brasileiro. O ente federativo central, denominado "União", só existe em Estados Federais, em que os diversos Estados-Membros se reúnem para a formação de um governo central e a administração dos assuntos de interesse comum. A natureza de entidade federativa da União evidencia-se pela simples leitura do art. 18 da Constituição, ao estabelecer que "A organização político-administrativa da República Federativa do Brasil compreende a União, os Estados, o Distrito Federal e os Municípios, todos autônomos, nos termos desta Constituição".

2 A UNIÃO E A REPÚBLICA FEDERATIVA DO BRASIL

A União não se confunde com o Estado brasileiro. A República Federativa do Brasil é dotada de soberania, pessoa jurídica reconhecida internacionalmente, abrangendo tanto a União como as demais entidades federativas (Estados, Distrito Federal e Municípios). A União é pessoa jurídica de direito público interno, dotada de autonomia e do poder de agir dentro dos limites traçados pela Constituição e representa o Estado brasileiro.

3 A DUPLA FACE DA UNIÃO

A União apresenta uma dupla face dentro da organização político-administrativa do Estado brasileiro: **a)** entidade federativa dotada de autonomia política; **b)** órgão de representação da República Federativa do Brasil. Como salienta Celso Bastos, "Internamente, a União atua como uma das pessoas jurídicas de direito público que compõem a Federação, exerce a parcela de competência que lhe é atribuída pela Constituição". Todavia, quando a União exerce as atribuições exclusivas previstas pela Constituição Federal, no art. 21, I e II, de manter relações com Estados estrangeiros, bem como de declarar guerra e celebrar a paz, ao representar o Estado brasileiro, atua de forma soberana. Como salienta Michel Temer, ao agir dessa forma, "Revela a soberania nacional. Exerce-a. Não a titulariza, dado que a soberania é nota tipificadora do Estado". Observa-se que é matéria de competência exclusiva da União a representação perante Estados estrangeiros. Os Estados-Membros, dotados somente de autonomia política, mas não de soberania, não representam externamente o Estado brasileiro. Por essa razão não podem manter representações diplomáticas perante Estados estrangeiros.

4 BENS DA UNIÃO

A União, como qualquer pessoa jurídica de direito público, pode ser titular de direitos e obrigações. Entre os direitos obviamente se encontra o de ser titular de direitos reais, como o de possuir bens de toda e qualquer natureza. A Constituição, em seu art. 20, apresenta uma ampla relação, não exaustiva, de bens da União.

I – **Os que atualmente lhe pertencem e os que lhe vierem a ser atribuídos.** Este inciso evidencia que a relação de bens da União apresentada no art. 20 da Constituição Federal não é taxativa, ao possibilitar que outros sejam incorporados ao patrimônio dessa entidade federativa além dos que atualmente já possui.

II – **Terras devolutas indispensáveis à defesa das fronteiras, das fortificações e construções militares, das vias federais de comunicação e à preservação ambiental, definidas em lei.** Conforme ensina Pontes de Miranda: "Quem fala de **terras devolutas**, fala de terras devolvidas (nunca tiveram dono, ou o tiveram e já não o têm)". São áreas de propriedade do Estado, embora não formalmente incorporadas ao patrimônio público. A definição de quais são as terras devolutas vem expressa na Lei n. 601, de 1850. Sua origem decorre do próprio processo de ocupação do território brasileiro durante o período colonial, incluindo as não havidas por sesmarias e as que foram perdidas por falta de cumprimento das condições estabelecidas. Conforme orientação jurisprudencial dominante, a simples circunstância de o imóvel não estar registrado em nome de alguém não o caracteriza como terra devoluta. O Estado deve comprovar a propriedade da terra. As terras devolutas, em regra, pertencem aos Estados-Membros (CF, art. 26, IV). Cabem à União somente aquelas indispensáveis à defesa das fronteiras, fortificações e construções militares, das vias federais de comunicação e à preservação ambiental. A faixa de fronteira é de "cento e cinquenta quilômetros de largura, ao longo das fronteiras terrestres", destinada à defesa do território nacional. Nessa área há uma série de restrições impostas pela União (Lei n. 6.634/79), e as terras devolutas nela compreendidas são de sua propriedade. A Lei n. 6.383/76 dispõe sobre o processo discriminatório de terras devolutas da União. Estabelece, ainda, a Constituição Federal, em seu art. 225, § 5º, que: "são indisponíveis as terras devolutas ou arrecadadas pelos Estados, por ações discriminatórias, necessárias à proteção dos ecossistemas naturais".

Terras devolutas pertencem aos Estados-Membros desde a Constituição de 1891, que delas excetuava apenas a porção do território indispensável para a defesa das fronteiras, fortificações, construções militares e estradas de ferro federais. O STF entende que assim se mantiveram, seja por disposição expressa, seja por exclusão das terras tidas por indispensáveis à União para a defesa de fronteiras, fortificações, construções militares, estradas de ferro ou a seu desenvolvimento econômico e, nos termos da Constituição vigente, também por exclusão daquelas indispensáveis à defesa das vias federais de comunicação e à preservação ambiental, definidas em lei. O objetivo da ação discriminatória é demarcar, apurar, esclarecer, separar as terras que estão integradas no domínio público, meio pelo qual se põe termo a todas as dúvidas divisórias, quer entre particulares, quer entre os Poderes públicos. O papel do Estado é o de manter as terras sob seu domínio para entregá-las aos cidadãos, aos quais caberá povoá-las e torná-las produtivas. A Suprema Corte considera importante garantir segurança jurídica aos ocupantes de imóveis no Brasil, pois a incerteza quanto ao domínio provoca conflitos fundiários e desestimula investimentos. Como consequência, as áreas litigiosas são geralmente as menos desenvolvidas no território nacional, em decorrência do permanente e latente conflito fundiário entre particulares e Estado (ACO 158/SP, Rel. Min. Rosa Weber, *Informativo STF*, n. 969).

III – **Lagos, rios e correntes de água em terrenos de seu domínio, ou que banhem mais de um Estado, sirvam de limites com outros países, estendam-se a território estrangeiro ou dele provenham, bem como os terrenos marginais e as praias fluviais.** Rios, cursos de água doce, de maior ou menor extensão ou volume, que passem pelo território ou sirvam de fronteira entre dois ou mais Estados são de propriedade da União, assim como os que façam a divisa do território nacional ou também passem por outros países. Os **terrenos marginais** são as margens desses rios, lagos e correntes-d'água. As **praias fluviais** são as porções de terra que ficam a descoberto na vazante dos rios. Todos esses bens são de propriedade da União. Pertencem aos Estados-Membros todos os demais cursos-d'água (CF, art. 26, I). Não mais existem rios municipais. Conforme observa Hely Lopes Meirelles, "no atual sistema constitucional, os rios e lagos públicos ou pertencem à União ou aos Estados-Membros, conforme o território que cubram. E quanto às águas particulares, só poderão ser as nascentes e as correntes que não se enquadrem nos conceitos de rio ou lago". Esse autor estabelece, ainda, uma distinção entre lagos e lagoas, sendo que estas pertencem aos proprietários das terras que as circundam.

IV – **Ilhas fluviais e lacustres nas zonas limítrofes com outros países, praias marítimas e ilhas oceânicas e costeiras, excluídas, destas, as que contenham a sede de Municípios, exceto aquelas áreas afetadas ao serviço público federal e a unidade ambiental federal, e as referidas no art. 26, II.** Ilhas são porções de terras cercadas por água de todos os lados. Ilhas situadas em rios ou lagos exteriores que façam limites com outros países são de propriedade da União, por razões de ordem estratégica. **Ilhas oceânicas** são as que se encontram afastadas da costa. As ilhas oceânicas brasileiras são o arquipélago de Fernando de Noronha, as Ilhas Trindade, o recife das Rocas e os penedos de São Pedro e São Paulo. **Ilhas costeiras** são as que se encontram próximas da costa e resultam do prolongamento do relevo continental. As ilhas oceânicas e costeiras são, em regra, da União, salvo se já incorporadas ao patrimônio dos Estados, Municípios ou particulares. Fernando de Noronha, após a Constituição de 1988, foi reincorporado ao Estado de Pernambuco (ADCT, art. 15). Entende Pinto Ferreira que "é possível excepcionalmente o domínio privado em terras situadas em ilhas marítimas, quando comprovado por carta de sesmaria, pelas formas legais de transmissão do domínio público ou particular ou pelo usucapião antes da vigência do Código Civil". As **ilhas marítimas**, as porções de terras que ficam a descoberto na vazante do mar são todas de propriedade da União. Por se tratarem de bem de uso comum do povo, qualquer restrição de acesso a elas configura constrangimento ilegal, devendo ser removido qualquer obstáculo que impeça o exercício do gozo desse direito. A Emenda Constitucional n. 46 excluiu do domínio da União as ilhas costeiras que contenham a sede de Municípios, atingindo cidades importantes como Florianópolis (SC), Vitória (ES), São Luís (MA) e Ilha do Marajó (PA). A Constituição do Estado de São Paulo, em seu art. 285, assegura a todos livre e amplo acesso às praias do litoral paulista, devendo o Ministério Público tomar imediatas providências para a garantia desse direito sempre que a um indivíduo for impedido ou dificultado o acesso.

V – **Recursos naturais da plataforma continental e da zona econômica exclusiva.** A **plataforma continental** é o prolongamento do relevo continental sobre o mar. De acordo com o art. 11 da Lei n. 8.617/93, a plataforma continental do Brasil "compreende o leito e o subsolo das áreas submarinas que se estendem além do seu mar territorial, em toda a extensão do prolongamento natural de seu território terrestre, até o bordo exterior da margem continental, ou até uma distância de duzentas milhas marítimas das linhas de base". Os direitos de exploração e aproveitamento econômico dos recursos naturais existentes nessa porção de terras adjacentes à nossa costa são exclusivos do Estado brasileiro. A **zona econômica exclusiva brasileira**, conforme dispõe o art. 6º da referida Lei, "compreende uma faixa que se estende das 12 às duzentas milhas marítimas, contadas a partir das linhas de base que servem para medir a largura do mar territorial". Trata-se de uma faixa adjacente ao mar territorial. Sobre essa área o Brasil tem direitos de soberania para fins de exploração e aproveitamento, conservação e gestão de recursos naturais.

VI – **Mar territorial.** É a faixa de mar adjacente à costa brasileira. O **mar territorial brasileiro** "compreende uma faixa de 12 milhas marítimas de largura, medidas a partir da linha de baixa-mar do litoral continental e insular brasileiro" (Lei n. 8.617/93, art. 1º). Para Francisco Rezek a soberania sobre o mar territorial "só não é absoluta, como no caso do território ou das águas interiores, porque sofre uma restrição tópica, ditada por velha norma internacional: trata-se do direito de passagem inocente, reconhecido em favor dos navios – mercantes ou de guerra, de qualquer Estado". Esse direito de passagem inocente é regulamentado pelo art. 3º do diploma legal acima referido. Em 1970, por motivos de ordem econômica e para a preservação dos recursos naturais contra a pesca predatória, o Estado brasileiro havia adotado, por lei, o mar territorial de duzentas milhas, seguindo tendência de diversos outros países. Com a Constituição de 1988, adaptando-se à Convenção Internacional de 1982, o Brasil reduziu o mar territorial para 12 milhas, mas consagrou a zona econômica exclusiva até a faixa de duzentas milhas da costa brasileira. O mar territorial brasileiro, apesar de integrar o domínio da União (CF, art. 20, VI), situa-se, simultaneamente, no espaço territorial da União, dos Estados costeiros e Municípios confrontantes, razão pela qual se sujeita, ao mesmo tempo, a três ordens jurídicas sobrepostas: legislação federal, estadual e municipal (ADI 6.218/RS, Min. Rosa Weber, *Informativo STF*, n. 1102).

VII – **Terrenos de marinha e seus acrescidos.** Terrenos de marinha, conforme definição legal, são as faixas de terra banhadas pelas águas do mar ou de rios navegáveis, até a distância de 33 metros do ponto em que chega o preamar médio. Tais terrenos são de propriedade da União. Sua utilização depende de autorização federal. Conforme observa Hely Lopes Meirelles: "A reserva dominial da União visa, unicamente, a fins de defesa nacional, sem restringir competência estadual e municipal no ordenamento territorial e urbanístico nos terrenos de marinha, quando utilizado por particulares para fins civis". Os terrenos acrescidos são "os acréscimos formados por depósitos e aterros naturais". Esses acréscimos pertencem obviamente à União, proprietária dos terrenos de marinha. Ambos estão sujeitos à enfiteuse e a taxas de ocupação.

VIII – **Potenciais de energia hidráulica.** São as quedas-d'água que possam produzir energia elétrica. Conforme estabelece o art. 176 da Constituição, os recursos minerais e os potenciais de energia hidráulica constituem propriedade distinta da do solo para efeito de exploração ou aproveitamento e pertencem à União. Observa-se que a propriedade do solo continua sendo de domínio particular; somente o potencial de energia hidráulica é transferido para o domínio da União.

IX – **Recursos minerais, inclusive os do subsolo.** A partir da Constituição de 1934 foi instituída uma separação jurídica entre a propriedade do solo e a dos recursos minerais, que foi atribuída à União. O domínio do solo abrange o espaço aéreo e o subsolo correspondente em altura e profundidade úteis ao seu exercício (CC, art. 1.229). O proprietário poderá construir porões ou garagens subterrâneas no interior de sua propriedade. Contudo, eventuais jazidas e demais recursos minerais existentes no imóvel são de propriedade da União (CF, arts. 20, IX, e 176). Nesse sentido, dispõe expressamente o art. 176 da Constituição: "As jazidas, em lavra ou não, e demais recursos minerais (...) constituem propriedade distinta da do solo, para efeito de exploração ou aproveitamento, e pertencem à União, garantida ao concessionário a propriedade do produto da lavra". Os recursos minerais do Brasil são imensos e desconhecidos e devem ser explorados de acordo com os interesses nacionais. De acordo com a redação dada ao § 1º do art. 176 pela Emenda Constitucional n. 6/95, a pesquisa e a lavra somente poderão ser efetuadas, mediante autorização ou concessão da União, por brasileiros ou empresa constituída sob leis brasileiras e que tenha sua sede e administração no País. Dentre os minérios, cumpre destacar que são de monopólio da União a pesquisa e a lavra do petróleo, do gás natural e de minerais nucleares (CF, art. 177). A Emenda Constitucional n. 9/95, ao dar uma nova redação ao § 1º do art. 177 da Constituição, autorizou a União a contratar empresas estatais ou privadas para a exploração econômica de petróleo e gás natural. O monopólio absoluto da exploração da atividade econômica prevalece atualmente apenas em relação a minérios nucleares e seus derivados.

X – **Cavidades naturais subterrâneas e sítios arqueológicos e pré-históricos.** Este dispositivo reflete a preocupação do constituinte de 1988 com a preservação do patrimônio ecológico e histórico do Brasil. Cavidades naturais (grutas) e sítios arqueológicos e pré-históricos são de propriedade da União, merecendo uma especial proteção constitucional.

XI – **Terras tradicionalmente ocupadas pelos índios.** São de propriedade da União, assegurados aos indígenas a posse e o usufruto exclusivo das riquezas do solo, rios e lagos nelas existentes (CF, art. 231, § 2º). Terras tradicionalmente ocupadas pelos índios, conforme expressa conceituação constitucional, são "as por eles habitadas em caráter permanente, as utilizadas para suas atividades produtivas, as imprescindíveis à preservação dos recursos ambientais necessários a seu bem-estar e as necessárias a sua reprodução física e cultural, segundo seus usos, costumes e tradições" (CF, art. 231, § 1º). Segundo José Afonso da Silva, as condições mencionadas no dispositivo constitucional são "todas necessárias e nenhuma suficiente sozinha" para a caracterização da terra como tradicionalmente ocupada por índios. De acordo com o mesmo autor, essas terras não são as que foram ocupadas pelos índios em tempos remotos, mas as atualmente utilizadas de acordo com o modo tradicional de produção, já que há comunidades indígenas mais ou menos estáveis, devendo ser observados os usos, os costumes e as tradições de cada uma.

Marco temporal – Em mudança de orientação jurisprudencial, o STF, por maioria, decidiu que o reconhecimento do direito às terras tradicionalmente ocupadas pelos indígenas não se sujeita ao marco temporal da promulgação da Constituição Federal, 5-10-1988, nem à presença de conflito físico ou controvérsia judicial existentes nessa mesma data. A Suprema Corte concluiu pela inaplicabilidade da teoria do fato indígena e pela prevalência da teoria do indigenato, segundo a qual a posse dos indígenas sobre as terras configura um direito próprio dos povos originários e cuja tradicionalidade da ocupação deve ser considerada conforme os parâmetros expressamente previstos no texto constitucional (CF, art. 231, §§ 1º e 2º). Estabeleceu, ainda, que se houver ocupação tradicional indígena ou renitente esbulho contemporâneo à data de promulgação da Constituição Federal de 1988, são assegurados aos não índios o direito à indenização pelas benfeitorias úteis e necessárias (CF, art. 231, § 6º). Mas, na hipótese de inexistir quaisquer dessas situações, consideram-se válidos e eficazes os atos e negócios jurídicos perfeitos e a coisa julgada relativos a justo título ou posse de boa-fé das terras de ocupação tradicional indígena. Neste caso, o particular tem direito a ser previamente indenizado pela União ao valor correspondente às benfeitorias necessárias e úteis, ou, quando inviável o seu reassentamento, ao valor da terra nua (RE 1.017.365/SC, *Informativo STF*, n. 1110).

O Congresso Nacional, inconformado com a mudança de orientação do STF a respeito, aprovou projeto de lei ordinária, estabelecendo que a ausência da comunidade indígena em 5 de outubro de 1988, o marco temporal, na área pretendida descaracterizaria o seu enquadramento como terra tradicionalmente ocupada pelos indígenas, salvo o caso de renitente esbulho devidamente comprovado. O Presidente da República ao sancionar e promulgar a Lei n. 14.701, de 20 de outubro de 2023, vetou esta proposição legislativa, por considerá-la contrária ao interesse público. Este veto ainda não foi apreciado pelo Congresso Nacional.

Maria Sylvia Zanella di Pietro classifica as terras indígenas como bens públicos de uso especial. A Constituição Federal impôs à União o dever de demarcar as terras tradicionalmente ocupadas pelos índios.

Quadro sinótico – Bens atualmente pertencentes à União

A) Terrestres	A1) superficial (solo)	terras devolutas da União terrenos de marinha e acrescidos sítios arqueológicos e pré-históricos terras tradicionalmente de indígenas
	A2) subterrâneo (subsolo)	recursos minerais cavidades naturais

Da Organização do Estado, dos Poderes e Histórico das Constituições

B) Hídricos	B1) marítimos	mar territorial zona econômica exclusiva plataforma continental praias marítimas	
	B2) fluviais	rios interestaduais (limítrofes e sucessivos) rios internacionais (limítrofes e sucessivos) terrenos marginais praias fluviais	
	B3) lacustres	lagos interestaduais lagos internacionais	
C) Insulares	externo	ilhas marítimas	costeiras (exceto as do art. 26, II) oceânicas
	interno	ilhas fluviais (limítrofes com outros países) ilhas lacustres (limítrofes com outros países)	

5 COMPETÊNCIAS DA UNIÃO

A União concentra um grande número de competências no Estado brasileiro. O modelo de federalismo adotado pelo Brasil é altamente centralizador em comparação com o dos Estados Unidos. A própria enumeração das competências, tanto pela quantidade como pela qualidade, evidencia que as principais atribuições pertencem ao governo federal.

A União possui competências exclusivas (art. 21), privativas (art. 22), comuns (art. 23) e concorrentes (art. 24). Adotando, mais uma vez, o estudo feito por José Afonso da Silva, as competências da União, quanto ao conteúdo, podem ser classificadas da forma a seguir mencionada:

a) Competências internacionais (art. 21, I a IV). Atribuídas à União, como órgão de representação do Estado brasileiro perante os demais Estados e organismos internacionais, por se referirem à própria soberania do País: manter relações com Estados estrangeiros e participar de organizações internacionais, declarar guerra e celebrar a paz, assegurar a defesa nacional e permitir o trânsito e a permanência de forças estrangeiras no território nacional.

b) Competências políticas (art. 21, V e XVII). Decretar o estado de sítio, o estado de defesa e a intervenção federal (medidas de defesa da ordem constitucional em situações excepcionais) e conceder anistia.

c) Competências financeiras e monetárias (art. 21, VII e VIII). Administrar as reservas cambiais, fiscalizar as operações de natureza financeira e emitir moeda. Este é um dos fatores mais evidentes da identificação e integração nacional de um povo, por servir de meio de troca obrigatório entre todas as pessoas de determinado Estado.

d) Competências administrativas (art. 21, VI, XIII a XVI, XIX, XXII e XXIV). Entre outras, autorizar e fiscalizar a produção e o comércio de material bélico, organizar e manter o Poder Judiciário, o Ministério Público, a Defensoria Pública, as polícias e o corpo de bombeiros militar do Distrito Federal, organizar e manter os serviços oficiais de estatística, geografia, geologia e cartografia de âmbito nacional, exercer a classificação, para efeito indicativo, de diversões públicas e programas de rádio e televisão e organizar, manter e executar a inspeção do trabalho.

e) Competências em matéria urbanística (art. 21, IX, XX e XXI). Compete à União a fixação de políticas em relação à ocupação do território nacional, tanto no campo como em territórios urbanos (as cidades). São encargos da União: elaborar e executar planos nacionais e regionais de ordenação do território, instituir diretrizes para o desenvolvimento urbano, inclusive habitação, saneamento básico e transportes urbanos, e estabelecer diretrizes para o sistema nacional de viação.

f) **Competências econômicas** (art. 21, IX, segunda parte, e XXV). Elaborar e executar planos nacionais e regionais de desenvolvimento econômico e estabelecer área e condições para o exercício da garimpagem.

g) **Competências na área de prestação de serviços** (art. 21, X a XII e XXIII). Determinados serviços, dada a sua relevância, foram considerados de interesse público e atribuídos à União: manter o serviço postal e o correio aéreo nacional, explorar, diretamente ou mediante autorização, concessão ou permissão, serviços de telecomunicação (comunicação à distância, gênero que abrange a telefonia, a telegrafia e a radiodifusão sonora de sons e imagens), radiodifusão, instalação de energia elétrica e o aproveitamento energético dos cursos de água, navegação aérea e aeroespacial e infraestrutura portuária, serviços de transportes ferroviários, aquaviários e rodoviários interestaduais e internacionais e portos marítimos, fluviais e lacustres e explorar, sob a forma de monopólio estatal, os serviços e instalações nucleares de qualquer natureza.

h) **Competências sociais** (art. 21, IX, segunda parte, e XVIII). Compete à União elaborar e executar planos nacionais e regionais de desenvolvimento social e planejar e promover a defesa permanente contra as calamidades públicas, especialmente secas e inundações.

i) **Competências legislativas** (arts. 22 e 24). Todos os principais ramos do direito são de atribuição da União. Compete privativamente a ela legislar sobre direito civil, comercial, penal, processual, eleitoral, agrário, marítimo, espacial e do trabalho, ao lado das diversas outras matérias enunciadas no art. 22 da Constituição Federal. Compete-lhe, ainda, estabelecer normas gerais sobre direito tributário, financeiro, penitenciário, econômico, urbanístico, além das diversas outras matérias enunciadas no art. 24 da Constituição Federal. Qualquer invasão da esfera de competência da União pelos Estados e Municípios será inconstitucional.

Quadro sinótico – União

União	É pessoa jurídica de direito público interno, dotada de autonomia e do poder de agir dentro dos limites traçados pela Constituição e representa o Estado brasileiro.
Dupla face da União	a) entidade federativa dotada de autonomia política; b) órgão de representação da República Federativa do Brasil.
Competências da União	Exclusivas (art. 21), privativas (art. 22), comuns (art. 23) e concorrentes (art. 24).

Capítulo V
ESTADOS FEDERADOS

1 INTRODUÇÃO

Os Estados brasileiros surgiram, em 1889, com a proclamação da República e a adoção do federalismo como forma de Estado. As antigas províncias foram elevadas à condição de Estados, dotados de autonomia política e integrantes da nova Federação brasileira. No Estado federal brasileiro, os Estados-Membros recebem a denominação de Estados, também adotada pelos Estados Unidos da América, México, Venezuela e Alemanha. Na Suíça as unidades integrantes do Estado Federal são chamadas de Cantões e na Argentina, de Províncias. Pouco importa a denominação; o relevante em um Estado Federal é que as entidades federativas que o compõem são dotadas de autonomia política, enquanto a soberania é atribuída ao próprio Estado.

2 AUTONOMIA

Uma das características fundamentais do Estado Federal é justamente a autonomia das unidades federativas, dos Estados-Membros que compõem a Federação. Se a soberania é poder de fato, absoluto, capacidade plena de autodeterminação, de decidir em última instância, uma das características próprias do Estado, a autonomia é poder de direito, capacidade de autodeterminação dentro de regras preestabelecidas pela Constituição. Os Estados federados são dotados somente de autonomia política. Não possuem soberania, por isso não lhes são atribuídas competências internacionais. Não mantêm relações com Estados estrangeiros nem participam de organismos internacionais. Autonomia política importa em: **a) auto-organização** (art. 25); **b) autolegislação** (art. 25); **c) autogoverno** (arts. 27, 28 e 125); e **d) autoadministração**.

3 AUTO-ORGANIZAÇÃO

Compete a cada Estado elaborar a sua própria Constituição Estadual. Estabelece o art. 25 da Carta Magna que "Os Estados organizam-se e regem-se pelas Constituições (...) que adotarem, observados os princípios desta Constituição". O art. 11 do Ato das Disposições Constitucionais Transitórias, evidenciando as características desse poder constituinte decorrente como subordinado e condicionado, estabeleceu que "Cada Assembleia Legislativa, com poderes constituintes, elaborará a Constituição do Estado, no prazo de um ano, contado da promulgação da Constituição Federal, obedecidos os princípios desta". Esses dispositivos constitucionais evidenciam a necessidade da obediência ao modelo federal em aspectos fundamentais da organização dos Estados, como, por exemplo, forma e sistema de governo e processo legislativo. Devem ser preservadas as iniciativas reservadas do Chefe do Executivo quanto à criação de cargos e aumento de remuneração (CF, art. 61, § 1º) e do Poder Judiciário em relação às normas de organização judiciária (CF, art. 93).

4 LIMITES DO PODER CONSTITUINTE DECORRENTE

Compete a cada Estado federado a elaboração de sua Constituição Estadual, que é a manifestação do poder constituinte decorrente, poder próprio de cada Estado-Membro. Como todo poder constituinte derivado, é subordinado e condicionado. É hierarquicamente inferior ao poder constituinte originário, não podendo contrariar os limites e os princípios fixados pela Constituição Federal. Além disso, deve manifestar-se de acordo com a fórmula preestabelecida pela Lei Maior. Como salienta Michel Temer, "Trata-se de obediência a princípios. Não de obediência à literalidade das normas".

Pelo princípio da simetria, os Estados são obrigados a observar, em suas Cartas Estaduais, as normas fundamentais estabelecidas pela Constituição Federal quanto à forma de disciplinar o seu modelo de organização. São regras de absorção compulsória pelos Estados-Membros em tudo o que diga respeito ao princípio fundamental da independência e harmonia entre os Poderes, como, por exemplo, as matérias de iniciativa reservada e as formas de provimento de determinados cargos que encontram paralelo na Administração Federal.

5 PRINCÍPIOS CONSTITUCIONAIS SENSÍVEIS, ESTABELECIDOS E EXTENSÍVEIS

Existem na Constituição Federal diversos princípios limitativos da autonomia das entidades federativas. Exemplos: **a)** art. 34, VII – hipóteses de intervenção federal nos Estados; **b)** art. 37 – princípios da Administração Pública para todas as entidades federativas; **c)** arts. 70 a 75 – forma de organização dos Tribunais de Contas; e **d)** art. 128, § 3º – forma de escolha do Procurador-Geral de Justiça. Qualquer violação desses princípios limitativos pelas Constituições Estaduais será inconstitucional, por afrontar a Lei Maior. Os princípios limitativos do poder constituinte estadual podem ser divididos em três grupos: **a)** princípios constitucionais sensíveis; **b)** princípios constitucionais estabelecidos; e **c)** princípios constitucionais extensíveis.

a) Princípios constitucionais sensíveis são os claramente apontados pela Constituição Federal para a organização dos Estados-Membros, os quais, caso violados, autorizam a intervenção federal para assegurar a prevalência da ordem constitucional. São os expressamente previstos no art. 34, VII, da Constituição Federal.

b) Princípios constitucionais estabelecidos são os que limitam a autonomia dos Estados na organização de sua estrutura. Algumas dessas limitações estão expressas no Texto Constitucional, enquanto outras são consideradas implícitas, decorrentes dos princípios adotados pela Constituição Federal. Dessa forma, será inconstitucional, por exemplo, uma norma que atribua ao Poder Legislativo funções típicas de um regime parlamentarista, como a aprovação de nomes para a composição do secretariado estadual. Considerando que a autonomia das unidades federadas é da essência do Estado Federal, as normas limitadoras da esfera de atribuições das entidades federativas devem ser interpretadas restritivamente. Essas limitações expressas e implícitas ao poder constituinte estadual são pormenorizadas por José Afonso da Silva Filho em seu *Curso de direito constitucional positivo*.

c) Princípios constitucionais extensíveis são as regras de organização da União que obrigatoriamente se estendem aos Estados.

6 FORMA DE ELABORAÇÃO DAS CONSTITUIÇÕES ESTADUAIS

As Constituições Estaduais, seguindo o modelo estabelecido pela Constituição Federal, foram elaboradas por Assembleias Constituintes Estaduais (ADCT, art. 11). Foram eleitos Deputados Estaduais com poderes constituintes.

Da Organização do Estado, dos Poderes e Histórico das Constituições

7 AUTOLEGISLAÇÃO

Compete a cada Estado elaborar as leis estaduais dentro de sua autonomia política, ou seja, nos limites das competências fixadas pela Constituição. As leis estaduais, em regra, estão no mesmo nível hierárquico das federais e municipais. Cada entidade federativa deve elaborar as leis dentro dos limites de suas atribuições previamente estabelecidas. A competência remanescente, ou seja, o que não foi atribuído à União ou aos Municípios, pertence aos Estados (CF, art. 25, § 1º). As leis estaduais são hierarquicamente inferiores às Constituições Federal e Estadual. Os Estados-Membros possuem competências exclusivas (CF, arts. 18, § 4º – criação, incorporação e fusão de Municípios; 25, § 2º – exploração de gás canalizado; e 25, § 3º – instituição de regiões metropolitanas), comuns (art. 23), concorrentes (art. 24) e suplementares (art. 24, § 2º). Como não possuem soberania, não lhes foram atribuídas competências internacionais. Por essa razão, não podem manter relações com Estados estrangeiros nem participar de organismos internacionais.

Embora as atribuições exclusivas da União sejam extensas, os Estados ganharam uma ampla competência suplementar. Como salienta Celso Bastos: "São imensas as possibilidades de atuação dos Estados nos campos de segurança, da saúde e da educação". Ressalte-se que 25% da receita dos impostos, no mínimo, serão destinados à manutenção e ao desenvolvimento do ensino (CF, art. 212).

Em matéria tributária, a competência residual foi atribuída à União. A Constituição Federal estabeleceu tributos para a União (art. 153), Estados (art. 155) e Municípios (art. 156), mas a competência para a instituição de outros não previstos no ordenamento constitucional é da União (art. 154, I).

8 AUTOGOVERNO

Compete a cada Estado a organização de seus próprios Poderes, bem como a escolha de seus integrantes, o que deve ser feito de acordo com o modelo federal, respeitado o sistema constitucional da separação de Poderes e o regime presidencialista. As autoridades de cada unidade da Federação são escolhidas em seus próprios Estados, pelos eleitores lá alistados, não se subordinando às autoridades federais. Como observa Manoel Gonçalves Ferreira Filho: "os poderes estaduais não estão sujeitos aos poderes federais correspondentes, como não o está a administração estadual à federal".

O **Poder Executivo Estadual** é exercido pelo Governador do Estado, com mandato de quatro anos (CF, art. 28), eleito por maioria absoluta de votos. Caso nenhum dos candidatos obtenha essa votação, não computados os votos nulos e os em branco, realiza-se um segundo turno somente com os dois mais votados (CF, art. 77). Com a eleição do Governador, é eleito também o Vice-Governador registrado na mesma chapa (CF, arts. 28 e 77, § 1º). Não há mais possibilidade de escolher-se o Governador de uma chapa e o Vice de outra. É possível a reeleição do Governador do Estado e de quem o houver sucedido ou substituído para um único período subsequente (CF, art. 14, § 5º, na nova redação dada pela EC n. 16/97). A eleição do Governador e do Vice-Governador de Estado será realizada no primeiro domingo de outubro, em primeiro turno, e no último domingo de outubro, em segundo turno, se houver, do ano anterior ao do término do mandato de seus antecessores, e a posse ocorrerá em 6 de janeiro do ano subsequente

O **Poder Legislativo Estadual** é exercido, de forma unicameral, pela Assembleia Legislativa, composta de Deputados Estaduais, eleitos pelo sistema proporcional, em sufrágio universal e por voto direto e secreto. A representação partidária ou da coligação corresponde à porcentagem de votos obtidos. Estabelece o art. 27 da Constituição Federal que: "O número de Deputados à Assembleia Legislativa corresponderá ao triplo da representação do Estado na Câmara dos Deputados e, atingido o número de 36, será acrescido de tantos quantos forem os Deputados Federais acima de 12". A regra geral é a de o número de Deputados Estaduais ser o triplo do de Federais. A representação na Câmara dos Deputados é fixada, por lei complementar, proporcionalmente à população do Estado (CF, art. 45, § 1º). Atingido o número de 36, será acrescida de tantos quantos forem os Deputados Federais acima de 12. O Estado de São Paulo, por ser o mais populoso, dispõe do número máximo de Deputados Federais admitido pela Constituição Federal: setenta representantes na Câmara dos Deputados (CF, art. 45, § 1º). Feitas as contas previstas na Constituição Federal, fixa-se em 94 o número de Deputados Estaduais que compõem a Assembleia Legislativa de São Paulo: (12 x 3) + (70 – 12) = 36 + 58 = 94. Os Deputados Estaduais são eleitos com mandato de quatro anos, aplicando-se as mesmas regras sobre garantias e vedações previstas para os Deputados Federais (CF, art. 27, § 1º).

O **Poder Judiciário Estadual** é composto pelo Tribunal de Justiça e por juízes. Alguns Estados, dependendo de previsão do poder constituinte estadual, poderão dispor de Tribunal de Justiça Militar. Nos Estados em que o efetivo da polícia militar seja superior a vinte mil integrantes poderá ser criado um Tribunal de Justiça Militar (CF, art. 125, § 3º). Os juízes de primeira instância devem ser admitidos por concurso público de provas e títulos, com a participação da Ordem dos Advogados do Brasil em todas as suas fases (CF, art. 93, I). Os tribunais serão compostos de juízes integrantes da carreira da magistratura estadual, sendo que 1/5 dos lugares será ocupado por membros do Ministério Público com mais de dez anos de carreira e advogados de notório saber jurídico, reputação ilibada e dez anos de efetiva atividade profissional. Os respectivos Ministérios Públicos e Seções da Ordem dos Advogados do Brasil farão a indicação de representantes em listas sêxtuplas. Recebidas as indicações, o Tribunal de Justiça formará as respectivas listas tríplices, encaminhando-as ao Governador do Estado, que terá vinte dias para a nomeação de um dos integrantes para a composição do Tribunal Estadual (CF, art. 94).

9 AUTOADMINISTRAÇÃO

Compete a cada Estado organizar, manter e prestar os serviços que lhe são próprios. Cada entidade federativa dispõe de um corpo próprio de funcionários e servidores públicos para a realização dos encargos que lhe foram atribuídos.

Quadro sinótico – Estados federados

Autonomia	É poder de direito, capacidade de autodeterminação dentro de regras preestabelecidas pela Constituição.
Auto-organização	Competência dos Estados para elaborar sua própria Constituição.
Autolegislação	Competência dos Estados para elaborar suas próprias leis.
Autogoverno	Competência dos Estados para a organização de seus próprios Poderes.
Autoadministração	Competência dos Estados para organizar, manter e prestar os serviços que lhes são próprios.

Capítulo VI
MUNICÍPIOS

1 INTRODUÇÃO

Os Municípios são entidades federativas (CF, arts. 1º e 18), voltadas para assuntos de interesse local (CF, art. 30, I), com competências comuns (CF, art. 23) e exclusivas (CF, art. 30), além de rendas próprias (CF, art. 156) e de participar no produto de impostos federais e estaduais (CF, arts. 158 e 159). Cada um dos Estados federados é dividido em Municípios, todos com autonomia política e administrativa. Na atual sistemática constitucional brasileira não mais se discute a natureza de entidade federativa dos Municípios, pois foram assim expressamente considerados pela Constituição Federal. Como toda entidade federativa, são dotados de autonomia política, ou seja, da capacidade de autodeterminação dentro dos limites fixados pela Constituição Federal, o que importa em auto-organização, autolegislação, autogoverno e autoadministração.

2 AUTO-ORGANIZAÇÃO – LEI ORGÂNICA MUNICIPAL

Os Municípios são regidos por Leis Orgânicas, votadas em dois turnos, com o intervalo mínimo de dez dias, e aprovadas por 2/3 dos membros da Câmara Municipal. As Leis Orgânicas Municipais são elaboradas com a observância dos princípios adotados nas Constituições Federal e Estadual e promulgadas pelas próprias Câmaras Municipais (CF, art. 29). Dentro de sua esfera de autonomia política, são os próprios Municípios que estabelecem a sua lei de organização fundamental. Essas Leis Orgânicas são hierarquicamente superiores às demais leis municipais, já que aprovadas por *quorum* extremamente qualificado e promulgadas pela própria Câmara Municipal. A importância de promulgação por esta é dispensar a sanção ou o veto pelo Chefe do Poder Executivo Municipal exigido no processo legislativo ordinário.

Dada a efetiva autonomia obtida pelos Municípios na nova ordem constitucional brasileira, não mais existe uma "Lei Orgânica Estadual dos Municípios", como ocorria antes da promulgação da Constituição de 1988 em todos os Estados brasileiros, com exceção do Rio Grande do Sul, onde cada Município já possuía a sua própria lei de organização fundamental.

Para José Afonso da Silva, a Lei Orgânica Municipal "é uma espécie de Constituição municipal", que dispõe sobre as matérias de competência exclusiva do Município, observadas as peculiaridades locais, bem como as competências comuns que lhe são atribuídas pela Constituição Federal. Mas, ressalte-se, essa atividade legislativa, embora extremamente relevante, não se caracteriza como constituinte, mesmo que derivada. Trata-se de mera atividade legislativa, exercida pela Câmara Municipal. Não foi por mero acaso que esses textos legislativos não foram denominados Constituição Municipal, mas Lei Orgânica Municipal. Como observam Luiz Alberto David Araujo e Vidal Serrano Nunes Júnior, como as Leis Orgânicas devem obediência simultânea à Constituição Federal e à Constituição Estadual, seus comandos não derivam diretamente do poder constituinte originário, não se tratando de poder constituinte decorrente.

3 AUTOLEGISLAÇÃO

Cabe aos Municípios legislar sobre os assuntos que lhes foram atribuídos pela Constituição Federal. Possuem competências legislativas exclusivas, comuns e suplementares, bem como competências materiais.

a) **Competências exclusivas.** De acordo com o art. 30, I, da Constituição, compete aos Municípios "legislar sobre assuntos de interesse local". As Constituições anteriores empregavam a expressão "peculiar interesse". Entendem-se como de competência dos Municípios os assuntos em que prevaleçam os interesses imediatos da comunidade local. Diversos temas podem ser apontados como de competência municipal, por predominar o interesse local: **1)** Normas específicas de trânsito, como a lei de rodízio para evitar o excesso de veículos nas vias urbanas durante determinado período. **2)** Leis de zoneamento e ocupação do espaço urbano. **3)** Horário de funcionamento do comércio local. De acordo com o entendimento consagrado na Súmula Vinculante 38, do Supremo Tribunal Federal: "É competente o Município para fixar o horário de funcionamento de estabelecimento comercial". Por outro lado, de acordo com a Súmula 19, do Superior Tribunal de Justiça, por não se tratar de assunto de interesse predominantemente local: "A fixação do horário bancário, para atendimento ao público, é da competência da União". **4)** Constituição de uma guarda municipal para a proteção de seus bens, serviços e instalações (CF, art. 144, § 8º). Não precisa tratar-se de interesse exclusivamente local, mas predominantemente local. Observa Celso Bastos que "A imprecisão do conceito de interesse local, se por um lado pode gerar perplexidade diante de situações inequivocamente ambíguas, onde se entrelaçam em partes iguais os interesses locais e regionais, por outro, oferece uma elasticidade que permite uma evolução da compreensão do texto constitucional, diante da mutação por que passam certas atividades e serviços".

b) **Competências comuns.** Estabelece a Constituição Federal, em seu art. 23, que certas atribuições são de competência cumulativa da União, dos Estados, do Distrito Federal e dos Municípios, estando todas no mesmo plano de igualdade.

c) **Competência suplementar ou supletiva.** De acordo com o art. 30, II, compete, ainda, aos Municípios "suplementar a legislação federal e a estadual no que couber". Trata-se de uma inovação da atual Constituição, podendo o Município suprir as omissões da legislação federal e estadual, adaptando as normas das demais entidades federativas às peculiaridades da comunidade. Obviamente, essa capacidade de suplementação não importa na violação de normas federais e estaduais que disponham sobre o mesmo assunto.

Competência legislativa em matéria de meio ambiente – O STF decidiu que os Municípios são competentes para legislar sobre o meio ambiente, no limite do seu interesse local, desde que tal regramento esteja em harmonia com a disciplina estabelecida pela União e pelos Estados (art. 24, VI, c/c o art. 30, I e II). Os Municípios podem promover o licenciamento ambiental de atividades ou empreendimentos que possam causar impacto ambiental de âmbito local (ADI 2142/CE, Rel. Min. Roberto Barroso, *Informativo STF*, n. 1060).

Inconstitucionalidade de norma de Constituição Estadual que vede aos Municípios a possibilidade de alterarem destinação, os fins e os objetivos originários de loteamentos definidos como áreas verdes ou institucionais – Entendeu o STF, sobre a delimitação de competência dos entes federados quanto ao ordenamento territorial, planejamento, uso e ocupação do solo urbano, que a Constituição Federal estabelece, no art. 30, I e VIII, a competência dos Municípios para legislar sobre assuntos de interesse local e "promover, no que couber, adequado ordenamento territorial, mediante planejamento e controle do uso, do parcelamento e da ocupação do solo urbano". Estabelece, ainda, no art. 182, a competência material dos Municípios para a execução da política de desenvolvimento urbano. No exercí-

Da Organização do Estado, dos Poderes e Histórico das Constituições

cio da competência para editar normas gerais de direito urbanístico, a União reconheceu a competência dos Municípios para afetar e desafetar bens, inclusive em áreas verdes e institucionais, assim como estabelecer, para cada zona em que se divide o território municipal, os usos permitidos de ocupação do solo. A Suprema Corte destacou o protagonismo que o texto constitucional conferiu aos Municípios em matéria de política urbana (ADI 6602/SP, Rel. Min. Cármen Lúcia, *Informativo STF*, n. 1021).

d) Competências materiais. Os demais incisos do art. 30 (III a IX) da Constituição Federal dispõem sobre competências materiais dos Municípios, de caráter não legislativo, significando a prática de atos de gestão.

4 AUTOGOVERNO

Compete aos eleitores de cada Município a escolha de seus representantes no Poder Executivo e no Poder Legislativo. Os Municípios não dispõem de um Poder Judiciário próprio. As causas envolvendo interesses do Município, como autor ou réu, são julgadas pela Justiça Estadual, salvo se existir um interesse da União que justifique a competência da Justiça Federal.

O Poder Executivo Municipal é exercido pelo Prefeito Municipal, eleito em conjunto com o Vice-Prefeito, para mandato de quatro anos, pelo voto direto, secreto e universal (CF, art. 29, I), admitida a recondução para um único período subsequente (CF, art. 14, § 5º). Nos Municípios com mais de duzentos mil eleitores, caso não obtida a maioria absoluta dos votos válidos por um dos candidatos, excluídos os votos nulos e em branco, será realizado um segundo turno de votação entre os dois mais votados (CF, art. 29, II). A Constituição Federal de 1988 inovou ao atribuir o julgamento do Prefeito pela prática de crimes ao Tribunal de Justiça, estabelecendo mais uma hipótese de competência originária em razão de foro por prerrogativa de função (CF, art. 29, X).

O Poder Legislativo Municipal é exercido pela Câmara Municipal, composta de Vereadores eleitos pelo voto direto, secreto e universal, com mandato de quatro anos e imunidade por suas "opiniões, palavras e votos no exercício do mandato e na circunscrição do Município" (CF, art. 29, VIII). O número de vereadores é proporcional à população do Município, observados os limites estabelecidos pelo art. 29, IV, da Constituição Federal. Essa inviolabilidade é concedida para que os membros da Câmara Municipal possam exercer seu mandato com absoluta independência. No exercício de sua atividade parlamentar, pelas denúncias feitas em Plenário ou por meio da imprensa, mas no exercício do mandato e na circunscrição do Município, os Vereadores não podem ser processados por crime contra a honra. A inviolabilidade, conforme já decidiu o Supremo Tribunal Federal, alcança a responsabilidade civil (RE 140.867-MS, j. 3-6-1996, *Informativo STF*, n. 34; RE 210.917-RJ, j. 12-8-1998, *Informativo STF*, n. 118; RE 220.687-MG, Rel. Min. Carlos Velloso, j. 13-4-1999, *Informativo STF*, n. 145).

5 AUTOADMINISTRAÇÃO

Para a realização de seus encargos, os Municípios dispõem de um corpo próprio de funcionários e servidores, regidos por leis municipais, que não podem contrariar os princípios fundamentais estabelecidos para a Administração Pública nos arts. 37 a 41 da Constituição Federal.

Quadro sinótico – Municípios

Municípios	São entidades federativas (CF, arts. 1º e 18), voltadas para assuntos de interesse local (CF, art. 30, I), com competências comuns (CF, art. 23) e exclusivas (CF, art. 30), além de rendas próprias (CF, art. 156) e de participar no produto de impostos federais e estaduais (CF, arts. 158 e 159).
Auto-organização	Os Municípios são regidos por Leis Orgânicas. São os próprios Municípios que estabelecem a sua lei de organização fundamental.
Autolegislação	Cabe aos Municípios legislar sobre os assuntos que lhes foram atribuídos pela Constituição Federal. a) Competências exclusivas. b) Competências comuns. c) Competência suplementar ou supletiva. d) Competências materiais.
Autogoverno	O Poder Executivo Municipal é exercido pelo Prefeito Municipal, eleito em conjunto com o Vice-Prefeito, para mandato de quatro anos, pelo voto direto, secreto e universal (CF, art. 29, I), admitida a recondução para um único período subsequente (CF, art. 14, § 5º). O Poder Legislativo Municipal é exercido pela Câmara Municipal, composta de Vereadores eleitos pelo voto direto, secreto e universal, com mandato de quatro anos e imunidade por suas "opiniões, palavras e votos no exercício do mandato e na circunscrição do Município" (CF, art. 29, VIII).
Autoadministração	Os Municípios dispõem de um corpo próprio de funcionários e servidores, regidos por leis municipais.

Capítulo VII
DISTRITO FEDERAL

1 INTRODUÇÃO

O Distrito Federal foi instituído para abrigar a sede do Estado Federal brasileiro. No Brasil, a exemplo dos Estados Unidos da América, a Capital Federal foi fixada em um território à parte, em área que não pertence a nenhum dos Estados-Membros. É uma forma de restringir as influências dos governos estaduais sobre o governo central. Com a proclamação da República, a cidade do Rio de Janeiro, antigo Município neutro, sede da Corte e Capital do Império, foi transformada em Distrito Federal. É de se ressaltar que a primeira Constituição republicana, em 1891, já estabelecia que a sede do governo central seria transferida para o Planalto Central. Essa antiga aspiração de interiorização do Estado brasileiro veio a ser concretizada somente em 1960, no governo de Juscelino Kubitschek, com a construção de Brasília. Com a Constituição de 1988, nos termos do art. 18, § 1º, da Constituição, Brasília foi instituída como a Capital Federal, a sede da Federação brasileira. O Distrito Federal não se confunde com Brasília, por possuir uma realidade jurídica diversa, tendo a natureza de entidade federativa, dotada de autonomia político-administrativa, com competências, rendas e características próprias.

"O Ministro Carlos Britto, em um brilhante resumo, fez as seguintes considerações: O Distrito Federal é uma unidade federativa de compostura singular, dado que: a) desfruta de competências que são próprias dos Estados e dos Municípios, cumulativamente (art. 32, § 1º); b) algumas de suas instituições elementares são organizadas e mantidas pela União (art. 21, XIII e XIV); c) os serviços públicos são financiados, em parte, pela União (art. 21, XIV, parte final). Embora submetido a regime constitucional diferenciado, o Distrito Federal está bem mais próximo da estrutura dos Estados do que da arquitetura constitucional dos Municípios. Porquanto: a) ao tratar da competência concorrente, a Lei Maior colocou o Distrito Federal em pé de igualdade com os Estados e a União (art. 24); b) ao versar o tema da intervenção, a Constituição dispôs que a 'União não intervirá nos Estados nem no Distrito Federal' (art. 34), reservando para os Municípios um artigo em apartado (art. 35); c) o Distrito Federal tem, em plenitude, os três orgânicos Poderes estatais, ao passo que os Municípios somente dois (inciso I do art. 29); d) a Constituição tratou de maneira uniforme os Estados-Membros e o Distrito Federal quanto ao número de deputados distritais, à duração dos respectivos mandatos, aos subsídios dos parlamentares etc. (§ 3º do art. 32); e) no tocante à legitimação para propositura de ação direta de inconstitucionalidade perante o STF, a Magna Carta dispensou à Mesa da Câmara Legislativa do Distrito Federal o mesmo tratamento dado às Assembleias Legislativas (inciso IV do art. 103); f) no modelo constitucional brasileiro, o Distrito Federal se coloca ao lado dos Estados-Membros para compor a pessoa jurídica da União; g) tanto os Estados-Membros como o Distrito Federal participam da formação da vontade legislativa da União (arts. 45 e 46). O Distrito Federal possui um tratamento peculiar em razão de sua favorecida situação tributário-financeira, porque desfruta de fontes cumulativas de receitas tributárias, tanto as arrecadações próprias dos Estados, como a dos Municípios" (ADI 3765).

2 NATUREZA JURÍDICA

O Distrito Federal possui, perante o direito constitucional positivo brasileiro, sem sombra de qualquer dúvida, a natureza jurídica de entidade federativa, dotada de autonomia política, com atribuições e rendas próprias fixadas na Constituição. Essa natureza de entidade federativa evidencia-se pela leitura dos arts. 1º e 18 do Texto Constitucional. Como entidade dotada de autonomia política, possui auto-organização, autolegislação, autogoverno e autoadministração.

3 AUTO-ORGANIZAÇÃO

O Distrito Federal é regido por Lei Orgânica, aprovada por 2/3 dos votos e promulgada pela Câmara Legislativa (CF, art. 32).

4 AUTOLEGISLAÇÃO

É vedada a divisão do Distrito Federal em Municípios. Esta entidade federativa acumula as competências legislativas e tributárias atribuídas pela Constituição Federal aos Estados e Municípios (CF, arts. 32, § 1º, 145, 147 e 155).

5 AUTOGOVERNO

O Poder Executivo é exercido pelo Governador do Distrito Federal. Trata-se de uma inovação da atual Constituição Federal conceder aos eleitores de Brasília a oportunidade da escolha do Chefe do Poder Executivo Estadual. O Poder Legislativo é exercido por uma Câmara Legislativa, composta de Deputados Distritais. Os eleitores do Distrito Federal elegem seus representantes para o parlamento local desde a aprovação da Emenda n. 25/85 à Constituição de 1967. A competência judiciária é exercida pelo Poder Judiciário do Distrito Federal e Territórios. Observa-se que compete à União organizar e manter o Poder Judiciário, o Ministério Público, a polícia civil, a polícia penal, a polícia militar e o corpo de bombeiros militar do Distrito Federal (CF, art. 21, XIII e XIV).

6 CONTROLE DA CONSTITUCIONALIDADE DE LEIS DISTRITAIS

O Distrito Federal acumula as funções legislativas dos Estados e Municípios. Como somente é possível o controle em abstrato da constitucionalidade perante a Constituição Federal de leis e atos normativos federais e estaduais (CF, art. 102, I, *a*), não se admite ação direta de inconstitucionalidade de lei distrital que verse sobre assunto de atribuição de lei municipal. Nesse sentido, já decidiu o Supremo Tribunal Federal: "Distrito Federal. Anistia de multas de trânsito. Matéria que se situa no âmbito da competência municipal, inviabilizando, consequentemente, o controle abstrato da constitucionalidade do diploma legal em referência pelo Supremo Tribunal Federal" (ADIn 1.812-9/DF, Rel. Min. Ilmar Galvão, DJU, 4-9-1998, p. 3).

Quadro sinótico – Distrito Federal

Distrito Federal	O Distrito Federal foi instituído para abrigar a sede do Estado Federal brasileiro. No Brasil, a Capital Federal foi fixada em um território à parte, em área que não pertence a nenhum dos Estados-Membros. É uma forma de restringir as influências dos governos estaduais sobre o governo central. Com a Constituição de 1988, nos termos do art. 18, § 1º, Brasília foi instituída como a Capital Federal, a sede da Federação brasileira. O Distrito Federal não se confunde com Brasília, por possuir uma realidade jurídica diversa, tendo a natureza de entidade federativa, dotada de autonomia político-administrativa, com competências, rendas e características próprias.

Da Organização do Estado, dos Poderes e Histórico das Constituições

Auto-organização	O Distrito Federal é regido por Lei Orgânica, aprovada por 2/3 dos votos e promulgada pela Câmara Legislativa (CF, art. 32).
Autolegislação	Esta entidade federativa acumula as competências legislativas e tributárias atribuídas pela Constituição Federal aos Estados e Municípios (CF, arts. 32, § 1º, 145, 147 e 155).
Autogoverno	O **Poder Executivo** é exercido pelo Governador do Distrito Federal. **O Poder Legislativo** é exercido por uma Câmara Legislativa, composta de Deputados Distritais. A competência judiciária é exercida pelo Poder Judiciário do Distrito Federal e Territórios.

Capítulo VIII
TERRITÓRIOS, REGIÕES METROPOLITANAS E REGIÕES DE DESENVOLVIMENTO

1 TERRITÓRIOS (CF, ART. 33)

Territórios são meras autarquias, entidades administrativas da União, não dotadas de autonomia política, administrativa e judiciária. Observa-se que, atualmente, não existe um único território no Brasil, pois Roraima e Amapá foram transformados em Estados federados, e o Território de Fernando de Noronha reincorporado ao Estado de Pernambuco pela atual Constituição (ADCT, arts. 14 e 15). Todavia, nada impede que venham a ser criados, por lei federal, com finalidade de estimular o desenvolvimento local ou de segurança nacional. Os Territórios poderão ser divididos em Municípios (CF, art. 33, § 1º) e terão representação fixa de quatro Deputados na Câmara dos Deputados (CF, art. 45, § 2º).

2 REGIÕES METROPOLITANAS (CF, ART. 25, § 3º)

Regiões metropolitanas são entidades administrativas, instituídas pelos Estados, mediante lei complementar, constituídas por agrupamento de Municípios limítrofes, para integrar a organização, o planejamento e a execução de funções públicas de interesse comum. Certos encargos, como água, esgoto e transportes coletivos intermunicipais, em áreas de continuidade urbana, por se referirem a problemas comuns a diversos Municípios, não podem ser resolvidos de forma isolada por um deles, exigindo ação comum e a fixação de uma política única. A partir da Constituição de 1988, regiões metropolitanas somente poderão ser instituídas por lei complementar estadual. Aquelas criadas na vigência da Constituição anterior, por lei complementar federal, continuam existindo, pois as normas instituidoras foram recepcionadas pela atual Carta. A Lei Complementar Federal n. 14/73, alterada pela Lei Complementar Federal n. 27/73, instituiu oito regiões metropolitanas: São Paulo, Belo Horizonte, Porto Alegre, Recife, Salvador, Curitiba, Belém e Fortaleza. A Lei Complementar Federal n. 20/74 criou a Região Metropolitana do Rio de Janeiro. Essas leis continuam válidas enquanto não conflitarem com a legislação complementar estadual que vier a ser editada.

A Constituição menciona, ainda, no art. 25, § 3º, as microrregiões e os aglomerados urbanos. José Afonso da Silva define as primeiras como os "grupos de Municípios limítrofes com certa homogeneidade e problemas administrativos comuns, cujas sedes não sejam unidades por continuidade urbana". As aglomerações urbanas são definidas pelo mesmo autor como as "áreas urbanas, sem um polo de atração urbana, quer tais áreas sejam das cidades sedes dos Municípios, como na baixada santista (em São Paulo), ou não".

3 REGIÕES DE DESENVOLVIMENTO (CF, ART. 43)

Regiões de desenvolvimento são entidades administrativas, instituídas pela União, mediante lei complementar, abrangendo áreas de diversos Estados situadas em um mesmo complexo geoeconômico e social, visando ao seu desenvolvimento e à redução das desigualdades regionais, mediante a composição de organismos regionais e a concessão de diversos incentivos. Exemplos de regiões de desenvolvimento são a SUDENE – Superintendência de Desenvolvimento do Nordeste (Lei Complementar n. 125/2007), a SUDAM – Superintendência de Desenvolvimento da Amazônia (Lei complementar n. 124/2007) e a SUDECO – Su-

Da Organização do Estado, dos Poderes e Histórico das Constituições

perintendência de Desenvolvimento do Centro-Oeste (Lei Complementar n. 129/2009). Certas regiões possuem características geográficas e sociais próprias que justificam uma ação protetora e interventiva do governo central. No Brasil, as regiões existentes não possuem autonomia política, não se podendo falar em um Estado Regional.

Leis Complementares n. 94/98, 112/2001 e 113/2001 instituíram as Regiões Integradas de Desenvolvimento do Distrito Federal e do Entorno, bem como da Grande Teresina e a Região Administrativa Integrada de Desenvolvimento do Polo Petrolina/PE e Juazeiro/BA, articulando ações administrativas da União e de Estados do Nordeste.

Quadro sinótico – Territórios, regiões metropolitanas e regiões de desenvolvimento

Territórios	São meras autarquias, entidades administrativas da União, não dotadas de autonomia política, administrativa e judiciária.
Regiões Metropolitanas	São entidades administrativas, instituídas pelos Estados, mediante lei complementar, constituídas por agrupamento de Municípios limítrofes, para integrar a organização, o planejamento e a execução de funções públicas de interesse comum.
Regiões de desenvolvimento	São entidades administrativas abrangendo áreas de diversos Estados situadas em um mesmo complexo geoeconômico e social, visando ao seu desenvolvimento e à redução das desigualdades regionais, mediante a composição de organismos regionais e a concessão de diversos incentivos.

Capítulo IX
ORGANIZAÇÃO DOS PODERES

1 INTRODUÇÃO

A denominação dada ao Título IV da atual Constituição, "Da Organização dos Poderes", pressupõe a existência de diversos Poderes. Mas, de acordo com alguns doutrinadores, o poder político do Estado é uno e indivisível. O que se divide não é ele, mas sim as funções estatais básicas, que são atribuídas a órgãos independentes e especializados. O sistema de separação de Poderes é a divisão funcional do poder político do Estado, com a atribuição de cada função governamental básica a um órgão independente e especializado. A denominação de cada órgão varia segundo a destinação que lhe é dada.

2 FUNDAMENTO DO SISTEMA DE SEPARAÇÃO DE PODERES

O fundamento da separação de Poderes é evitar a concentração nas mãos de uma só pessoa, o que gera situações de abuso de poder. A concentração de Poderes era a característica do Estado absolutista, em que todo o poder concentrava-se nas mãos de uma pessoa só, o Rei. A passagem do Estado absolutista para o Estado liberal caracterizou-se justamente pela separação de Poderes e pelo reconhecimento de direitos individuais. Trata-se da aplicação da célebre doutrina política de Montesquieu: o poder deve limitar o poder, para evitar o abuso de poder. A Declaração dos Direitos do Homem e do Cidadão, elaborada logo após o triunfo da Revolução Francesa, em 1789, proclamava: "Toda a sociedade em que a garantia dos direitos não é assegurada, nem a separação de Poderes determinada, não tem Constituição". A separação de Poderes e a garantia de direitos individuais estão ligadas à própria origem do direito constitucional.

3 FUNÇÕES ESTATAIS BÁSICAS

Três são as funções estatais básicas tradicionalmente reconhecidas: **a)** legislativa; **b)** executiva; e **c)** judiciária.
a) Função legislativa. Elaboração de leis, de normas gerais e abstratas, impostas coativamente a todos.
b) Função executiva. Administração do Estado, de acordo com as leis elaboradas pelo Poder Legislativo.
c) Função judiciária. Atividade jurisdicional do Estado, de distribuição da justiça e aplicação da lei ao caso concreto, em situações de litígio, envolvendo conflitos de interesses qualificados pela pretensão resistida.

Cada função estatal básica é atribuída a um órgão independente e especializado, com a mesma denominação, respectivamente, os Poderes Legislativo, Executivo e Judiciário.

4 SISTEMA DE FREIOS E CONTRAPESOS

A separação de Poderes não é rígida, pois existe um sistema de interferências recíprocas, em que cada Poder exerce suas competências e também controla o exercício dos outros. Esse sistema é denominado pelos norte-americanos *checks and balances*. A separação de Poderes não é absoluta. Nenhum Poder exercita apenas suas funções típicas. Diversos exemplos podem ser apontados em nossa Constituição. O Poder Executivo edita medidas provisórias com força de lei (CF, art. 62) e participa do processo legislativo, tendo matérias de iniciativa legislativa privativa (CF, art. 64, § 1º) e amplo poder de veto (CF, arts. 66, § 1º, e 84, V). Todavia, esse veto não é absoluto, pois pode ser derrubado pelo Poder Legislativo (CF, art. 66, § 4º). Os juízes e tribunais, por sua vez, podem declarar a inconstitucionalidade de leis elaboradas pelo Poder Legislativo e de atos administrativos editados pelo Poder Executivo (CF, arts. 97, 102, I, *a*, e 125, § 2º). Já o Chefe do Poder Executivo escolhe e nomeia os Ministros dos Tribunais Superiores, após prévia aprovação pelo Senado Federal (CF, arts. 52, III, e 84, XIV). E se o Presidente da República e outras altas autoridades federais cometerem crime de responsabilidade, o processo de *impeachment* será julgado pelo Senado Federal sob a presidência do Presidente do Supremo Tribunal Federal (CF, arts. 51, I, 52, I, II e parágrafo único, e 86).

5 TRIPARTIÇÃO DE PODERES POLÍTICOS

A denominação "tripartição de poderes políticos" é considerada incorreta por muitos doutrinadores. Como já vimos, o poder político do Estado é um só, sendo de caráter absoluto e indivisível. O que se faz é a divisão de funções estatais básicas, atribuindo-se cada uma delas a um órgão independente e especializado.

6 ELEMENTOS DA DIVISÃO DE PODERES

A divisão dos poderes políticos do Estado pressupõe dois elementos: **a)** especialização funcional; e **b)** independência orgânica. Cada função estatal básica deve ser atribuída a um órgão independente dos demais.

7 INDEPENDENTES E HARMÔNICOS ENTRE SI

Estabelece o art. 2º da Constituição que são Poderes da União, independentes e harmônicos entre si, o Legislativo, o Executivo e o Judiciário. Evidencia-se que os poderes políticos devem atuar de forma independente, sem subordinação e conflito, pois a finalidade do Estado, objetivo de todos os poderes políticos, é assegurar o bem comum para todos.

8 SISTEMAS DE GOVERNO

O Brasil adotou o presidencialismo como sistema de governo, cujas características já foram mencionadas ao tratarmos das noções fundamentais de direito constitucional.

Quadro sinótico – Organização dos Poderes

Organização de Poderes	O sistema de separação de Poderes é a divisão funcional do poder político do Estado, com a atribuição de cada função governamental básica a um órgão independente e especializado.
Funções estatais básicas	a) Função legislativa. b) Função executiva. c) Função judiciária.
Elementos da divisão de Poderes	a) especialização funcional; e b) independência orgânica.

Capítulo X
PODER LEGISLATIVO

1 INTRODUÇÃO

O Poder Legislativo tem como função típica a elaboração de leis, de normas gerais e abstratas a serem seguidas por todos. Além do exercício de sua função legislativa do Estado, compete-lhe a importante atribuição de fiscalizar financeira e administrativamente os atos do Executivo (CF, art. 49, X).

2 COMPOSIÇÃO

O Poder Legislativo, na esfera federal, é exercido, no Brasil, pelo Congresso Nacional, que é composto por duas Casas Legislativas, a Câmara dos Deputados e o Senado Federal (CF, art. 44). A partir da primeira Constituição republicana, em 1891, adotamos o bicameralismo, de acordo com o modelo norte-americano, em que a Câmara dos Deputados é composta dos representantes do povo, e o Senado Federal, integrado por representantes dos Estados. A própria arquitetura de Brasília representa a adoção desse sistema bicameral, onde o prédio do Congresso Nacional é formado por duas cúpulas distintas, uma voltada para baixo, local de reflexão da autonomia política dos Estados-Membros da Federação, no qual se reúnem os Senadores, e a outra voltada para cima, aberta aos clamores populares, onde se reúnem os Deputados Federais.

Na época do Império, apesar do caráter unitário do Estado brasileiro, já adotávamos o bicameralismo, pois o Poder Legislativo era composto de duas Casas Legislativas: o Senado, integrado por membros vitalícios escolhidos pelo Imperador dentro de lista tríplice formada em cada província, e a Câmara, composta por representantes eleitos.

A outra forma de bicameralismo existente é o aristocrático, adotado na Inglaterra, onde a Câmara Alta, dos Lordes, é integrada pelos nobres, e a Câmara Baixa, dos Comuns, é composta pelos representantes do povo.

Nas demais esferas de poder, estaduais e municipais, no Brasil, adotamos o unicameralismo, com a existência de uma única Casa Legislativa. Nos Estados, o Poder Legislativo é exercido pela Assembleia Legislativa; no Distrito Federal, pela Câmara Legislativa; e nos Municípios, pela Câmara Municipal.

3 CÂMARA DOS DEPUTADOS (CF, ART. 45)

A Câmara dos Deputados é composta de representantes do povo, eleitos pelo sistema proporcional, sendo assegurado a cada Estado o número mínimo de oito e o máximo de setenta Deputados Federais, bem como o fixo de quatro para cada Território. Por esse sistema, a representação de cada partido é proporcional ao número de votos obtido nas eleições. O número total de Deputados e a representação de cada Estado e do Distrito Federal são fixados por lei complementar, proporcionalmente à população, procedendo-se aos ajustes necessários para que sejam respeitados os números mínimo e máximo de representantes para cada unidade da Federação. Os Deputados Federais são eleitos para mandatos de quatro anos. Estabelece a Lei Complementar n. 78/93 o número máximo de 513 representantes. O Estado mais populoso, no caso São Paulo, tem o número máximo fixado pela Constituição, ou seja, setenta Deputados Federais.

Os limites mínimo e máximo têm gerado sérias disparidades na representação dos Estados mais populosos na Câmara dos Deputados. Estados com uma população bem menor acabam proporcionalmente com representação superior aos mais populosos. Dessa forma, o voto oriundo de um Estado onde é assegurada a representação mínima possui valor bem superior ao do eleitor de Estados mais desenvolvidos, que têm limite máximo da representação fixado pela Constituição. Nos Estados Unidos da América, esses limites mínimo e máximo de representação de cada Estado na Câmara dos Deputados não existem, assegurando-se uma autêntica representação da vontade popular no órgão legislativo.

O STF decidiu que a não elaboração de lei complementar para proceder aos ajustes necessários à adequação do número de deputados federais à proporção da população de cada Estado e do Distrito Federal configura mora legislativa, omissão inconstitucional do Congresso Nacional em dar efetividade à segunda parte do art. 45, § 1º, da CF, importando em violação ao direito político fundamental ao sufrágio das populações das unidades federativas sub-representadas e ofensa ao princípio democrático. A Suprema Corte entendeu que a mera existência de projetos de lei complementar em tramitação no Poder Legislativo não descaracteriza a mora legislativa. Declarou, por unanimidade, a mora do Congresso Nacional, em razão da não edição da lei complementar prevista na segunda parte do § 1º do art. 45 da CF, fixando prazo até 30 de junho de 2025 para que seja sanada a omissão, pela redistribuição proporcional das cadeiras hoje existentes. O Tribunal também entendeu que, após esse prazo, e na hipótese de persistência da omissão inconstitucional, caberá ao TSE determinar, até 1º de outubro de 2025, o número de deputados federais de cada Estado e do Distrito Federal para a legislatura que se iniciará em 2027, bem como o consequente número de deputados estaduais e distritais (CF, arts. 27, *caput*, e 32, § 3º), observado o piso e o teto constitucional por circunscrição e o número total de parlamentares previsto na Lei Complementar n. 78/1993, com base nos dados demográficos coletados pelo IBGE no Censo 2022 e na metodologia utilizada por ocasião da edição da Resolução TSE 23.389/2013 (ADO 38/DF, Min. Luiz Fux, *Informativo STF*, n. 1106).

4 SENADO FEDERAL (CF, ART. 46)

O Senado Federal é composto de três representantes dos Estados e do Distrito Federal, eleitos pelo princípio majoritário. Por esse sistema eleitoral a representação é atribuída ao candidato que obtiver o maior número de votos. Os Senadores são eleitos para mandatos de oito anos, com dois suplentes. A renovação desse órgão legislativo é feita de forma alternada, de quatro em quatro anos, por 1/3 e 2/3. Quando postos dois cargos em disputa, os eleitores votam em dois candidatos para o Senado, sendo eleitos os dois que obtiverem o maior número de votos. Na representação do Senado, em razão de sua finalidade constitucional, todos os Estados-Membros da Federação possuem igual número de representantes. Como o Brasil é composto de 26 Estados-Membros e do Distrito Federal, são 81 Senadores.

5 *QUORUM*

Quorum é o número mínimo exigido para reunião e votação em órgãos colegiados. Sem ele não há sequer a possibilidade de instalação da reunião. Estabelece a Constituição, em seu art. 47, que, "salvo disposição constitucional em contrário, as deliberações de cada Casa e de suas Comissões serão tomadas por maioria de votos, presente a maioria absoluta de seus membros".

6 MAIORIA

Maioria significa o maior número de votos em um colegiado em determinado sentido. Salienta-se que o conceito correto de maioria não é a metade mais um, adequado apenas para órgãos colegiados de número par. Para os de número ímpar, esse entendimento poderia levar a distorções. Por exemplo, para se declarar a inconstitucionalidade de uma lei é exigida a maioria absoluta dos membros de um tribunal (CF, art. 97), com a finalidade de evitar maiorias ocasionais. O Supremo Tribunal Federal é composto de 11 Ministros. A metade mais um seria seis e meio, devendo o resultado ser arredondado para sete, ante a indivisibilidade do ser humano. Não é esse o entendimento da Suprema Corte. A maioria absoluta, calculada de forma adequada, mais da metade dos membros do órgão colegiado, até alcançar o primeiro número inteiro, é de somente seis ministros.

Maioria simples ou relativa significa o maior número de votos em determinado sentido em uma sessão de votação. Não significa necessariamente a aprovação por mais da metade dos presentes. Como observa Paulo Gustavo Gonet Branco: "nos casos em que há mais de dois sentidos possíveis de voto, ou havendo votos nulos ou em branco, pode-se configurar a maioria de votos sem atingir a grandeza numérica superior à metade dos votos dos presentes". José Cretella Júnior traz o seguinte exemplo: "Presentes os congressistas, a deliberação poderá ser aprovada, no caso limite, até por um voto a favor contra zero, na hipótese em que todos os outros se abstenham de votar". A maioria qualificada é calculada em relação à totalidade dos membros de um órgão colegiado, presentes ou ausentes, e pode ser exigida em diversos patamares: maioria absoluta, 3/5 ou 2/3. Maioria absoluta é a aprovação por mais da metade da totalidade dos membros integrantes de um órgão colegiado. Para outras situações, a Constituição Federal impõe maiorias qualificadas mais rigorosas, como 3/5 ou 2/3. A maioria simples é a regra geral, necessária, por exemplo, para aprovação de uma lei ordinária (CF, art. 47). Já a maioria absoluta é indispensável, por exemplo, como *quorum* para instalação de reuniões (CF, art. 47), aprovação de leis complementares (CF, art. 69), perda do mandato de Senador ou Deputado Federal (CF, art. 55, § 2º) e declaração de inconstitucionalidade de lei ou ato normativo pelos tribunais (CF, art. 97). A maioria qualificada de 3/5 é reservada para aprovação de emendas constitucionais (CF, art. 60, § 2º). Em razão do caráter rígido de nossa Constituição, as normas constitucionais são dotadas de maior estabilidade, exigindo procedimento especial de alteração mais rigoroso que o das demais normas infraconstitucionais. Já a maioria qualificada de 2/3 é obrigatória, por exemplo, para o processo de *impeachment* (CF, arts. 51, I, 52, parágrafo único, e 86), a suspensão da imunidade de membros do Congresso Nacional por atos cometidos fora do recinto do Parlamento em períodos de estado de sítio (CF, art. 53, § 8º) e a aprovação de Leis Orgânicas Municipais e do Distrito Federal (CF, arts. 29 e 32).

7 SISTEMAS ELEITORAIS

Por sistema eleitoral entende-se o conjunto de técnicas utilizadas na realização de eleições, destinadas a organizar a representação da vontade popular. O Brasil adota dois sistemas eleitorais: **a)** majoritário; e **b)** proporcional.

- **a)** Pelo sistema majoritário é eleito o candidato que obtiver o maior número de votos. **1)** No sistema majoritário simples, a eleição realiza-se em um único turno, bastando a maioria relativa para a escolha do representante da vontade popular. No Brasil, é adotado para a eleição de Senadores e Prefeitos e Vice-Prefeitos nos Municípios com duzentos mil ou menos eleitores (CF, arts. 46 e 29, II). **2)** No sistema majoritário por maioria absoluta é eleito o candidato que obtiver os votos de mais da metade do elei-

Da Organização do Estado, dos Poderes e Histórico das Constituições

torado. São computados somente os votos válidos. Votos válidos são considerados os dados para os candidatos, excluindo-se os votos nulos e em branco (CF, art. 77, § 2º). Caso nenhum candidato obtenha esta maioria em uma primeira votação, realiza-se um segundo turno somente com os dois candidatos mais votados. Não há necessidade de realizar sempre dois turnos, pois o candidato pode obter a aprovação por mais da metade dos votos válidos já na primeira votação. No Brasil é utilizado para a eleição do Presidente e Vice-Presidente da República, dos Governadores e Vice-Governadores dos Estados e dos Prefeitos e Vice-Prefeitos nos Municípios com mais de duzentos mil eleitores (CF, arts. 77 e seus parágrafos, 28 e 29, II).

b) Pelo sistema proporcional são eleitos candidatos ao órgão colegiado de acordo com a quantidade de votos obtidos pelo partido ou coligação partidária. É o sistema geralmente adotado para a representação no Poder Legislativo, por possibilitar a expressão política das minorias. É utilizado no Brasil o sistema proporcional, com lista aberta e uninominal para a eleição de Deputados Federais (art. 45), Deputados Estaduais (art. 27, § 1º) e Vereadores (art. 29, IV).

A liberdade de escolha é entre os candidatos registrados pelo partido político. Lista aberta, porque são eleitos os candidatos do partido ou da coligação partidária que obtiverem o maior número de votos, ao contrário da lista fechada, em que a ordem dos eleitos é predeterminada pelo partido. Voto uninominal, pois o eleitor dispõe de um único voto, embora sejam diversos os cargos em disputa. Por exemplo, em São Paulo, são setenta cargos de Deputados Federais em disputa e o cidadão poderá votar em apenas um nome ou na legenda do partido.

Cogita-se da introdução do sistema distrital, em que o Colégio Eleitoral é dividido em distritos, devendo o eleitor votar apenas em candidatos de seus distritos, como uma forma de estabelecer um vínculo maior entre o eleitor e o seu representante no Parlamento. Discute-se, também, a introdução do sistema distrital misto, em que parte dos candidatos é eleita pelo voto distrital e parte pelo sistema proporcional, de forma a conciliar o maior vínculo do eleitor com seu parlamentar e a representação política das minorias no Poder Legislativo (modelo eleitoral alemão). Todos os sistemas obviamente apresentam suas vantagens e desvantagens.

8 LEGISLATURA

A Constituição fixa a legislatura em quatro anos (CF, art. 44, parágrafo único). Legislatura é o período legislativo de quatro anos que corresponde ao mandato dos Deputados Federais. Senadores são eleitos por duas legislaturas. Cada legislatura é dividida em quatro sessões legislativas ordinárias. Estas são as realizadas no período normal de trabalho. Por sua vez, são subdivididas em dois períodos legislativos, o primeiro de 2 de fevereiro a 17 de julho e o segundo de 1º de agosto a 22 de dezembro (CF, art. 57). Contudo, a sessão legislativa não se interrompe antes da aprovação do projeto de lei de diretrizes orçamentárias (CF, art. 57, § 2º). O recesso parlamentar é justamente o espaço de tempo entre esses períodos legislativos, quando o Congresso Nacional deixa de funcionar, salvo se for convocado extraordinariamente (período de 18 a 31 de julho e 23 de dezembro a 1º de fevereiro). Sessões legislativas extraordinárias são as realizadas no período de recesso do Congresso Nacional. Sessões preparatórias são as convocadas, a partir de 1º de fevereiro, no primeiro ano da legislatura, para a posse de seus membros e eleição das respectivas Mesas (CF, art. 57, § 4º). A fixação desses conceitos tem diversas decorrências na Constituição. Exemplos: **a)** uma proposta de emenda constitucional rejeitada ou havida por prejudicada não poderá ser reapresentada na mesma sessão legislativa (CF, art. 60, § 5º); **b)** matéria constante de projeto de lei rejeitado somente poderá ser reapresentada, na mesma sessão legislativa, por proposta da maioria absoluta dos membros de qualquer das Casas do Congresso Nacional (CF, art. 67); e **c)** perda do mandato do parlamentar que deixar de comparecer, sem licença, em cada sessão legislativa, à terça parte das sessões ordinárias (CF, art. 55, III).

Reunião ou sessão conjunta. Em regra, em razão da adoção do sistema bicameral no Poder Legislativo Federal, a Câmara dos Deputados e o Senado Federal reúnem-se separadamente, devendo um projeto legislativo ser discutido e aprovado em ambas as Casas para se tornar válido. Mas, nas hipóteses previstas na Constituição Federal (art. 57, § 3º), as Casas Legislativas farão sessões conjuntas para: **a)** inaugurar sessão legislativa; **b)** elaborar o regimento interno do Congresso Nacional e dispor sobre serviços comuns; **c)** receber o compromisso do Presidente e do Vice-Presidente da República; e **d)** conhecer do veto e sobre ele deliberar, em escrutínio secreto (CF, art. 66, § 4º).

Convocação extraordinária. A Constituição estabelece as hipóteses de convocação extraordinária. A convocação será feita pelo Presidente do Senado Federal nas situações de emergência constitucional (decretação de estado de defesa, intervenção federal ou de pedido de autorização para decretação de estado de sítio) e para o compromisso de posse do Presidente e do Vice-Presidente da República. (CF, art. 57, § 6º, I). Em casos de urgência ou interesse público relevante, tanto o Presidente da República, como o Presidente da Câmara dos Deputados ou do Senado Federal, ou requerimento da maioria absoluta dos membros de ambas as Casas, poderão convocar extraordinariamente o Congresso Nacional. O critério de urgência e relevância dependerá da aprovação da maioria absoluta de cada uma das Casas do Congresso Nacional (CF, art. 57, § 6º, II). Na sessão legislativa extraordinária somente poderá deliberar-se sobre a matéria para a qual foi convocada, incluindo-se na pauta de convocação a apreciação de medidas provisórias em vigor na data da convocação extraordinária. A Constituição veda o pagamento de qualquer parcela indenizatória em razão da convocação (CF, art. 57, §§ 7º e 8º).

9 PRINCIPAIS ATRIBUIÇÕES DO CONGRESSO NACIONAL

José Afonso da Silva classifica as diversas e relevantes atribuições do Congresso Nacional em cinco grandes grupos:

I – **Legislativa.** A principal atribuição do Congresso Nacional, a sua função típica, é legislar, elaborar, discutir e aprovar projetos de leis, sujeitos à sanção ou veto do Presidente da República, em todas as matérias de competência legislativa da União. A relação contida no art. 48 da Constituição Federal é meramente enunciativa, pois o próprio *caput* atribui competência legislativa para dispor sobre todas as matérias de competência da União, especialmente sobre as referidas neste dispositivo legal.

II – **Fiscalização e controle.** Além da função legislativa, merece destaque a de fiscalizar e controlar os atos do Poder Executivo, incluídos os da Administração indireta (CF, art. 49, X). Essa fiscalização pode ser exercida das mais diversas formas: **a)** pedidos escritos de informações aos Ministros ou titulares de órgãos diretamente subordinados à Presidência da República, encaminhados pelas Mesas da Câmara dos Deputados ou do Senado Federal, devendo ser respondidos no prazo de trinta dias, sob pena de prática de crime de responsabilidade (CF, art. 50, § 2º); **b)** convocação de Ministros para esclarecimentos sobre assuntos de relevância de sua pasta (CF, art. 50, § 1º); **c)** instalação de CPI (Comissão Parlamentar de Inquérito), com poderes de investigação próprios das autoridades judiciais, para apuração de fato certo por prazo determinado, com o encaminhamento das conclusões ao Ministério Público, para que promova a responsabilidade civil e criminal dos infratores (CF, art. 58, § 3º); e **d)** controle externo dos recursos públicos, com o auxílio do Tribunal de Contas da União (CF, art. 71) e de uma Comissão Mista Permanente de Orçamento (CF, arts. 166, § 1º, e 72).

Da Organização do Estado, dos Poderes e Histórico das Constituições

III – **Julgamento de crimes de responsabilidade.** É atribuição do Congresso Nacional o julgamento do Presidente da República e de outras altas autoridades federais pela prática de crimes de responsabilidade. Compete exclusivamente à Câmara dos Deputados autorizar a instauração do processo no caso de crimes comuns e de responsabilidade contra o Presidente da República, o Vice-Presidente da República e os Ministros de Estado (CF, art. 51, I) e ao Senado Federal, processar e julgar, no processo de *impeachment*, o Presidente da República, o Vice-Presidente da República, bem como os Ministros de Estado e os Comandantes das Forças Armadas nos crimes da mesma natureza conexos (CF, arts. 52, I e II, e 86). Essas deliberações serão tomadas pela maioria qualificada de 2/3.

IV – **Constituintes.** Cabe ao Congresso Nacional a aprovação de emendas à Constituição (CF, art. 60). O poder constituinte de reforma foi atribuído pelo poder constituinte originário às duas Casas Legislativas Federais.

V – **Deliberativas.** Certas atribuições são de competência exclusiva do Congresso Nacional, não sujeitas à sanção ou veto do Presidente da República (CF, arts. 49, 51 e 52). Essas deliberações, de caráter concreto, são feitas por resolução ou decreto legislativo.

10 ATRIBUIÇÕES PRIVATIVAS DA CÂMARA DOS DEPUTADOS E DO SENADO FEDERAL

Certas atribuições são privativas de cada Casa Legislativa do Congresso Nacional, não precisando ser aprovada pela outra para que se torne válida. Para os autores que distinguem atribuições exclusivas de privativas, o adequado seria tratá-las como "exclusivas", ante a impossibilidade de delegação dessas funções. Entre as atribuições privativas da Câmara dos Deputados destaca-se a autorização da instauração de processo contra o Presidente e o Vice-Presidente da República e os Ministros de Estado (CF, art. 51, I). Entre as privativas do Senado Federal, merecem destaque o julgamento no processo de *impeachment* de altas autoridades federais pela prática de crimes de responsabilidade (CF, art. 52, I e II) e a aprovação prévia, por voto secreto, de Ministros dos Tribunais Superiores e do Tribunal de Contas, do Procurador-Geral da República, do Presidente e Diretores do Banco Central, de Chefes de Missão Diplomática de caráter permanente e titulares de outros cargos que a lei determinar (CF, art. 52, III e IV).

11 AUTO-ORGANIZAÇÃO

O Congresso Nacional e suas Casas, a Câmara dos Deputados e o Senado Federal, sendo independentes, possuem o poder de se auto-organizar em assuntos, entre os quais se destacam: **a)** elaboração de seus regimentos internos (CF, arts. 51, III, e 52, XII); **b)** organização de seus serviços internos; e **c)** iniciativa de lei para fixação da remuneração de seus servidores (CF, arts. 51, IV, e 52, XIII).

12 MESAS OU MESAS DIRETORAS

As Mesas são os órgãos de direção do Congresso Nacional e de suas Casas Legislativas, a Câmara dos Deputados e o Senado Federal. São compostas, "tanto quanto possível", de representação proporcional dos partidos ou dos blocos partidários que participam da Casa Legislativa. Dentro da autonomia do Poder Legislativo, compete aos seus próprios integrantes a escolha de seus órgãos de direção. Em cada uma das Casas, em sessão preparatória realizada a partir de 1º de fevereiro, será dada a posse dos respectivos membros e a eleição das respectivas mesas. A Constituição veda a recondução para igual cargo na eleição imediatamente subsequente, dentro da mesma legislatura (CF, arts. 57, §§ 4º e 5º, e 58, § 1º). Admite-se a recondução sucessiva para igual cargo, desde que a reeleição não ocorra na mesma legislatura. A Mesa do Congresso Nacional é presidida pelo Presidente do Senado Federal, e os demais cargos são exercidos, alternadamente, pelos ocupantes de cargos equivalentes na Câmara dos Deputados e no Senado Federal (CF, art. 57, § 5º). O cargo de Presidente do Congresso Nacional, ou de qualquer uma das Casas Legislativas que o compõem, além do destaque político, é de extrema relevância, pois compete ao Presidente da Mesa a direção dos trabalhos, a elaboração da pauta de reunião, a condução das votações, a proclamação do resultado das votações, o exercício do poder de polícia durante as sessões, podendo apressar ou obstruir os assuntos que serão discutidos em Plenário.

O STF entendeu que não incide o princípio da simetria em relação ao art. 57, § 4º, da Constituição Federal, não se tratando de norma de reprodução obrigatória por parte dos Estados-Membros. Considerou inconstitucional a reeleição em número ilimitado, para mandatos consecutivos, dos membros das Mesas Diretoras das Assembleias Legislativas Estaduais para os mesmos cargos que ocupam, sendo a recondução limitada a uma única vez (ADI 6720/AL, Rel. Min. Roberto Barroso, *Informativo STF*, n. 1031).

13 COMISSÕES (CF, ART. 58)

Comissões são órgãos constituídos de um número menor de parlamentares, com finalidades específicas de examinar determinadas questões. Como observa Paulo Gustavo Gonet Branco estas comissões fazem a interface do Poder Legislativo com pessoas e entidades da sociedade civil, que podem ser ouvidas em audiências públicas. Constituem uma forma de racionalização dos trabalhos. Os atos legislativos, antes da votação em Plenário, a instância máxima de deliberação da Casa Legislativa, são discutidos e votados em diversas comissões. Estas devem observar os princípios da colegialidade, pois as deliberações são tomadas por maioria, e da proporcionalidade, já que na sua composição deve ser assegurada, "tanto quanto possível", uma representação proporcional dos partidos ou blocos parlamentares que atuam na Casa Legislativa. Existem diversos tipos de comissões, como veremos a seguir.

13.1. COMISSÃO PERMANENTE

Instituída em razão da matéria, existindo em todas as legislaturas (CF, art. 58). Não há Casa Legislativa, por exemplo, sem Comissões de Constituição e Justiça e de Orçamento.

13.2. COMISSÃO TEMPORÁRIA OU ESPECIAL

Instituída em razão de determinada finalidade, extingue-se pela conclusão dos trabalhos, pelo decurso do prazo ou pelo término da legislatura (CF, art. 58).

13.3. COMISSÃO MISTA

Instituída por ambas as Casas Legislativas, é composta de representantes da Câmara dos Deputados e do Senado Federal. A Constituição Federal estabelece expressamente uma Comissão Mista de Orçamento, com importantes atribuições (CF, art. 166, § 1º).

13.4. COMISSÃO REPRESENTATIVA

Instituída para representação do Congresso Nacional, no período de recesso parlamentar, com atribuições definidas no regimento comum, eleita por suas Casas na última sessão ordinária do período legislativo, cuja composição deverá reproduzir, quanto possível, a proporcionalidade da representação partidária (CF, art. 58, § 4º).

13.5. COMISSÃO PARLAMENTAR DE INQUÉRITO (CPI)

Instituída para apuração de fato determinado por prazo certo, com poderes de investigação próprios das autoridades judiciais, sendo as conclusões, se for o caso, encaminhadas ao Ministério Público para que seja promovida a apuração da responsabilidade civil e criminal dos infratores. Trata-se de uma das formas mais significativas de atuação do Poder Legislativo no exercício de seu poder de fiscalização sobre os demais Poderes.

Requisitos para instauração. A instauração de uma CPI está sujeita a requisitos de forma (requerimento de um terço dos membros da respectiva Casa Legislativa), tempo (por prazo certo) e substância (apuração de fato determinado).

Poderes da CPI. A Constituição estabelece que as CPIs têm poderes próprios de investigação judicial. Para tanto, de acordo com a jurisprudência constitucional do Supremo Tribunal Federal, podem: "colher depoimentos, ouvir indiciados, inquirir testemunhas, notificando-as a comparecer perante elas e a depor", bem como "requisitar documentos e buscar todos os meios de prova legalmente admitidos" e, "quanto aos dados, informações e documentos, mesmo que resguardados por sigilo legal, desde que observadas as cautelas legais, podem as CPIs requisitá-los. Isso significa que podem quebrar o sigilo fiscal, bancário, assim como o segredo de quaisquer outros dados, abarcando-se, por exemplo, os telefônicos (registros relacionados com chamadas telefônicas já realizadas), e, ainda, determinar buscas e apreensões".

A Lei Complementar n. 105/2001, em seu art. 4º, autoriza as CPIs a obter informações e documentos sigilosos que necessitarem diretamente das instituições financeiras ou por intermédio do Banco do Brasil ou da Comissão de Valores Mobiliários. As solicitações deverão ser previamente aprovadas pelo Plenário da Casa Legislativa ou de suas respectivas CPIs.

Limites da CPI. Os poderes de investigação das CPIs não são indeterminados. Elas constituem importantes órgãos de investigação do Poder Legislativo na sua função de fiscalizar os demais Poderes, devendo exercitar essa faculdade dentro dos limites fixados pela Constituição, com a observância de todas as garantias constitucionais. Não são órgãos de acusação ou julgamento. Dessa forma, "não podem formular acusações e nem punir delitos (*RDA* 129/205, Rel. Min. Paulo Brossard), nem desrespeitar privilégios contra a autoincriminação que assiste a qualquer indiciado ou testemunha (*RDA* 196/197, Rel. Min. Celso de Mello – HC 79.244/DF, Rel. Min. Sepúlveda Pertence), nem decretar a prisão de qualquer pessoa, exceto nas hipóteses de flagrância (*RDA* 196/195, Rel. Min. Celso de Mello – *RDA* 199/205, Rel. Min. Paulo Brossard)" (STF, MS 23.452-RJ, Rel. Min. Celso de Mello, *DJ*, 8-6-1999, *Informativo STF*, n. 151). Tendo em vista, ainda, o princípio constitucional da **reserva de jurisdição**, não podem praticar "atos cuja efetivação a Constituição atribui, com absoluta exclusividade, aos membros do Poder Judiciário", como "(a) jamais ultrapassar o intransponível limite da 'reserva jurisdicional constitucional', isto é, a CPI pode muita coisa, menos determinar o que a Constituição Federal reservou com exclusividade aos juízes. Inclusive, nessa importante restrição: a prisão, salvo flagrante (CF, art. 5º, LXI); a busca domiciliar (CF, art. 5º, XI) e a interceptação ou escuta telefônica (art. 5º, XII); (b) impedir, em nome da tutela da privacidade constitucional (art. 5º, X), a publicidade do que é sigiloso, mesmo porque, quem quebra esse sigilo passa a ser dele detentor; e (c) não confundir 'poderes de investigação do juiz' (CF, art. 58, § 3º) com o poder geral de cautela judicial: isso significa que a CPI não pode adotar nenhuma medida assecuratória real ou restritiva do *jus libertatis*, incluindo-se apreensão, sequestro ou indisponibilidade de bens ou mesmo a proibição de se afastar do país" (*Informativo STF*, n. 158). Finalmente, toda decisão investigatória de uma CPI, assim como qualquer decisão judicial (CF, art. 93, IX), deve ser devidamente fundamentada, com a indicação específica da diligência a ser realizada, estando sujeita ao controle do Poder Judiciário (*Informativo STF*, n. 158). O Supremo Tribunal Federal entendeu ainda que a CPI não pode ter acesso a informações resguardadas pelo sigilo judicial, sob o fundamento de que nem a Suprema Corte poderia fazê-lo no âmbito dos processos de competência de outro juízo (*Informativo STF*, n. 515).

Impossibilidade de convocação do Presidente da República e de Governadores Estaduais. O STF decidiu que o Chefe do Poder Executivo da União, como titular de prerrogativas institucionais assecuratórias de sua autonomia e independência perante os demais Poderes, além da imunidade formal (CF, art. 86, § 3º) e da irresponsabilidade penal temporária (CF, art. 86, § 4º), está isento da obrigação de depor ou prestar esclarecimentos perante casas Legislativas da União e suas comissões (arts. 50, *caput* e § 2º, e 58, § 2º, III, da Constituição Federal). Esta impossibilidade é aplicável, por extensão, aos Governadores de Estado, que prestam contas perante a Assembleia Legislativa (contas de governo ou de gestão estadual) ou perante o TCU (recursos federais), mas jamais perante o Congresso Nacional (ADPF 848 MC-Ref/DF, Rel. Min. Rosa Weber, *Informativo STF*, n. 1023).

Objeto da CPI. As CPIs, como importante instrumento de fiscalização do Poder Legislativo, podem investigar todos os atos que estejam na competência legislativa ou fiscalizatória da Casa Legislativa em que for instituída, federal, estadual ou municipal. Não podem intrometer-se em assuntos de interesse privado de pessoas e empresas (*private affairs*). Em respeito ao princípio constitucional da separação de Poderes, não possuem o poder de examinar o conteúdo de decisões jurisdicionais.

Apuração de fato determinado e por prazo certo. Somente fatos determinados, objetivos e concretos podem ser objeto de investigação por CPIs. Podem ser fatos múltiplos, desde que relacionados a um relevante interesse público. Não se admite a instauração de uma CPI com o propósito de realização de devassa em um determinado setor da Administração Pública, sem objeto definido, em busca de indícios que legitimem a investigação. O prazo certo não impede prorrogações sucessivas, desde que dentro da mesma legislatura.

Controle jurisdicional. As CPIs atuam como *longa manus* do Poder Legislativo. Assim, CPIs instituídas pelo Congresso Nacional ou por uma das Casas Legislativas que o compõem estão sujeitas, em mandados de segurança ou *habeas corpus*, ao controle jurisdicional originário do Supremo Tribunal Federal (CF, art. 102, I, *d* e *i*). O mandado de segurança deve apontar como autoridade coatora o presidente da CPI.

Direito público subjetivo das minorias parlamentares. A instauração de Comissão Parlamentar de Inquérito depende unicamente do preenchimento dos requisitos previstos no art. 58, § 3º, da Constituição Federal: (a) o requerimento de 1/3 dos membros das casas legislativas; (b) indicação de fato determinado a ser apurado; e (c) definição de prazo certo para sua duração. O Supremo Tribunal Federal já concedeu mandados de seguranças impetrados para evitar que a maioria obstruísse a instalação de CPI, seja pela não indicação de integrantes pelo Presidente da Casa, seja pala transferência da deliberação da instalação ou não para o Plenário (*Informativo STF*, n. 393, 435 e 464). A instalação de uma CPI não se submete a um juízo discricionário do presidente da casa legislativa ou do Plenário da própria Casa legislativa. Não pode o órgão diretivo ou a maioria parlamentar se opor a tal requerimento por questões de conveniência ou de oportunidade políticas (MS 37760 MC--Ref/DF, Rel. Min. Roberto Barroso, *Informativo STF*, n. 1013).

O único limite admitido é em relação ao número de CPIs que possam ser instaladas de forma simultânea, de acordo com previsão existente no Regimento Interno.

Atuação do advogado. O princípio da ampla defesa deve ser assegurado no funcionamento das Comissões Parlamentares de Inquérito. O Supremo Tribunal Federal assegura a indiciados e testemunhas o direito de assistência efetiva e permanente por advogado, garantindo

Da Organização do Estado, dos Poderes e Histórico das Constituições

não só a possibilidade de pessoas convocadas para prestar depoimentos em CPIs se apresentarem com seus advogados, como também de se comunicarem com os defensores durante seus depoimentos (*Informativo STF*, n. 498). Os advogados devem assegurar o respeito ao princípio constitucional da proibição da autoincriminação em relação a seus clientes ou protestarem contra a produção de provas ilícitas. Pessoas investigadas não podem ser presas por desobediência se recusarem a responder perguntas que possam incriminá-las. No direito brasileiro, ninguém é obrigado a produzir prova contra si mesmo (*Informativo STF*, n. 416 e 523).

CPIs estaduais e municipais. Os Poderes Legislativos de todas as entidades federativas estão autorizados a instituir Comissões Parlamentares de Inquérito em suas Constituições Estaduais e Leis Orgânicas. Fazem parte da atividade de fiscalização atribuída aos parlamentos. O Supremo Tribunal Federal já reconheceu à CPI estadual a possibilidade de quebra de sigilo bancário (*Informativo STF*, n. 362 e 377).

14 ESTATUTO DOS CONGRESSISTAS (CF, ARTS. 53 A 56)

A atuação independentemente do Poder Legislativo pressupõe a não sujeição de seus membros aos integrantes dos demais Poderes e às forças econômicas existentes na sociedade. Para se assegurar essa liberdade no exercício da função de representação parlamentar, a Constituição estabelece uma série de prerrogativas, direitos, imunidades e incompatibilidades para Deputados e Senadores. Esse conjunto de normas que regem a atuação das pessoas eleitas para o Poder Legislativo é denominado "Estatuto dos Congressistas".

14.1. PRERROGATIVAS

As prerrogativas são direitos especialmente concedidos para Deputados e Senadores, em virtude de sua atuação como representantes da vontade popular no Poder Legislativo, para que possam atuar com efetiva independência. São fornecidas como uma garantia da atuação parlamentar e não como deferência pessoal. Por esse motivo, não se pode abrir mão dessas prerrogativas, que prevalecem durante o estado de sítio, somente podendo ser suspensas pelo voto de 2/3 dos membros da Casa Legislativa, nos casos de atos praticados fora do recinto do Congresso que sejam incompatíveis com a medida (CF, art. 53, § 8º). Por não se tratar de um privilégio pessoal, as prerrogativas previstas na Constituição não se estendem ao suplente: enquanto não for convocado para ocupar uma vaga no Congresso Nacional, por não pertencer ao Poder Legislativo, é desprovido de qualquer imunidade.

Não extensão das imunidades ao corpo auxiliar nem aos locais de atividade parlamentar – Como as imunidades parlamentares pretendem garantir condições materiais ao exercício independente de mandatos eletivos, funcionam como instrumento de proteção da autonomia da atuação dos mandatários que representam a sociedade. Dessa forma, ao contrário do que ocorre com as imunidades diplomáticas, as prerrogativas e imunidades parlamentares não se estendem aos locais onde os parlamentares exercem suas atividades nem ao corpo auxiliar, a agentes públicos que não se encontrem investidos dessa condição (*Informativo STF*, n. 945, Recl. 25537/DF, Min. Edson Fachin). O STF entendeu que "A determinação de busca e apreensão nas dependências do Senado Federal, desde que não direcionada a apurar conduta de congressista, não se relaciona com as imunidades parlamentares".

a) **Imunidade material – inviolabilidade por opiniões, palavras e votos** (CF, art. 53, *caput*). Deputados e Senadores, como representantes da vontade popular no Poder Legislativo, devem exercer o mandato com absoluta independência e tranquilidade, sem temer futuras represálias contra as denúncias que formularem. Na área penal, trata-se de uma hipótese de imunidade absoluta. Deputados e Senadores, obviamente no exercício da atividade parlamentar, por mais graves que sejam as denúncias que apresentem, não cometem crimes contra a honra. Não podem também ser acionados no juízo cível por ação de indenização por danos materiais e morais. A imunidade material estabelecida pela Constituição alcança também a responsabilidade civil. Este já era o entendimento do Supremo Tribunal Federal, hoje consagrado, de forma expressa, pelo art. 53 da Constituição Federal, em sua nova redação. Essa imunidade parlamentar alcança manifestações feitas fora do recinto do Legislativo, inclusive declarações para órgãos de imprensa, desde que compatíveis com o exercício do mandato legislativo (Inq.-QO 1.381-PR, Rel. Min. Ilmar Galvão, j. 3-11-1999, *Informativo STF*, n. 169).

A Suprema Corte entende que para se reconhecer a imunidade parlamentar há de se verificar um liame entre o fato apontado como crime contra a honra e o exercício do mandato pelo ofensor. Os atos praticados em local distinto do recinto do Parlamento, como em programas radiofônicos, escapam à proteção absoluta da imunidade, que abrange apenas manifestações que guardem pertinência, por um nexo de causalidade, com o desempenho das funções do mandato (Inq. 2.915-PA, Rel. Min. Luiz Fux, *DJe*, 31-5-2013).

Para o STF, nas "situações limítrofes, onde não esteja perfeitamente delineada a conexão entre a atividade parlamentar e as ofensas supostamente irrogadas a pretexto de exercê-la, mas que igualmente não se possa, de plano, dizer que exorbitam do exercício do mandato, a regra da imunidade deve prevalecer" (Inq. 4088/DF, Rel. Min. Edson Fachin).

O Supremo Tribunal Federal entende que a garantia constitucional da imunidade material protege o parlamentar, qualquer que seja o âmbito espacial em que exerça a liberdade de opinião, sempre que suas manifestações guardem conexão com o desempenho da função legislativa ou tenham sido proferidas em razão dela. Considerou que as afirmações feitas pelo parlamentar devem revelar teor minimamente político, referido a fatos que estejam sob debate público, sob investigação em CPI ou em órgãos de persecução penal ou, ainda, sobre qualquer tema que seja de interesse de setores da sociedade, do eleitorado, de organizações ou quaisquer grupos representados no parlamento ou com pretensão à representação democrática. Com esse entendimento, não reconheceu imunidade ao parlamentar, processado por injúria e incitação ao crime, que afirmara que deputada federal "não merece ser estuprada, por ser muito ruim, muito feia, não fazer seu gênero" e acrescentara que, se fosse estuprador, "não iria estuprá-la porque ela não merece" (Inq. 3932, Rel. Min. Luiz Fux, *Informativo STF*, n. 831).

A Suprema Corte entende, também, que imunidade, estabelecida para fins de proteção republicana ao livre exercício do mandato, não confere aos parlamentares o direito de empregar expediente fraudulento, artificioso ou ardiloso, voltado a alterar a verdade da informação, com o fim de desqualificar ou imputar fato desonroso à reputação de terceiros, como a publicação, em rede social, de trecho cortado de um discurso, conferindo-lhe uma conotação racista a um adversário político (Pet. 5705/DF, Rel. Min. Luiz Fux).

Imunidade parlamentar e afronta aos princípios democráticos, republicanos e da separação de Poderes – O STF decidiu que a imunidade material parlamentar não deve ser utilizada para atentar contra o Estado Democrático de Direito. Imunidade parlamentar se confunde com a impunidade. Atentar contra a democracia e o Estado de Direito não configura exercício da função parlamentar a invocar a imunidade constitucional prevista no art. 53, *caput*. A Suprema Corte entendeu que a CF não permite a propagação de ideias contrárias à ordem constitucional e ao Estado Democrático (arts. 5º, XLIV, e 34, III e IV) nem a realização de manifestações nas redes sociais visando ao rompimento do Estado de Direito, com a extinção das cláusulas pétreas constitucionais – separação de Poderes e o respeito aos direitos fundamentais (Inq. 4781 Ref, Rel. Min. Alexandre de Moraes, *Informativo STF*, n. 1006).

b) **Imunidade formal, processual ou relativa** (CF, art. 53, §§ 3º a 5º). Após a promulgação da Emenda Constitucional n. 35, em dezembro de 2001, Deputados e Senadores podem ser processados sem prévia licença da Casa Legislativa em que atuam. Recebida a denúncia, por crime ocorrido após a diplomação, pelo Supremo Tribunal Federal, será dada ciência à Casa respectiva, que, por iniciativa de partido político nela representado e pelo voto, em aberto, da maioria absoluta de seus membros, poderá determinar, até a decisão final, a sustação do andamento do processo. Essa sustação deverá ser apreciada no prazo máximo de 45 dias de seu recebimento pela Mesa Diretora. A sustação do processo suspende a prescrição, enquanto durar o mandato. A imunidade processual anterior, em que o processo e julgamento dependiam de prévia autorização, levava à impunidade e ao descrédito do Poder Legislativo, pois a licença era raramente concedida. Atualmente, caso o parlamentar se sinta perseguido, poderá valer-se desse mecanismo de sustação do processo criminal. Essa imunidade só prevalece em matéria penal. Trata-se de uma hipótese de imunidade penal relativa, abrangendo todos os crimes, com exceção dos delitos contra a honra, em que prevalece a imunidade material, de caráter absoluto.

c) **Não podem ser presos, salvo em flagrante de crime inafiançável.** O Código de Processo Penal considera inafiançáveis os crimes punidos com pena de reclusão superior a dois anos (CPP, art. 323, I). Realizada a prisão em flagrante, os autos serão remetidos dentro de 24 horas à Casa respectiva, para que, pelo voto da maioria de seus membros, resolva sobre a manutenção ou o relaxamento da prisão.

O Supremo Tribunal Federal, por maioria de votos, em sede de ação direta da inconstitucionalidade, decidiu que a imunidade formal prevista na Constituição somente permite a prisão de parlamentares em flagrante delito por crime inafiançável, sendo, portanto, incabível aos congressistas, desde a expedição do diploma, a aplicação de qualquer outra espécie de prisão cautelar, inclusive de prisão preventiva. O Poder Judiciário, contudo, pode impor aos parlamentares, por autoridade própria, as medidas cautelares previstas no art. 319 do Código de Processo Penal, em substituição de prisão em flagrante delito por crime inafiançável, por constituírem medidas individuais e específicas menos gravosas; seja de forma autônoma, em circunstâncias de excepcional gravidade. Nesse caso, os autos da prisão em flagrante delito por crime inafiançável ou a decisão judicial de imposição de medidas cautelares que impossibilitarem, direta ou indiretamente, o pleno e regular exercício do mandato parlamentar e de suas funções legislativas devem ser remetidos dentro de 24 horas à Casa respectiva, nos termos do § 2º do art. 53 da Constituição Federal, para que, pelo voto nominal e aberto da maioria de seus membros, resolva sobre a prisão ou a medida cautelar (ADI 5526/DF, Rel. Min. Alexandre de Moraes).

d) **Foro por prerrogativa de função** (CF, art. 53, § 1º). Deputados e Senadores são processados criminalmente perante o Supremo Tribunal Federal. Em razão da relevância do cargo que exercem, serão julgados diretamente perante a mais alta Corte do País, onde estão os membros do Poder Judiciário mais experientes. Esse foro por prerrogativa de função só prevalece durante o exercício do mandato. Cessada a atividade parlamentar, tem fim a prerrogativa, restabelecendo-se a competência dos juízes das instâncias inferiores. Em 1999, considerando o crescente número de ações penais originárias, o Supremo Tribunal Federal revogou a Súmula 394, a qual estabelecia que, "Cometido o crime durante o exercício funcional, prevalece a competência especial por prerrogativa de função, ainda que o inquérito ou a ação penal sejam iniciados após a cessação daquele exercício". A prerrogativa de foro não se estende ao suplente de Senador ou Deputado, salvo quando esteja no exercício do cargo (*Informativo* STF, n. 489, Rel. Min. Celso de Mello). O Supremo Tribunal Federal entendeu, por maioria, que a renúncia ao mandato eletivo, feita às vésperas do julgamento, após o fim da instrução, para se subtrair ao julgamento pela Corte, não pode ser acatada, por se tratar de uma inaceitável fraude processual, um verdadeiro abuso de direito ao sistema constitucional vigente (AP 396/RO, Rel. Min. Cármen Lúcia, *Informativo STF*, n. 606).

Interpretação restritiva – O Supremo Tribunal Federal, por maioria, adotou interpretação restritiva, limitando o foro por prerrogativa de função apenas "*aos crimes cometidos durante o exercício do cargo e relacionados às funções desempenhadas*"; bem como estabeleceu que "*Após o final da instrução processual, com a publicação do despacho de intimação para apresentação de alegações finais, a competência para processar e julgar ações penais não será mais afetada em razão de o agente público vir a ocupar outro cargo ou deixar o cargo que ocupava, qualquer que seja o motivo*". Essa mudança de entendimento decorreu da grande quantidade de pessoas sujeitas à competência originária da Suprema Corte, bem como da necessidade de preservar a função precípua do STF como guardião da Constituição, evitar a prescrição e a impunidade e resguardar o prestígio do próprio Tribunal (AP 937-QO/RJ, Rel. Min. Roberto Barroso, j. em 2 e 3-5-2018).

Competência originária e "mandatos cruzados". O STF entendeu que a competência penal originária para processar e julgar parlamentares alcança os congressistas federais no exercício de mandato em casa parlamentar diversa daquela em que consumada a hipotética conduta delitiva, desde que não haja solução de continuidade. O foro por prerrogativa de função alcança os casos denominados "mandatos cruzados" de parlamentar federal, quando não houver interrupção ou término do mandato. Dessa forma, quando o investigado ou acusado não tiver sido novamente eleito para os cargos de Deputado Federal ou Senador, a competência do STF deve ser declinada. Caso contrário, deve ser mantida a competência criminal originária do STF (Inq. 4342 QO/PR, Rel. Min. Edson Fachin, *Informativo STF*, n. 049).

e) **Limitação ao poder de testemunhar sobre as informações recebidas e sobre as fontes** (CF, art. 53, § 6º). Deputados e Senadores não podem ser obrigados a depor sobre informações recebidas ou prestadas em razão do exercício do mandato. Possuem direito ao sigilo da fonte sobre as pessoas que lhes confiaram ou deles receberam informações.

f) **Isenção do serviço militar** (CF, art. 53, § 7º). Deputados e Senadores, mesmo que militares, ainda que em tempo de guerra, só poderão ser incorporados às Forças Armadas após prévia licença da Casa Legislativa em que atuam.

14.2. SUBSÍDIO

Entre os direitos dos parlamentares destaca-se o recebimento de um subsídio, que é a denominação dada pela Emenda Constitucional n. 19/98 à remuneração recebida por Deputados, Senadores e outras altas autoridades da Administração Pública. O subsídio deve ser fixado em parcela única, vedado o acréscimo de qualquer gratificação, adicional, abono, verba de representação ou outra espécie remuneratória (CF, art. 39, § 4º). Compete ao Congresso Nacional fixar idêntico subsídio para Deputados e Senadores (CF, art. 49, VII), não podendo exceder o subsídio mensal dos Ministros do Supremo Tribunal Federal (CF, art. 37, XI). Os parlamentares devem receber uma boa remuneração, adequada ao alto cargo de representação popular que ocupam, bem como pelos relevantes serviços que devem prestar, a fim de que possam atuar com absoluta independência e tranquilidade econômica no exercício do mandato.

14.3. INCOMPATIBILIDADES OU IMPEDIMENTOS (CF, ART. 54)

Para assegurar a absoluta independência aos membros do Poder Legislativo, a Constituição Federal, ao mesmo tempo em que outorga uma série de prerrogativas, impõe alguns impedimentos. Certos atos e funções são incompatíveis com a atuação parlamentar, tanto por motivos de moralidade pública como para prevenir o recebimento de vantagens indevidas. Parlamentares não podem aproveitar-se do cargo para o qual foram eleitos para a obtenção de vantagens particulares. Esses impedimentos podem ser das mais diversas ordens. José Afonso da Silva classifica-os da forma a seguir exposta:

a) Funcionais (CF, art. 54, I, *b*, e II, *b*). Não podem aceitar ou exercer cargo, função ou emprego remunerado em entidades da Administração Pública direta e indireta.
b) Negociais (CF, art. 54, I, *a*). Não podem firmar ou manter contrato com órgãos da Administração Pública direta e indireta, salvo quando este obedecer a cláusulas uniformes.
c) Políticos (CF, art. 54, II, *d*). Não podem ser titulares de mais de um cargo ou mandato público eletivo. Mas não perdem o cargo se nomeados para Ministro de Estado, Governador de Território, Secretário de Estado ou de Prefeitura Municipal ou Chefe de Missão Diplomática. Nesse caso, deverão optar por uma das remunerações, com a convocação de um suplente durante o período de afastamento da função legislativa (CF, art. 56, I e § 1º).

14.4. PERDA DO MANDATO (CF, ART. 55)

O Deputado ou Senador que não se mostrar digno das relevantes funções para as quais foi eleito poderá perder o cargo. As hipóteses de perda de mandato, por se tratar de norma restritiva de direitos, são as taxativamente previstas na Constituição Federal. A perda do mandato será decidida pela Câmara dos Deputados ou pelo Senado Federal, por maioria absoluta, mediante provocação da respectiva Mesa ou de partido político representado no Congresso Nacional, assegurada ampla defesa, nos casos previstos no art. 55, I, II e VI: violação de um dos impedimentos, falta de decoro parlamentar e condenação criminal transitada em julgado. Para todos os demais cargos eletivos, o simples trânsito em julgado de condenação criminal, por importar em suspensão de direitos políticos (CF, art. 15, III), traz como consequência a perda do cargo. Tratando-se de Senadores e Deputados, o Supremo Tribunal Federal, após algumas decisões em sentido contrário, decidiu, por maioria de votos, que, em respeito ao princípio da separação de Poderes e da literalidade da norma constitucional, há necessidade de a questão ser submetida ao exame dos demais membros da Casa Legislativa (AP 565-RO, Rel. Min. Cármen Lúcia, *Informativo STF*, n. 714). Após a promulgação da Emenda Constitucional n. 76/2013, a votação para perda de mandato é feita sempre por voto aberto. Devem ser declaradas de ofício, pela Mesa da Casa respectiva, as hipóteses de perda de mandato previstas no art. 55, III, IV e V: deixar de comparecer a terça parte das sessões ordinárias da Casa, perder ou ter suspensos os direitos políticos e quando o decretar a Justiça Eleitoral, nos casos previstos na Constituição.

A infidelidade partidária não foi incluída pela Constituição de 1988 entre as causas de perda de mandato. Mas o Supremo Tribunal Federal, por maioria de votos, admitiu que os partidos políticos e as agremiações partidárias têm o direito de preservar a vaga obtida pelo sistema proporcional, adotado para a eleição de Deputados Federais, Deputados Estaduais e Vereadores. Pelo sistema proporcional, os candidatos dependem, em regra, da quantidade total de votos obtidos pelo partido ou pela coligação partidária para se elegerem. O STF entendeu que, para os eleitos pelo sistema proporcional, os mandatos pertencem aos partidos. Não se trataria de imposição, ao parlamentar infiel, da sanção de perda de mandato por mudança de partido, o qual não configura ato ilícito, mas de preservação do princípio democrático e ao exercício legítimo de poder, pois as transferências partidárias absolutamente injustificadas causam surpresa ao eleitor e ao partido político, configurando uma afronta ao sistema eleitoral proporcional em razão da súbita redução numérica da oposição política (*Informativo STF*, n. 482). Nessa hipótese, para o partido político recuperar a vaga, é necessário um procedimento próprio perante a Justiça Eleitoral, em que será assegurado ao parlamentar ampla defesa e o devido processo legal, de forma que demonstre a existência de causa justificadora da desfiliação partidária, como a repentina mudança de orientação programática ou perseguição política (*Informativo STF*, n. 482).

A perda do mandato por infidelidade partidária não se aplica aos candidatos eleitos pelo sistema majoritário de votação, em que são eleitos os candidatos que obtêm o maior número de votos, como Senadores, Presidente da República, Governadores de Estado e Prefeitos, sob pena de violação da soberania popular e das escolhas feitas pelo eleitor (ADI 5081/DF, Rel. Min. Roberto Barroso, *Informativo STF*, n. 787).

14.5. EXTENSÃO DAS IMUNIDADES PARA OUTRAS ESFERAS DO PODER LEGISLATIVO

Em relação aos Deputados Estaduais e Distritais, membros das Assembleias Legislativas dos Estados e da Câmara Legislativa do Distrito Federal, prevalecem as mesmas regras de inviolabilidade, imunidades, remuneração, perda de mandato, licença, impedimentos e incorporação às Forças Armadas estabelecidas para Deputados e Senadores, em razão de expressa disposição constitucional (CF, arts. 27, § 1º, e 32, § 3º). Em relação aos Vereadores, membros do Poder Legislativo Municipal, aplicam-se as mesmas proibições e incompatibilidade previstas para os parlamentares nas demais esferas de poder (CF, art. 29, IX), mas, no que se refere às prerrogativas, a Constituição Federal somente assegura a "inviolabilidade dos Vereadores por suas opiniões, palavras e votos no exercício do mandato e na circunscrição do Município" (CF, art. 29, VIII).

Extensão das imunidades dos parlamentares federais aos deputados estaduais – O STF assegura aos Deputados Estaduais as mesmas imunidades, tanto formais como materiais, e inviolabilidades conferidas aos membros do Congresso Nacional. Entende que o reconhecimento da importância do Legislativo estadual justifica a reprodução, no âmbito regional, da harmonia entre os Poderes da República. Considera inadequado extrair da Constituição Federal proteção reduzida da atividade do Legislativo nos entes federados, como se fosse menor a relevância dos órgãos locais para o Estado Democrático de Direito. Dessa forma, por maioria de votos, declarou a constitucionalidade de normas constitucionais estaduais, que estendem aos Deputados Estaduais as imunidades formais previstas no art. 53 da Constituição Federal, autorizando Assembleias Legislativas a revogarem prisões cautelares, preventivas e provisórias de deputados estaduais emanadas pelo Poder Judiciário e assegurarem o retorno aos mandatos parlamentares (ADI 5823, Rel. Min. Marco Aurélio, *Informativo STF*, n. 939).

14.6. NÃO EXTENSÃO DAS IMUNIDADES PARLAMENTARES AO CORPO AUXILIAR E AOS GABINETES DE TRABALHO

Imunidades parlamentares funcionam como instrumento de proteção da autonomia de atuação dos mandatários que representam a sociedade. Dessa forma, ao contrário das imunidades diplomáticas, as prerrogativas e imunidades parlamentares não se estendem aos locais onde os parlamentares exercem suas atividades nem ao corpo auxiliar. Com esse fundamento, o STF decidiu pela validade de diligência de busca e apreensão realizadas nas dependências do Senado Federal, desde que não direcionada a apurar conduta de congressista (Rcl 25537/DF, Rel. Min. Edson Facchin, *Informativo STF*, n. 945).

Da Organização do Estado, dos Poderes e Histórico das Constituições

Por outro lado, a Suprema Corte declarou a nulidade de ordem de busca e apreensão e de outras provas dela derivadas, bem como determinou a inutilização e o desentranhamento dos autos das provas obtidas por meio dessa diligência, ordenada por juiz de 1º grau, em imóvel ocupado por Senador da República, em desfavor de seu cônjuge, por entender usurpada a competência do STF, prevista no art. 102, I, b, da Constituição Federal, para processar e julgar, originariamente, nas infrações penais comuns, os membros do Congresso Nacional, em razão de a ordem judicial impugnada ter sido ampla e vaga, sem prévia individualização dos bens que seriam de titularidade do parlamentar federal e daqueles pertencentes ao não detentor de prerrogativa de foro (Rec 24473/SP, Rel. Min. Dias Toffoli).

Quadro sinótico – Poder Legislativo

Poder Legislativo tem como função típica a elaboração de leis, de normas gerais e abstratas a serem seguidas por todos. Além do exercício de sua função legislativa do Estado, compete-lhe a atribuição de fiscalizar os atos do Executivo.	
Composição (Poder Legislativo Federal)	Câmara dos Deputados. Senado Federal.
Maioria	a) Maioria simples ou relativa significa o maior número de votos em determinado sentido em uma sessão de votação. b) Maioria qualificada é calculada em relação à totalidade dos membros de um órgão colegiado, presentes ou ausentes.
Sistema eleitoral	a) o sistema majoritário – é eleito o candidato que obtiver o maior número de votos. a1) Sistema majoritário simples. a2) Sistema majoritário por maioria absoluta. b) Pelo sistema proporcional são eleitos candidatos ao órgão colegiado de acordo com a quantidade de votos obtidos pelo partido ou coligação partidária. Legislatura é o período legislativo de quatro anos que corresponde ao mandato dos Deputados Federais. Senadores são eleitos por duas legislaturas. Sessões legislativas extraordinárias são as realizadas no período de recesso do Congresso Nacional. Sessões preparatórias são as convocadas, a partir de 1º de fevereiro, no primeiro ano da legislatura, para a posse de seus membros e eleição das respectivas Mesas (CF, art. 57, § 4º).
Principais atribuições do Congresso Nacional	I – Legislativa. II – Fiscalização e controle. III – Julgamento de crimes de responsabilidade. IV – Constituintes. V – Deliberativas.
Mesas	São os órgãos de direção do Congresso Nacional e de suas Casas Legislativas, a Câmara dos Deputados e o Senado Federal.
Comissões	São órgãos constituídos de um número menor de parlamentares, com finalidades específicas de examinar determinadas questões. a) Comissão permanente. b) Comissão temporária ou especial. c) Comissão mista. d) Comissão representativa. e) Comissão Parlamentar de Inquérito (CPI).

Prerrogativas	a) Imunidade material (CF, art. 53, *caput*) b) Imunidade formal, processual ou relativa (CF, art. 53, §§ 3º a 5º). c) Não podem ser presos, salvo em flagrante de crime inafiançável. d) Foro por prerrogativa de função (CF, art. 53, § 1º). e) Limitação ao poder de testemunhar sobre as informações recebidas e sobre as fontes (CF, art. 53, § 6º). f) Isenção do serviço militar (CF, art. 53, § 7º).
Incompatibilidades ou impedimentos	a) Funcionais (CF, art. 54, I, *b*, e II, *b*). b) Negociais (CF, art. 54, I, *a*). c) Políticos (CF, art. 54, II, *d*).

Capítulo XI
PROCESSO LEGISLATIVO

1 INTRODUÇÃO

A palavra "processo" provém do latim *procedere*, que significa seguir adiante. Todo processo é um conjunto de atos realizados com uma determinada finalidade, visando a elaboração de algo ou a solução de um problema. A expressão "processo legislativo" possui uma dupla acepção: sociológica e jurídica. Em seu sentido sociológico, é o conjunto de fatores reais de poder que justificam a elaboração de uma lei. Em seu sentido jurídico é justamente o conjunto de atos realizados para a elaboração de um ato legislativo. Ao tratarmos do processo legislativo, cuidaremos da função típica do Poder Legislativo, a legislativa, de elaboração de leis. Como ensina Nelson Sampaio, "o processo legislativo só abrange as normas de atuação legiferante dos órgãos constituídos". O poder constituinte originário, que elaborou a própria Constituição Federal, é, por natureza, absoluto e ilimitado.

2 TIPOS DE PROCESSO LEGISLATIVO

Há quatro formas de realização do processo legislativo, de acordo com a organização política vigente no Estado em determinado momento histórico.

a) **Autocrático.** Processo legislativo autocrático, próprio das ditaduras, em que leis são impostas pelo governante, elaboradas sem a participação de representantes legítimos do povo.

b) **Direto.** Processo legislativo direto, em que o próprio povo, sem representantes, escolhe as normas vigentes, por exemplo, as leis elaboradas na antiga democracia grega e, atualmente, em alguns Cantões suíços.

c) **Indireto ou representativo.** Processo legislativo representativo, em que as leis são elaboradas por representantes legitimamente eleitos pelo povo, como Senadores, Deputados ou Vereadores.

d) **Semidireto.** Processo legislativo semidireto, em que as leis são elaboradas por representantes legitimamente eleitos pelo povo e posteriormente submetidas ao referendo popular. O Brasil adota, em regra, o processo legislativo representativo, mas admite que determinadas medidas aprovadas pelo Congresso Nacional sejam submetidas ao referendo popular.

3 ESPÉCIES DE PROCEDIMENTO LEGISLATIVO

Existem três espécies de procedimento legislativo, três modos diferentes para a elaboração de atos legislativos: **a)** ordinário; **b)** sumário; e **c)** especial.

a) **Ordinário ou comum.** Destinado à elaboração de leis ordinárias.

b) **Sumário.** Destinado à elaboração de leis ordinárias em regime de urgência.

c) **Especial.** Destinado à elaboração de outras normas, como emendas à Constituição, leis complementares, leis delegadas, medidas provisórias, decretos legislativos, resoluções e leis financeiras (lei do plano plurianual, lei de diretrizes orçamentárias, lei do orçamento anual e de abertura de créditos adicionais).

4 FASES DO PROCESSO LEGISLATIVO ORDINÁRIO

O processo legislativo ordinário é o utilizado para a elaboração de leis ordinárias, o ato legislativo típico. Esse processo compreende o seguinte conjunto de atos:

a) iniciativa;
b) emendas;
c) votação ou deliberação;
d) sanção ou veto;
e) promulgação; e
f) publicação.

O processo legislativo ordinário ocorre em três fases: introdutória, constitutiva e complementar. A fase introdutória trata da iniciativa da proposta. A fase constitutiva abrange desde a apresentação de emendas, a discussão do projeto de lei nas comissões e em Plenário e a sanção ou veto do Chefe do Poder Executivo. A fase complementar diz respeito à promulgação e publicação da lei.

4.1. INICIATIVA

Por iniciativa entende-se a legitimidade para apresentação de proposições legislativas. Trata-se de examinar quem pode propor projeto de lei. A iniciativa pode ser concorrente, reservada, popular ou conjunta.

a) **Concorrente, comum ou geral.** Iniciativa concorrente é a atribuída a mais de uma pessoa ou órgão, que podem exercê-la em conjunto ou isoladamente. Estabelece a Constituição, em seu art. 61, *caput*, que: "A iniciativa das leis complementares e ordinárias cabe a qualquer membro ou Comissão da Câmara dos Deputados, do Senado Federal ou do Congresso Nacional, ao Presidente da República, ao Supremo Tribunal Federal, aos Tribunais Superiores, ao Procurador-Geral da República e aos cidadãos, na forma e nos casos previstos nesta Constituição".

b) **Privativa, reservada ou exclusiva.** Iniciativa privativa, reservada ou exclusiva é a atribuída a uma só pessoa ou órgão. As hipóteses de iniciativa privativa estão previstas na Constituição: 1ª) Art. 61, § 1º: certas proposições legislativas, em razão das implicações políticas e orçamentárias das matérias abordadas, são de iniciativa exclusiva do Presidente da República, como as que disponham sobre: **a)** criação de cargos, funções ou empregos públicos na administração direta e autárquica ou aumento de sua remuneração; **b)** organização administrativa e judiciária, matéria tributária e orçamentária, serviços públicos e pessoal da administração dos Territórios; **c)** servidores públicos da União e Territórios, seu regime jurídico, provimento de cargos, estabilidade e aposentadoria; **d)** organização do Ministério Público e da Defensoria Pública da União, bem como normas gerais para a organização do Ministério Público e da Defensoria Pública dos Estados, do Distrito Federal e dos Territórios; **e)** criação e extinção de Ministérios e órgãos da administração pública; **f)** militares das Forças Armadas, seu regime jurídico, provimento de cargos, promoções, estabilidade, remuneração, reforma e transferência para a reserva. Leis relacionadas com o regime jurídico e a remuneração de servidores públicos, civis e militares, bem como as que tratem de órgãos da administração, são de iniciativa dos Chefes do Poder Executivo em todas as esferas federativas. 2ª) Art. 93: o "Estatuto da Magistratura", norma que dispõe sobre a organização do Poder Judiciário, em seus mais diversos aspectos, é de iniciativa exclusiva do Supremo Tribunal Federal. Qualquer projeto de lei de modificação na Lei Orgânica da Magistratura Nacional depende de iniciativa do órgão de cúpula do Poder Judiciário no Brasil, o Supremo Tribunal Federal. 3ª) Art. 96, II: compete aos Tribunais Superiores a iniciativa exclusiva de apresentar ao Poder Legislativo projetos de lei que versem sobre o número de membros dos tribunais inferiores, criação, extinção de cargos, bem como a remuneração de serviços auxiliares e normas sobre a organização judiciária.

c) **Popular.** A Constituição estabelece a possibilidade de os cidadãos proporem projetos de leis ordinárias e complementares. A iniciativa popular é um dos instrumentos da democracia participativa adotada pela nossa Constituição, em seu art. 14, III. O regime político adotado pelo Brasil é denominado democracia semidireta, pois adotamos o sistema representativo, com instrumentos de participação direta do povo nas decisões políticas fundamentais. Estabelece o texto constitucional, em seu art. 61, § 2º, que "A iniciativa popular pode ser exercida pela apresentação à Câmara dos Deputados de projeto de lei subscrito por, no mínimo, um por cento do eleitorado nacional, distribuído pelo menos por cinco Estados, com não menos de três décimos por cento dos eleitores de cada um deles". Na esfera legislativa municipal é assegurada a "iniciativa popular de projetos de lei de interesse específico do Município, da cidade ou de bairros, através de manifestação de, pelo menos, cinco por cento do eleitorado" (CF, art. 29, XIII). As Constituições Estaduais estabelecem regras para assegurar a iniciativa popular na esfera legislativa estadual.

A Lei n. 9.709/98, que disciplina os instrumentos do exercício da soberania direta em nosso país, em seu art. 13, após reproduzir as exigências constitucionais, dispõe que o projeto de lei de iniciativa popular deverá circunscrever-se a um só assunto e que não poderá ser rejeitado por vício de forma, cabendo à própria Câmara dos Deputados providenciar a correção de eventuais impropriedades de técnica legislativa ou de redação.

Considerando o grande número exigido de assinaturas, o que demanda uma grande mobilização popular, somente quatro projetos de lei de iniciativa popular foram aprovados pelo Congresso Nacional desde a promulgação da Constituição em 1988: a Lei n. 8.930/94, denominada Lei Daniela Peres, que incluiu o homicídio qualificado entre os crimes hediondos; a Lei n. 9.840/99, a lei contra a compra de votos; a Lei n. 11.124/2005, que instituiu o Fundo Nacional de Habitação de Interesse Social; e a Lei Complementar n. 135/2010, conhecida como a Lei da Ficha Limpa. Essas leis, embora apresentadas todas com mais de um milhão de assinaturas, em razão da dificuldade da conferência de assinaturas, acabaram sendo apresentadas por Deputados Federais ou pelo Presidente da República, seguindo o rito do projeto de lei ordinária. A Lei n. 11.124, de 2005, que demorou mais de dez anos para ser aprovada, foi adotada também por um Deputado Federal, mas com a ressalva de que foi "apresentado nos termos do § 2º do art. 61 da Constituição Federal".

d) **Conjunta.** A Constituição Federal, após a Emenda Constitucional n. 19/98, estabelecia ainda uma lei de iniciativa conjunta, que era atribuída a todos os Chefes dos Poderes Legislativo, Executivo e Judiciário, devendo ser exercida de forma simultânea e consensual. A fixação dos subsídios dos Ministros do Supremo Tribunal Federal dependeria de uma lei de iniciativa conjunta dos Presidentes da República, da Câmara dos Deputados, do Senado Federal e do Supremo Tribunal Federal. Decorridos cinco anos sem que essa lei fosse editada por falta de acordo, essa modalidade de proposta foi excluída pela Emenda n. 41/2003.

Em matéria tributária firmou-se no Supremo Tribunal Federal o entendimento de que não há iniciativa reservada ao Chefe do Poder Executivo. Dessa forma, lei de iniciativa parlamentar que concede isenção fiscal é considerada constitucional. O art. 61, § 1º, II, *b*, refere-se somente à matéria tributária dos Territórios (*Informativo STF*, n. 322, 332 e 338).

Em relação ao Ministério Público existe uma iniciativa compartilhada entre o Presidente da República e o Procurador-Geral da República, conforme os enunciados contidos nos arts. 61, § 1º, *d*, 127, § 2º, e 128, § 5º, da Constituição. Tendo em vista a necessidade da observância obrigatória pelos Estados do processo legislativo federal, este mesmo modelo se reproduz nos Estados e no Distrito Federal. A competência do Chefe do Poder Executivo é para a elaboração de normas gerais de organização.

4.1.1. USURPAÇÃO DE INICIATIVA

Trata-se de vício de inconstitucionalidade formal, em virtude da apresentação de projeto de lei versando sobre determinada matéria por quem não tem legitimidade para tal. Em se tratando de usurpação de iniciativa do Poder Judiciário, a inconstitucionalidade é evidente, sendo considerada insanável. Somente os órgãos de cúpula do Poder Judiciário possuem o poder de iniciativa legislativa em assuntos referentes à organização da magistratura e dos serviços judiciários. Em se tratando de usurpação de iniciativa do Presidente da República, surge séria controvérsia, pois o Chefe do Poder Executivo poderia vir a sancionar lei que violou a sua iniciativa exclusiva, demonstrando, de forma inequívoca, a sua concordância com o projeto de lei. A orientação hoje predominante na doutrina e tranquila na jurisprudência constitucional do Supremo Tribunal Federal é de que a sanção não supre o defeito de iniciativa, pois o que nasce nulo não pode vir a ser convalidado (ADIn 1.391-2/SP, medida liminar, Rel. Min. Celso de Mello, *DJ*, 28-11-1997, p. 62216). A Súmula 5 do Supremo Tribunal Federal ("A sanção de projeto supre a falta de iniciativa do Poder Executivo") não mais prevalece. Trata-se da melhor orientação, pois um Chefe de Poder Executivo, como já ocorreu, em final de governo, pode sancionar projeto de lei que possa vir a comprometer a gestão de seu sucessor.

4.2. EMENDAS

Emendas são proposições apresentadas por parlamentares visando alterações no projeto de lei. Trata-se de faculdade exclusiva dos parlamentares a apresentação de emendas a projetos de lei. As emendas, conforme o objeto, podem ser classificadas em: **aditivas, aglutinativas, modificativas, supressivas** e **substitutivas**. Aditiva é a que se acrescenta a outra proposição. Aglutinativa é a resultante da fusão de outras emendas ou destas com o texto. Modificativa é a que altera a proposição apresentada de forma não substancial. Substitutiva é a apresentada como sucedânea de outra proposição. A emenda que visa substituir todo o projeto de lei é denominada **substitutiva**. Emendas apresentadas em comissão a outras emendas são denominadas **subemendas**. Alterações para sanar vícios de linguagem, incorreções de técnica legislativa ou lapsos manifestos são conhecidas como emendas de redação. A regra em projetos de iniciativa exclusiva é a não aceitação de emendas de parlamentares que importem em aumento de despesas (CF, art. 63, I). Em leis de iniciativa reservada do Chefe do Poder Executivo (CF, art. 63, § 1º), ou de Tribunal (CF, arts. 93 e 96, II), são admitidas proposições de Senadores e Deputados visando seu aperfeiçoamento, desde que guardem pertinência temática com a proposta original e não importem em aumento de despesas (*Informativo STF*, n. 229). Somente em projetos de leis orçamentárias podem ser acolhidas emendas que acarretem acréscimo de gastos, desde que observadas as restrições estabelecidas no próprio texto constitucional (CF, arts. 63, I, e 166, §§ 3º e 4º).

Ressalta-se que não se deve confundir a etapa de emendas do processo legislativo com o ato legislativo denominado emenda constitucional, previsto na Constituição, nos arts. 59, I, e 60. O próprio processo de aprovação de emenda constitucional pode incluir a aprovação de emendas propostas por parlamentares.

4.3. VOTAÇÃO OU DELIBERAÇÃO

O terceiro momento é o da deliberação em ambas as Casas do Congresso Nacional, que envolve três etapas distintas: **a) discussão; b) votação; e c) aprovação**. A deliberação geralmente é precedida de discussões e estudos técnicos e jurídicos desenvolvidos em diversas comissões de cada Casa Legislativa. Após ser discutido pelas comissões, o projeto de lei é encaminhado para discussão e votação em Plenário, podendo ser aprovado ou rejeitado. Na esfera federal, um projeto de lei, para futuro encaminhamento para sanção ou veto do Presidente da República, precisa ser discutido, votado e aprovado em ambas as Casas do Congresso Nacional, pela maioria exigida pela Constituição Federal. Deve-se frisar que não mais existe a aprovação de atos legislativos por decurso de prazo, que tanto desprestigiou o Poder Legislativo durante o regime autoritário. Todo ato legislativo, para ser aprovado, necessita ser votado em ambas as Casas do Congresso Nacional. Leis ordinárias são aprovadas por maioria simples (CF, art. 47), leis complementares, por maioria absoluta (CF, art. 69), enquanto emendas constitucionais, por maioria qualificada de 3/5 dos votos (CF, art. 60, § 2º).

Existem dois gêneros de votação: ostensivo ou secreto. A votação ostensiva pode ser feita de forma nominal, em que cada parlamentar responde afirmativa ou negativamente, ou simbólica, em que se conservam sentados os parlamentares favoráveis ao projeto. Os Regimentos Internos das Casas Legislativas ainda preveem o voto de liderança, embora respeitáveis opiniões existam no sentido de sua inconstitucionalidade (José Celso de Mello Filho, *CF anotada*, e Sepúlveda Pertence, Voto de liderança – inconstitucionalidade, *RDP*, 92/116).

4.3.1. PROCEDIMENTO LEGISLATIVO ORDINÁRIO

A Constituição estabelece dois procedimentos para aprovação de um projeto de lei ordinária ou complementar: um normal e outro abreviado. De acordo com o procedimento legislativo ordinário, o projeto de lei aprovado em uma das Casas Legislativas deve ser encaminhado para revisão na outra Casa do Congresso Nacional, dado que adotamos o sistema do bicameralismo na esfera federal. Nessa outra Casa, denominada pela Constituição "Casa revisora", três hipóteses se descortinam (CF, art. 65, *caput*):

1ª) O projeto é aprovado sem emendas pela Casa revisora, em um só turno de discussão e votação, sendo encaminhado para sanção ou veto do Presidente da República.

2ª) O projeto é rejeitado pela Casa revisora, devendo ser arquivado. A própria Constituição estabelece que "matéria constante de projeto de lei rejeitado somente poderá constituir objeto de novo projeto, na mesma sessão legislativa, mediante proposta da maioria absoluta dos membros de qualquer das Casas do Congresso Nacional" (CF, arts. 65, *caput*, e 67).

3ª) O projeto de lei é aprovado com emendas pela Casa revisora. Nesta hipótese, deve retornar à Casa iniciadora unicamente para apreciação das emendas aprovadas (CF, art. 65, parágrafo único). Se elas forem também aprovadas, o projeto será encaminhado para sanção ou veto do Presidente da República, com as novas proposições. Se as emendas forem rejeitadas pela Casa iniciadora, prevalece o projeto de lei original, sem as modificações introduzidas pela Casa revisora. A Constituição acaba por estabelecer, dessa forma, para a Câmara dos Deputados, no processo legislativo, certa prevalência, pois os projetos de iniciativa do Presidente da República e dos Tribunais Superiores, assim como os de iniciativa popular, devem ter início nessa Casa legislativa. Sendo aprovadas emendas pela Casa revisora (o Senado Federal), compete à Casa iniciadora (a Câmara dos Deputados) dar a aprovação final ao projeto de lei (CF, arts. 64 e 61, § 2º).

4.3.2. PROCEDIMENTO LEGISLATIVO SUMÁRIO, ABREVIADO OU EM REGIME DE URGÊNCIA

O Presidente da República poderá solicitar urgência na apreciação dos projetos de sua iniciativa. Trata-se de uma forma de evitar a obstrução do Poder Executivo pelo Legislativo. No procedimento abreviado, a Câmara dos Deputados e o Senado Federal devem manifestar-se, sucessivamente, em até 45 dias sobre a proposição apresentada pelo Poder Executivo. Caso não o façam nesse prazo, a proposição será incluída na ordem do dia de votação da Casa Legislativa onde o projeto de lei se encontra, sobrestando a deliberação sobre qualquer outro assunto até que se conclua o processo de votação (CF, art. 64, § 2º). A apreciação das emendas aprovadas pelo Senado Federal deverá ser feita pela Câmara dos Deputados no prazo de dez dias (CF, art. 64, § 3º). São 45 dias para cada Casa Legislativa, em um total de noventa. Com a possibilidade de apresentação de emendas pelo Senado Federal e a revisão dessas proposições pela Câmara dos Deputados por mais dez dias, o prazo máximo fica dilatado para cem dias. A não observância desses prazos provoca o sobrestamento de todas as demais deliberações legislativas da Casa, com exceção das que tenham prazo constitucional determinado, até que termine a votação, como é o caso das medidas provisórias. Em processos de Código, dada a vasta abrangência da matéria a ser discutida, não se admite a solicitação de regime de urgência (CF, art. 64, § 4º).

4.3.3. AUTÓGRAFO

Após votação e aprovação do projeto de lei e de suas respectivas emendas, por ambas as Casas Legislativas, o texto é encaminhado para a elaboração do autógrafo, que é o instrumento formal definitivamente aprovado pelo Congresso Nacional. Trata-se do texto encaminhado para a fase seguinte do processo legislativo: sanção ou veto do Presidente da República.

O STF entende que não há necessidade de retorno da proposição à Casa de origem para nova votação, se a modificação feita pela Casa revisora não alterar substancialmente o sentido do texto aprovado na Casa iniciadora (ADI 3308/DF, Rel. Min. Gilmar Mendes, *Informativo STF*, n. 1094).

4.4. SANÇÃO OU VETO

Sanção ou veto são atos de competência exclusiva do Presidente da República (CF, art. 84, IV e V).

Sanção é a aquiescência do Presidente da República ao projeto de lei elaborado pelo Congresso Nacional e encaminhado para sua apreciação. A sanção incide sobre o projeto de lei. É com ela que este se transforma em lei, conjugando a vontade política do Poder Legislativo com o Poder Executivo (CF, art. 66, *caput*). A sanção pode ser expressa ou tácita. É expressa quando o Presidente da República manifesta sua concordância, por escrito, com o projeto de lei, dentro do prazo de 15 dias úteis. A sanção é tácita quando o Presidente da República deixa de manifestar-se, por escrito, sobre o projeto de lei. Nessa hipótese, o silêncio é interpretado pela Constituição como um assentimento do Presidente da República ao projeto de lei que lhe foi encaminhado (CF, art. 66, § 3º). Trata-se de uma forma de evitar o "engavetamento" de projetos de lei, de impedir que proposições legislativas aprovadas pelo Congresso Nacional fiquem por tempo indeterminado aguardando uma manifestação do Chefe do Poder Executivo.

Veto é a discordância do Presidente da República com o projeto de lei aprovado pelo Poder Legislativo e encaminhado para sua apreciação. Ressalta-se que não se veta lei; o veto incide sobre o projeto de lei.

Da Organização do Estado, dos Poderes e Histórico das Constituições

Características do veto. Todo veto deve necessariamente ser: **a)** fundamentado; **b)** relativo; **c)** suspensivo; e **d)** irretratável.

a) O veto é sempre fundamentado, ao contrário da sanção, que pode ser feita de forma tácita. Ao vetar um projeto de lei, o Chefe do Poder Executivo deve apresentar seus motivos, pois esse veto será apreciado posteriormente pelo Congresso Nacional.

b) O veto é relativo, limitado ou condicional, pois pode vir a ser derrubado pelo Poder Legislativo. O Presidente da República deverá comunicar ao Presidente do Senado Federal, em 48 horas, os motivos do veto (CF, art. 66, § 1º, última parte), que será apreciado em sessão conjunta do Congresso Nacional, dentro de trinta dias de seu recebimento, só podendo ser rejeitado pela maioria absoluta dos Deputados e Senadores, em voto aberto (CF, arts. 66, § 4º, e 57, § 3º, IV). Uma lei, em regra, é um ato complexo, pois depende da conjugação de vontades de dois órgãos distintos, o Poder Legislativo e o Poder Executivo. Na hipótese de rejeição de veto, contudo, prevalece somente a vontade do Poder Legislativo. Um projeto de lei transforma-se em lei pela sanção do Chefe do Poder Executivo ou pela rejeição do veto.

c) O veto é suspensivo ou superável, pois impede a entrada em vigor da norma vetada, impondo uma nova apreciação pelo Congresso Nacional, podendo ser rejeitado pela maioria absoluta dos parlamentares.

d) O veto é irretratável. Se o Presidente da República manifestar sua discordância com o projeto de lei que lhe foi encaminhado, não poderá voltar atrás. Sua manifestação necessariamente deverá ser apreciada pelo Congresso Nacional.

Quanto à motivação, o veto pode ser: **a)** jurídico ou **b)** político. No veto jurídico o Presidente da República manifesta sua discordância com o projeto de lei em razão de sua inconstitucionalidade (CF, art. 66, § 1º). No veto político o Presidente da República manifesta sua discordância por considerar o projeto de lei contrário ao interesse público (CF, art. 66, § 1º).

Quanto à amplitude, o veto pode ser: **a)** total ou **b)** parcial. O veto total incide sobre a integralidade do projeto de lei. O parcial recai sobre parte dele, mas deve incidir sobre texto integral de artigo, parágrafo, inciso ou alínea (CF, art. 66, § 2º). A Constituição veda expressamente o veto de palavras, em que o Chefe do Poder Executivo poderia violar a vontade política do Poder Legislativo mediante o veto de uma ou mais palavras de um dispositivo legal, de forma a inverter o seu sentido. Justifica-se o veto parcial pela possibilidade de retirar penduricalhos inúteis a projetos de lei elaborados pelo Poder Legislativo. O projeto de lei pode atender ao interesse público, desde que retirados certos acréscimos desnecessários ou nocivos. Na hipótese de veto parcial, a parte do projeto de lei sancionada será promulgada e publicada em seguida. Somente a parte vetada será reexaminada pelo Congresso Nacional. Por isso, em um projeto de lei vetado parcialmente, parte entra em vigor imediatamente e parte somente após eventual rejeição do veto do Chefe do Poder Executivo.

A rejeição do veto pelo Congresso Nacional também pode ser total ou parcial.

4.5. PROMULGAÇÃO

Promulgação é o ato pelo qual se atesta a existência de uma lei. Esta já existe antes de ser promulgada, mas seus efeitos dependem de posterior promulgação e publicação. Normalmente, o próprio Presidente da República, ao sancionar uma lei, providencia a sua promulgação. Mesmo nas hipóteses de sanção tácita ou veto rejeitado, o Presidente da República deverá promulgar a lei aprovada no prazo de 48 horas. Caso não o faça, a atribuição será sucessivamente do Presidente e do Vice-Presidente do Senado Federal (CF, arts. 66, § 7º, e 84, IV).

4.6. PUBLICAÇÃO

Publicação é a comunicação feita a todos, pelo *Diário Oficial*, da existência de uma nova lei, assim como de seu conteúdo. Quem promulgar a lei deve providenciar a sua publicação, ato que encerra o processo legislativo. Estabelece a Lei de Introdução às Normas do Direito Brasileiro, em seu art. 1º, que uma lei começa a vigorar em todo o território nacional 45 dias após a sua publicação, salvo disposição em contrário. Dessa forma, a obrigatoriedade de uma lei não se inicia com a sua publicação, salvo se ela assim expressamente o determinar. Pode entrar em vigência em período inclusive bem superior aos 45 dias estabelecidos na Lei de Introdução às Normas do Direito Brasileiro. É denominado *vacatio legis* justamente o período entre a publicação de uma lei e a sua entrada em vigor.

5 PROCEDIMENTOS LEGISLATIVOS ESPECIAIS

A Constituição Federal estabelece procedimentos especiais para a elaboração de emendas constitucionais, leis complementares, leis delegadas, medidas provisórias, leis financeiras (lei do plano plurianual, lei de diretrizes orçamentárias, lei do orçamento anual e de abertura de créditos adicionais), decretos legislativos e resoluções. As leis financeiras seguem o procedimento previsto no art. 166 e seus parágrafos da Constituição Federal. Os demais procedimentos serão examinados quando tratarmos dos atos legislativos em espécie.

6 CONTROLE JUDICIAL DO PROCESSO LEGISLATIVO

O Supremo Tribunal Federal tem admitido, em caráter absolutamente excepcional, o controle judicial incidental da constitucionalidade do processo legislativo, desde que a medida seja suscitada por membro do Congresso Nacional. A finalidade é assegurar ao parlamentar o direito público subjetivo de elaboração de atos legislativos em consonância com a Constituição (*RTJ*, 139/783, 102/27, 112/598 e 112/1023, acórdãos mencionados no MS 23/282-1/MT, Rel. Min. Celso de Mello, *DJ*, 5-2-1999, p. 54). Em relação a outras pessoas, mesmo que eventuais destinatários da futura disposição constitucional ou legislativa, não se reconhece o direito público subjetivo de supervisionar a elaboração de atos legislativos, sob pena de transformação do mandado de segurança em um controle preventivo da constitucionalidade em abstrato, inexistente no sistema constitucional brasileiro (*RTJ*, 136/25, e MS 23.565/DF, Rel. Min. Celso de Mello, *Informativo STF*, n. 170). O princípio é o respeito à independência entre os Poderes. Um projeto de lei antes de ser aprovado passa por etapas internas em que a questão será examinada, devendo-se evitar uma decisão judicial precipitada e desnecessária. Como observou o Ministro Moreira Alves: "Não admito Mandado de Segurança para impedir tramitação de projeto de lei ou proposta de emenda constitucional com base na alegação de que seu conteúdo entra em choque com algum princípio constitucional. E não admito porque, nesse caso, a violação da Constituição só ocorrerá depois de o projeto se transformar em lei ou a proposta de emenda vir a ser aprovada. Antes disso, nem o Presidente da Casa do Congresso, ou deste, nem a Mesa, nem o Poder Legislativo estão praticando qualquer inconstitucionalidade, mas estão, sim, exercitando seus poderes constitucionais referentes ao processamento da lei em geral. A inconstitucionalidade, nesse caso, não será quanto ao processo da lei ou da emenda, mas, ao contrário, será da própria lei ou da própria emenda, razão por que só poderá ser atacada depois da existência de uma ou de outra" (*RTJ*, 99/1040). A Suprema Corte não conhece de ação direta de inconstitucionalidade com fundamento em vício formal do processo legislativo, por desrespeito a normas regimentais, entendendo tratar-se de questão *interna corporis* (ADIn 2.038-BA, red. p/ac. Min. Nelson Jobim, j. 18-8-1999, *Informativo STF*, n. 158).

7 APLICAÇÃO DAS REGRAS DO PROCESSO LEGISLATIVO FEDERAL NAS DEMAIS ESFERAS DE PODER

Dado o princípio do paralelismo federativo adotado pela Constituição brasileira (CF, arts. 25, *caput*, 29, *caput*, e 32, *caput*), as regras básicas do processo legislativo adotadas na esfera federal são normas de observância obrigatória nas demais esferas do Estado Federal brasileiro: estaduais, distrital e municipais, como, por exemplo, as hipóteses de iniciativa reservada do Poder Executivo ou Judiciário (STF, ADIn 276-7/AL, Rel. Min. Sepúlveda Pertence, *DJ*, 19-12-1997, p. 40; e ADIn 1.568-1/ES, Rel. Min. Carlos Velloso, *DJU*, 20-6-1997, p. 28468) e a exigência do *quorum* de 3/5 das Assembleia Legislativa para aprovação de Emendas à Constituição Estadual (ADI 6453/RO, Rel. Min. Rosa Weber, *Informativo STF*, n. 1043).

8 ATOS LEGISLATIVOS

8.1. ESPÉCIES DE ATOS LEGISLATIVOS

A Constituição brasileira de 1988, em seu art. 59, estabelece a possibilidade da produção de sete espécies de atos legislativos:

a) emendas à Constituição;
b) leis complementares;
c) leis ordinárias;
d) leis delegadas;
e) medidas provisórias;
f) decretos legislativos;
g) resoluções.

8.2. EMENDAS À CONSTITUIÇÃO (CF, ARTS. 59, I, E 60 E SEUS PARÁGRAFOS)

Introdução. Emendas à Constituição são alterações do próprio texto constitucional. Trata-se de uma manifestação do poder constituinte derivado de reforma. Essa função, no Brasil, foi atribuída pelo poder constituinte originário ao Poder Legislativo. A Constituição brasileira é classificada como rígida, quanto à estabilidade, pois é possível a modificação de normas constitucionais desde que observado um procedimento mais rigoroso do que o previsto para as demais normas infraconstitucionais.

Iniciativa. A iniciativa para apresentação de propostas de emendas constitucionais classifica-se como concorrente, pois a legitimidade para tal é atribuída a mais de uma pessoa ou órgão. Podem apresentar propostas de emendas constitucionais (as denominadas PECs): **a)** 1/3, no mínimo, dos Deputados ou Senadores; **b)** o Presidente da República; e **c)** mais da metade das Assembleias Legislativas das unidades da Federação, manifestando-se, cada uma delas, por maioria simples. As regras de iniciativa privativa ou reservada, previstas para leis ordinárias e complementares, asseguradas ao Presidente da República, ao STF, aos tribunais superiores e ao Procurador-Geral da República, nos arts. 61, § 1º, da Constituição, não alcançam as emendas constitucionais (ADI 5296 MC/DF, Rel. Min. Rosa Weber, *Informativo STF*, n. 826).

Procedimento. Uma emenda constitucional para ser promulgada precisa ser discutida, votada e aprovada em ambas as Casas do Congresso Nacional em dois turnos, exigindo-se maioria qualificada de 3/5. Esta maioria, por definição, é calculada em relação aos membros de cada Casa Legislativa, presentes ou ausentes na sessão de votação. No procedimento de aprovação de emendas constitucionais, há possibilidade de membros do Congresso Nacional apresentarem emendas, proposições feitas para alteração da proposta original, que serão posteriormente votadas em conjunto. Sendo aprovada alguma emenda em uma das Casas, há necessidade de ela ser aprovada também pela outra Casa Legislativa que compõe o Congresso Nacional (ADIn MC 2.031/DF, Rel. Min. Octavio Gallotti, j. 29-9-1999, *Informativo STF*, n. 164).

A exigência de dois turnos de votação em cada Casa Legislativa significa a necessidade de maior reflexão sobre as propostas de alteração da Constituição. Propostas de emenda constitucional não podem ser aprovadas com dois turnos de votações realizados em uma única sessão. O Supremo Tribunal Federal, contudo, por maioria de votos, na apreciação da reforma do sistema de pagamento dos precatórios, considerou válida a emenda constitucional aprovada ao longo de duas sessões ocorridas no mesmo dia, com menos de uma hora de intervalo. Não há necessidade de um interstício mínimo de dias, como exigido pelo texto constitucional na aprovação de leis orgânicas municipais e distrital (*Informativo STF*, n. 697).

Promulgação. As emendas constitucionais aprovadas são promulgadas conjuntamente pelas Mesas da Câmara dos Deputados e do Senado Federal (CF, art. 60, § 3º). Em razão do elevado *quorum* exigido para aprovação de emendas à Constituição, não estão sujeitas à sanção ou ao veto do Presidente da República. Propostas de emendas constitucionais rejeitadas não poderão ser objeto de nova apreciação na mesma sessão legislativa.

Publicação. Promulgada a emenda constitucional, ela deverá ser publicada no *Diário Oficial* para chegar ao conhecimento de todos. Há dois métodos de publicação: por incorporação ou anexação ao texto constitucional. No Brasil, as emendas constitucionais em regra são incorporadas à própria Constituição. A partir da Lei Complementar n. 95/98, as novas normas constitucionais, quando importarem em alteração de dispositivos anteriores, serão acrescidas da indicação "(NR)", evidenciando que foi dada nova redação ao dispositivo constitucional (p. ex., arts. 102, I, *i*, e 105, I, *c*). Contudo, certas normas, em regra transitórias, permanecem somente no corpo da própria emenda constitucional.

Limites. Há limites ao poder de reforma da Constituição. Podem ser formais ou materiais. Os limites formais, também denominados adjetivos ou processuais, são as regras exigidas pela própria Constituição para a alteração de suas normas. O desrespeito ao procedimento constitucional é causa de nulidade, absolutamente insanável, por vício formal (ADIn MC 2.031/DF, Rel. Min. Octavio Gallotti, j. 29-9-1999, *Informativo STF*, n. 164).

Cláusulas pétreas, cerne fixo, partes imutáveis da Constituição ou cláusulas de intangibilidade. São os limites materiais ao poder de reforma da Constituição. Certos assuntos, em razão de expressa disposição constitucional, não podem ser modificados nem sequer votados, pois a Constituição estabelece que não serão objeto de deliberação. Com a proclamação da República, foram incluídos na primeira Constituição republicana, como cláusulas pétreas, a República e a Federação. Todas as demais Constituições republicanas estabeleceram as mesmas vedações. A Constituição de 1988, como uma manifestação de poder constituinte originário, inovou. A forma de governo foi retirada das cláusulas pétreas, tanto assim que o povo, nas disposições constitucionais transitórias, foi convocado para decidir entre a República e a Monarquia (ADCT, art. 2º). São considerados como cláusulas pétreas: "I – a forma federativa de Estado; II – o voto direto, secreto, universal e periódico; III – a separação dos Poderes; IV – os direitos e garantias individuais" (CF, art. 60, § 4º).

O Supremo Tribunal Federal já decidiu que o "art. 60, § 4º, da CF, não veda ao poder constituinte derivado o aprimoramento do desenho institucional de entes com sede na Constituição". A Carta Magna, "ressalvada a imutabilidade das cláusulas pétreas, consagra, mormente por meio das emendas constitucionais, abertura dinâmica ao redesenho das instituições, com vista a seu aperfeiçoamento, desde que observadas, no processo, as garantias constitucionais voltadas a impedir a deturpação do próprio mecanismo e a preservar a essência constitucional" (ADI 5296 MC/DF, Rel. Min. Rosa Weber, *Informativo STJ*, n. 826), como em caso de emenda constitucional que concedeu autonomia funcional, administrativa e orçamentária para as Defensorias Públicas.

PEC paralela. Uma emenda constitucional precisa ser aprovada em ambas as Casas do Congresso Nacional, por 3/5 dos votos, em dois turnos de votação. A sistemática constitucional brasileira adotou a técnica da PEC paralela. O que for de consenso em ambas as Casas do Congresso Nacional é imediatamente promulgado pelas mesas da Câmara dos Deputados e do Senado Federal; a parte que sofrer alterações retorna para a Casa Iniciadora como se fosse uma nova proposta de emenda constitucional.

8.3. LEIS COMPLEMENTARES (CF, ARTS. 59, II, E 69)

Leis complementares são leis aprovadas por maioria absoluta em hipóteses especialmente exigidas pela Constituição.

Histórico. As leis complementares foram introduzidas, com esse significado, na Emenda n. 4 à Constituição de 1946, que introduziu o parlamentarismo no Brasil, em 1961. Revogada a emenda, essa modalidade de lei deixou de existir. Com a Emenda Constitucional n. 17 à Constituição de 1946, em 1965, a lei complementar foi reintroduzida em nosso sistema constitucional.

Procedimento. As leis complementares seguem o mesmo procedimento das leis ordinárias para serem aprovadas, inclusive com a fase de sanção ou veto do Presidente da República, mas com a exigência de aprovação por maioria absoluta. Exige-se a aprovação de mais da metade da totalidade da Casa Legislativa, considerando os parlamentares presentes e ausentes.

Características principais. A lei complementar é mais difícil de ser alterada que a lei ordinária, embora não possua a rigidez de uma norma constitucional. Exige-se maioria absoluta para que as leis complementares, em razão de sua relevância, não sejam fruto de maiorias ocasionais. Leis complementares só são admitidas nas hipóteses especialmente exigidas pela Constituição, por exemplo, a Lei Complementar n. 95/98, que dispõe sobre a elaboração, redação, alteração e consolidação das leis, atendendo ao disposto no art. 59, parágrafo único, da Constituição Federal.

Hierarquia. As leis complementares são hierarquicamente inferiores às normas constitucionais, quer as originais, quer as introduzidas por emendas constitucionais. Em relação à hierarquia entre leis complementares e leis ordinárias, há duas correntes doutrinárias: 1ª) Entendem Pontes de Miranda, Manoel Gonçalves Ferreira Filho, Geraldo Ataliba, Nelson Sampaio e Alexandre de Moraes que as leis complementares são hierarquicamente superiores às ordinárias, pois são aprovadas por um *quorum* qualificado, enquanto estas, por maioria simples. Não teria sentido uma lei ordinária superveniente poder alterar uma lei complementar aprovada por um *quorum* mais elevado; 2ª) Por outro lado, entendem Celso Bastos, Michel Temer e Roque Carrazza que leis complementares e ordinárias estão no mesmo plano hierárquico. Não haveria possibilidade de conflito entre essas duas espécies de normas, pois certos assuntos só podem ser tratados legislativamente por leis complementares e outros, por leis ordinárias. Este segundo entendimento, hoje, é predominante na doutrina e adotado pelo Supremo Tribunal Federal. São espécies normativas formalmente distintas, tendo em vista a existência de matérias reservadas pela Constituição à disciplina por lei complementar. Matéria de lei ordinária, mesmo que incluída em lei complementar, não muda de natureza e pode ser alterada por lei ordinária (RE 377.457/PR, *DJ*, 19-12-2008).

Só se exige lei complementar para as matérias cuja disciplina a Constituição expressamente faz tal exigência. Se, porventura, alguma matéria disciplinada por lei complementar não seja daquelas que a Carta Magna exige tal modalidade legislativa, os dispositivos que tratam dela devem ser considerados como de lei ordinária (ADC 1, *RTJ*, 156/721, Rel. Min. Moreira Alves). Se uma lei complementar tratar de assunto que não lhe é próprio, por não estar entre os expressamente reservados pela Constituição Federal, estes dispositivos, embora formalmente advindos de uma lei complementar, devem ser considerados materialmente como de legislação ordinária, e, assim, podem ser alterados. O Supremo Tribunal Federal admite, p. ex., a validade de revogação por lei ordinária de isenção concedida por lei complementar, pois, na espécie, a fixação de alíquotas seria matéria de lei ordinária (RE-AgR 489.731, Rel. Min. Sepúlveda Pertence).

Processo legislativo e reserva de lei complementar – O STF declarou inconstitucionalidade de artigo de Constituição Estadual que impunha a edição de lei complementar além das hipóteses previstas no texto constitucional, o que restringiria o desenho democrático-representativo feito pela CF. Observou que a lei complementar, embora não possua posição hierárquica superior à da lei ordinária no ordenamento jurídico nacional, pressupõe a adoção de processo legislativo qualificado, cujo *quorum* para a aprovação demanda maioria absoluta, dependendo de mobilização parlamentar mais intensa, bem como do dispêndio de capital político e institucional que propicie a articulação. Considerou que a reserva de lei complementar decorre de juízo de ponderação específico realizado pelo texto constitucional, fruto do sopesamento entre o princípio democrático, de um lado, e a previsibilidade e confiabilidade necessárias à adequada normatização de questões de especial relevância econômica, social ou política, de outro (ADI 5003/SC, Rel. Min. Luiz Fux, *Informativo*, n. 962).

8.4. LEIS ORDINÁRIAS (CF, ART. 59, III)

Lei ordinária é o ato legislativo típico. É aprovada de acordo com o procedimento legislativo estabelecido nos arts. 61 a 66 da Constituição Federal, por maioria simples (CF, art. 47). A lei ordinária pode dispor sobre toda e qualquer matéria, vedadas as reservadas à lei complementar e as de competência exclusiva do Congresso Nacional ou de suas Casas Legislativas (CF, arts. 49, 51 e 52), que são tratadas por decretos legislativos e resoluções. É considerada lei ordinária toda aquela que não for apresentada como "complementar" ou "delegada". Na prática, é denominada simplesmente "lei", sendo utilizado o adjetivo "ordinária" somente para distingui-la das mencionadas leis complementares e delegadas.

8.5. LEIS DELEGADAS (CF, ARTS. 59, IV, E 68)

Leis delegadas são leis elaboradas pelo Presidente da República, em virtude de autorização concedida pelo Poder Legislativo. São comuns em regimes parlamentaristas, em que o Gabinete, chefiado pelo Primeiro Ministro, representa a maioria parlamentar.

Histórico. As leis delegadas foram incorporadas ao direito positivo brasileiro pela Emenda n. 4 de 1961, que estabeleceu o parlamentarismo no Brasil como fórmula política para viabilizar a posse de João Goulart na Presidência da República, após a crise política deflagrada pela renúncia de Jânio Quadros. Em um governo parlamentarista, o Presidente da República, como mero Chefe de Estado, possui menos poderes do que em um regime presidencialista, no qual acumula a função de Chefe de Governo.

Quem pode delegar? A delegação, obviamente, só pode ser feita pelo Poder Legislativo, o titular da função legislativa. A delegação é feita pelo Congresso Nacional ao Presidente da República. No presidencialismo, a utilização de leis delegadas reforça ainda mais o Poder Executivo, pois o Legislativo abre mão de sua atribuição principal, a função legislativa.

Da Organização do Estado, dos Poderes e Histórico das Constituições

Forma. A delegação é feita por resolução do Congresso Nacional, que deve especificar "seu conteúdo e os termos de seu exercício" (CF, art. 68, § 2º). Não se admite uma delegação ilimitada da função legislativa.

Matérias vedadas para leis delegadas. Há matérias que, dada a relevância, não podem ser objeto de delegação: **a)** atos de competência exclusiva do Congresso Nacional ou de suas Casas Legislativas (CF, arts. 49, 51 e 52); **b)** matérias reservadas à lei complementar; e **c)** leis sobre a organização do Poder Judiciário e o Ministério Público, nacionalidade, cidadania, direitos individuais, políticos e eleitorais e planos plurianuais, diretrizes orçamentárias e orçamentos (CF, art. 68, § 1º).

Procedimento. As leis delegadas dispensam a sanção presidencial, pois o Presidente da República já recebeu autorização do Congresso Nacional para legislar sobre determinada matéria. Contudo, o Congresso pode determinar a sujeição do projeto de lei delegada elaborado pelo Presidente da República à aprovação pelo Poder Legislativo, em votação única, vedada qualquer emenda (CF, art. 68, § 3º). Na verdade, está invertendo-se o processo de elaboração da lei ordinária, ficando o Congresso Nacional com o poder de "veto total". Examina-se o projeto como um todo, para ver se atendeu aos limites estabelecidos pela resolução.

Controle. Caso a lei delegada elaborada pelo Poder Executivo ultrapasse os limites estabelecidos pela resolução aprovada pela Câmara dos Deputados e pelo Senado Federal, o Congresso Nacional tem o poder de expedir outra resolução sustando os atos normativos exorbitantes (CF, art. 49, V). Como ensina Anna Cândida da Cunha Ferraz, trata-se de uma modalidade de controle político da constitucionalidade introduzida pela Constituição de 1988, pois exercida por órgão não pertencente ao Poder Judiciário.

Delegação *externa corporis*, externa ou própria. Trata-se da delegação dada pelo Congresso Nacional ao Presidente da República, autorizando-o a elaborar uma lei delegada.

Delegação *interna corporis*, interna ou imprópria. Admite-se, ainda, uma delegação *interna corporis*, estabelecida pelo Regimento Interno de cada Casa. A Constituição Federal prevê que poderão ser instituídas pelo Poder Legislativo comissões para discutir e votar projetos de leis, sem votação em Plenário, salvo recurso de 1/10 dos membros da Casa (CF, art. 58, § 2º, I). Trata-se de uma maneira de racionalização dos trabalhos dos parlamentares, possibilitando a aprovação de atos legislativos incontroversos ou amplamente majoritários de forma mais célere, sem a necessidade de se reunir o número mínimo exigido para uma deliberação em Plenário. Mas é importante frisar que sempre que for aprovada uma "lei delegada" trata-se da delegação externa, de autorização especialmente concedida ao Presidente da República para legislar.

8.6. MEDIDAS PROVISÓRIAS (CF, ARTS. 59, V, E 62)

Conceito. Medidas provisórias são atos editados pelo Presidente da República, com força de lei, em casos de relevância e urgência, devendo ser submetidas de imediato ao Congresso Nacional, sob pena de perda de eficácia se não forem convertidas em lei no prazo de sessenta dias, prorrogável, uma única vez, por igual período.

Origem. A origem histórica das medidas provisórias encontra-se na Constituição italiana de 1947, sendo instrumento adotado em um regime parlamentarista de governo, em que o Poder Executivo é chefiado pelo mesmo grupo político que possui a maioria no Parlamento.

Medidas provisórias e decretos-leis. A medida provisória veio substituir o antigo decreto-lei, que era aprovado por decurso de prazo, caso não apreciado no período de 45 dias. Existem duas grandes distinções entre esses atos legislativos: 1ª) Medidas provisórias, na nova redação dada pela Emenda Constitucional n. 32, não examinadas no prazo de sessenta dias, prorrogável uma única vez por igual período, são consideradas rejeitadas pelo decurso de prazo, enquanto os decretos-leis eram aprovados pelo transcurso de tempo, caso não apreciados no período de 45 dias. A abolição da aprovação pelo decurso do prazo trata-se de medida para prestigiar o Poder Legislativo. 2ª) Decretos-leis só poderiam ser aprovados em determinadas matérias expressamente mencionadas pela Constituição, vedação que não existe atualmente para as medidas provisórias.

Efeitos da medida provisória. A medida provisória possui dois efeitos imediatos: 1º) **Vigência temporária**, devendo ser apreciada no prazo de sessenta dias, prorrogáveis uma vez, sob pena de perda da eficácia; 2º) **Suspensão da eficácia** de leis anteriores com ela conflitantes. Somente se aprovada, a medida provisória transforma-se em lei, revogando-se as disposições legais em contrário.

Eficácia derrogatória. Medidas provisórias são atos editados pelo Presidente da República com força de lei, mas não são leis. Como é do conhecimento de todos, uma lei somente é revogada por outra. A medida provisória apenas suspende a eficácia de lei anterior que disponha sobre o mesmo tema. Caso aprovada, com a conversão da medida provisória em lei, ocorrerá a revogação da lei anterior. Caso rejeitada ou venha a perder a eficácia pelo decurso do prazo, não há falar em repristinação, pois a lei anterior, que estava somente com seus efeitos suspensos, volta a produzir efeitos.

Vedações de medidas provisórias. A Emenda Constitucional n. 32, ao acrescentar o § 1º ao art. 62, acompanhando a evolução doutrinária, bem como a jurisprudência de nossa Suprema Corte, estabeleceu uma série de limites materiais expressos. As matérias abaixo mencionadas não podem ser objeto de medidas provisórias.

I – Relativas a:

a) nacionalidade, cidadania, direitos políticos e direito eleitoral;

b) direito penal, processual penal e processual civil;

c) organização do Poder Judiciário e do Ministério Público, a carreira e a garantia de seus membros;

d) planos plurianuais, diretrizes orçamentárias, orçamentos e créditos adicionais e suplementares, ressalvadas as situações excepcionais previstas no art. 167, § 3º, da Constituição.

As matérias relacionadas nas alíneas *a*, *c* e *d* já não poderiam ser objeto de medidas provisórias, pois a Constituição expressamente veda a possibilidade de delegação legislativa nesses assuntos (CF, art. 68, § 1º). Por uma interpretação sistemática, se o Presidente não pode receber autorização para legislar sobre determinadas matérias, não pode editar medidas provisórias sobre esses mesmos assuntos.

A proibição de medida provisória em matéria penal, especialmente em relação às normas incriminatórias, era de consenso doutrinário, em razão da consagração constitucional do princípio da legalidade em matéria penal. Não há crime sem lei anterior que o defina nem pena sem prévia cominação legal (CF, art. 5º, XXXIX). Medida provisória tem força de lei, mas não é lei em sentido próprio. Em matéria penal, tanto em normas penais incriminadoras, como em normas penais não incriminadoras, há de se observar o princípio da estrita legalidade.

A nova disciplina constitucional veda a edição de medidas provisórias em processo penal e em processo civil, evidentes garantias dos direitos fundamentais da pessoa humana.

II – Que vise a detenção ou sequestro de bens, poupança popular ou qualquer outro ativo financeiro.

Trata-se de dispositivo constitucional destinado a evitar surpresas na introdução de pacotes econômicos que violem diversas garantias constitucionais, como já ocorrido com o denominado "Plano Collor". O Supremo Tribunal Federal já havia declarado a inconstitucionalidade de medidas econômicas adotadas, por diversas razões, entre elas, pelo caráter confiscatório.

Da Organização do Estado, dos Poderes e Histórico das Constituições

III – Reservada à lei complementar.

Se a própria Lei Máxima exige *quorum* qualificado para a aprovação de leis sobre determinados temas, não teria sentido a possibilidade de edição de atos com força de lei pelo Poder Executivo sobre esses mesmos assuntos, além da impossibilidade constitucional expressa de delegação legislativa nessas matérias (art. 68, § 1º).

IV – Já disciplinada em projeto de lei aprovado pelo Congresso Nacional e dependente de sanção ou veto do Presidente da República.

Ora, se já existe uma deliberação do Poder Legislativo sobre determinado assunto aguardando manifestação do Chefe do Poder Executivo, não teria sido essa vontade política desrespeitada pela edição de uma medida provisória sobre essa mesma questão. Se o Presidente da República vetar o projeto de lei, também ficará impedido de editar medida provisória sobre o tema.

Hoje, em relação às novas modificações do texto da Lei Maior, não mais prevalece a vedação da regulamentação por medidas provisórias. Foi dada nova redação ao art. 246 da Constituição Federal, estabelecendo essa proibição somente para artigos que tiveram a redação alterada entre 1995 e a data do novo texto.

Possibilidade de edição de medidas provisórias em matéria tributária. Apesar do princípio constitucional da estrita legalidade inserido no art. 150, I, o Supremo Tribunal Federal vinha admitindo, por maioria de votos e contra a opinião amplamente majoritária da doutrina (Roque Carrazza, Michel Temer e outros autores citados no RE 239.286-6-PR, Rel. Min. Celso de Mello, *DJ*, 18-11-1999, p. 51), a edição de medidas provisórias em matéria tributária, sob o fundamento de que, "tendo a medida provisória força de lei, é instrumento idôneo para instituir e modificar tributos e contribuições sociais" (ADIn 1.417/DF, Rel. Min. Octavio Galotti, *DJ*, 24-5-1996, p. 17412; ADIn 1.667/DF, Rel. Min. Ilmar Galvão, *DJ*, 21-11-1997, p. 60586). A Emenda Constitucional n. 32, na redação dada ao art. 62, § 2º, veio expressamente admitir medida provisória que implique instituição ou majoração de impostos, exceto os previstos nos arts. 153, I, II, IV, V, e 154, II, só produzindo efeitos no exercício financeiro seguinte se houver sido convertida em lei até o último dia daquele em que foi editada.

Pressupostos da medida provisória. A Constituição Federal estabelece dois pressupostos para a edição de medida provisória: **relevância** e **urgência**.

Controle judicial. Compete ao Presidente da República e ao Congresso Nacional a avaliação subjetiva dos pressupostos da medida provisória, dentro de critérios de discricionariedade política: relevância e urgência. Este juízo prévio realizado pelo Poder Legislativo, antes da deliberação sobre o conteúdo do ato legislativo, é imposto, de forma expressa, pelo art. 62, § 5º. Contudo, em casos de manifesto abuso, o Supremo Tribunal Federal tem admitido a verificação objetiva desses pressupostos (ADIn 161-1, Rel. Min. Moreira Alves, *DJU*, 19-9-1997, p. 45525).

Procedimento. A Emenda Constitucional n. 32 estabeleceu, no próprio texto da Lei Maior, o procedimento a ser observado para a edição e conversão de uma medida provisória em lei. É prerrogativa exclusiva do Chefe do Poder Executivo a edição de medidas com força de lei, para posterior aprovação pelo Congresso Nacional, em casos de relevância e urgência. A Constituição Federal autoriza somente o Presidente da República a editar essa espécie de ato legislativo. Constituições de alguns Estados, já examinadas pelo Supremo Tribunal Federal, sem qualquer restrição, estenderam tal atribuição aos Governadores das respectivas entidades. As medidas provisórias devem ser convertidas em lei no prazo de sessenta dias, a contar de sua publicação, prorrogável uma única vez, por igual período. Admite-se, em caso de não apreciação no prazo de sessenta dias, apenas uma reedição. Esse prazo suspende-se durante os períodos de recesso do Congresso Nacional. Tratando-se de prazo suspensivo, ao reiniciar, computa-se o período já decorrido antes do termo suspensivo. Não mais há previsão de convocação extraordinária obrigatória do Congresso Nacional, mas, se houver convocação por qualquer motivo, as medidas provisórias entram automaticamente na pauta de convocação, de acordo com a nova redação dada ao art. 57, § 8º, reiniciando-se a contagem do prazo de sua vigência. Durante os períodos de recesso previstos na Constituição, esse ato do Poder Executivo com força de lei continua a produzir efeitos. A medida provisória será examinada por uma Comissão mista de Deputados e Senadores, antes de ser apreciada, em sessão separada, pelo Plenário de cada uma das casas do Poder Legislativo. Será apreciada inicialmente pela Câmara dos Deputados e em seguida pelo Senado Federal, o que resulta em uma prevalência da primeira na votação de eventuais alterações do texto original. Antes da apreciação do mérito, impõe-se a verificação do atendimento dos pressupostos constitucionais que justificam a edição desse ato do Poder Executivo com força de lei: relevância e urgência. Trata-se de uma das modalidades em que o Poder Legislativo, de forma excepcional, exerce um controle repressivo da constitucionalidade, pois já existe um ato legislativo em vigor. Se a medida provisória não for apreciada em até 45 dias, entrará automaticamente em regime de urgência, sobrestando-se todas as demais deliberações legislativas do órgão em que estiver tramitando. Para evitar a paralisia completa do Congresso Nacional, o Supremo Tribunal Federal deu interpretação conforme ao § 6º do art. 62 da Constituição Federal, para, sem redução de texto, restringir-lhe a exegese, fixando o entendimento de que o regime de urgência previsto no referido dispositivo constitucional – que impõe o sobrestamento das deliberações legislativas das Casas do Congresso Nacional – refere-se apenas às matérias passíveis de regramento por medida provisória (MS 27931/DF, Rel. Min. Celso de Mello, *Informativo STF*, n. 870). Excluem-se desse impedimento propostas de emenda à Constituição, de projetos de lei complementar, de decreto legislativo, de resolução e, até mesmo, de lei ordinária, desde que veiculem temas pré-excluídos do âmbito de incidência das medidas provisórias (CF, art. 62, § 1º, I, II e IV). A Resolução n. 01/2002 do Congresso Nacional regulamenta a apreciação por ambas as Casas Legislativas das medidas provisórias adotadas pelo Presidente da República.

Aprovação e rejeição. Se a medida provisória for aprovada integralmente por ambas as Casas do Congresso Nacional, será convertida em lei, promulgada e publicada pelo Presidente do Senado. Caso tenha sido aprovada parcialmente, com alteração do texto original editado, o projeto de lei de conversão será encaminhado ao Presidente da República, para eventual sanção ou veto, promulgação e publicação. Caso o Chefe do Poder Executivo vete modificações feitas pelos parlamentares, essa decisão poderá ser derrubada em posterior votação do Congresso Nacional.

A rejeição da medida provisória poderá ocorrer de forma expressa ou tácita. A rejeição expressa terá, em regra, efeitos *ex tunc*, retroativos. O Congresso Nacional terá o prazo de sessenta dias para disciplinar, por decreto legislativo, as relações jurídicas dela decorrentes. Caso não o faça neste prazo, considerar-se-ão válidas as relações jurídicas constituídas neste período. Os efeitos, em caso de inércia do Congresso Nacional na regulamentação das situações jurídicas dos atos praticados com base em medida provisória rejeitada, deixam, dessa forma, de possuir efeitos *ex tunc* e passam a ter efeitos *ex nunc*, não retroativos (CF, art. 62, §§ 3º e 11). A rejeição também pode ocorrer de forma tácita, pela não apreciação da medida provisória no prazo de sessenta dias. Nesse caso, possui os mesmos efeitos da rejeição expressa. Não se admite a reedição, na mesma sessão legislativa, de medida provisória que tenha sido rejeitada expressamente ou que tenha perdido sua eficácia pelo decurso do prazo.

Possibilidade de aprovação de emendas à medida provisória editada pelo Poder Executivo. O Congresso Nacional autorizou, pelas Resoluções n. 1/89 e 2/89, a apresentação de emendas, de proposições visando o aperfeiçoamento de medidas provisórias, pelos parlamentares, desde que compatíveis com o texto editado com força de lei pelo Poder Executivo. Dessa forma, preservou-se a faculdade legislativa do Congresso Nacional, não vinculando sua vontade a mera aprovação ou rejeição do texto editado pelo Poder Executivo. Aprovada eventual emenda apresentada por um parlamentar, a medida provisória transforma-se em projeto de lei de conversão, com remessa ao Presidente da República para o exercício do poder de sanção ou veto. Essa faculdade de inserção de emendas foi contemplada também na nova disciplina constitucional dada à medida provisória, ao dispor que, aprovado projeto de lei de conversão alterando o texto original, o ato editado pelo Presidente da República prevalecerá até que seja sancionado ou vetado o projeto de conversão (CF, art. 62, § 12).

O Supremo Tribunal Federal entendeu incompatível com a Constituição a apresentação de emendas sem relação de pertinência temática com medida provisória submetida a sua apreciação, o denominado "contrabando legislativo". A Suprema Corte deliberou que, em processo legislativo de conversão de medida provisória em lei, não mais pode ser apresentada emenda parlamentar com conteúdo temático distinto daquele objeto da medida provisória. Esta espécie normativa primária, de caráter excepcional, estaria sujeita a condição resolutiva e de competência exclusiva do Presidente da República (CF, arts. 59, V, e 62, § 3º). Toda e qualquer emenda parlamentar em projeto de conversão de medida provisória em lei se limitaria e circunscreveria ao tema definido como urgente e relevante pelo Presidente da República (ADI 5127/DF, Rel. Min. Edson Facchin, *Informativo STF*, n. 803).

Reedição de medida provisória. Nossa Suprema Corte vinha admitindo a reedição de sucessivas medidas provisórias que perdiam a eficácia em razão de não terem sido apreciadas pelo Congresso Nacional no prazo constitucional de trinta dias. Essa prática gerava uma verdadeira distorção no sistema de separação de Poderes, pela sua utilização abusiva pelo Chefe do Poder Executivo. A partir da Emenda Constitucional n. 32 admite-se uma única reedição, já em regime de tramitação de urgência, pelo prazo igual de sessenta dias (art. 62, § 7º). Se tiver ocorrido a rejeição da medida, é inadmissível a sua reedição, sob pena de afronta da independência do Poder Legislativo.

Impossibilidade da retirada de medidas provisórias. A medida provisória, por se tratar de ato normativo com força de lei, depois de editada não mais pode ser retirada pelo Presidente da República. Como qualquer outro ato legislativo poderá ser passível de ab-rogação. A revogação de uma medida provisória por outra apenas suspende a eficácia da norma revogada até a apreciação definitiva ou a perda da eficácia pelo decurso do prazo (ADI 2.984-MC/DF, Rel. Min. Ellen Gracie, *RTJ* 191/488).

Abuso na utilização de medidas provisórias. A medida provisória deve ser utilizada pelo Presidente da República somente em hipóteses de absoluta excepcionalidade, em que são exigidas do Poder Executivo medidas legislativas com eficácia imediata, dada a presença de seus pressupostos constitucionais: relevância e urgência. A função legislativa deve ser exercida, em regra, pelo Poder Legislativo. O Presidente da República já dispõe de ampla iniciativa legislativa (CF, art. 61 e § 1º) e do poder de solicitar regimes de urgência em projetos de lei de sua iniciativa (CF, art. 64, § 1º). Contudo verificou-se que os Presidentes da República editaram cada vez mais medidas provisórias. A função legislativa vinha sendo exercida, de forma preponderante, pelo Poder Executivo, o que configurava grave distorção do sistema de separação de Poderes. Os Presidentes da República que exerceram mandato entre 5 de outubro de 1988 e 31 de outubro de 1999 legislaram quase duas vezes mais que o Congresso Nacional, em igual período de 11 anos e 26 dias, com uma média de 366 medidas provisórias editadas e reeditadas por mês (dados extraídos do voto proferido pelo Min. Celso de Mello no RE 239.286-6/PR, *Informativo STF*, n. 171). Esse abuso justificou a nova redação dada ao art. 62 da Constituição, estabelecendo uma nova disciplina mais restritiva para a edição de medidas provisórias.

Impossibilidade de reedição de medida provisória rejeitada ou não apreciada pelo Congresso Nacional na mesma sessão legislativa – O STF decidiu, em voto da Min. Rosa Weber, que "É inconstitucional medida provisória ou lei decorrente de conversão de medida provisória cujo conteúdo normativo caracterize a reedição, na mesma sessão legislativa, de medida provisória anterior rejeitada, de eficácia exaurida por decurso do prazo ou que ainda não tenha sido apreciada pelo Congresso Nacional dentro do prazo estabelecido pela Constituição Federal" (ADI 5717/DF). O Presidente da República, ao revogar determinada medida provisória, abre mão do poder de dispor sobre essa matéria, com o caráter de urgência que justificava a edição do ato normativo. A reedição, ainda que parcial, de medida provisória revogada é causa necessária e suficiente para sua incidência na vedação prescrita no § 10 do art. 62 da CF. O vício de origem não seria convalidado com a conversão da medida provisória em lei (*Informativo STF*, n. 935).

Medidas provisórias estaduais e municipais. Assim que editada a Constituição, discutiu-se sobre a possibilidade de Estados e Municípios editarem medidas provisórias. José Afonso da Silva sustentava que elas e as leis delegadas, por se tratar de exceções ao princípio da separação de Poderes, só deveriam ser admitidas nos precisos limites previstos na Constituição Federal, ou seja, somente no âmbito federal. Já Roque Carrazza sustentava o contrário, justamente em razão da ausência de vedação expressa e da possibilidade de as demais entidades federativas adotarem o modelo de processo legislativo previsto para a esfera federal em suas respectivas Constituições Estaduais e Leis Orgânicas. O Supremo Tribunal Federal já teve oportunidade de conhecer de ação direta de inconstitucionalidade proposta contra medida provisória editada pelo Estado de Tocantins, tendo admitido essa possibilidade para o Estado-Membro da Federação brasileira (STF, ADIn 425/DF, medida cautelar, Rel. Min. Paulo Brossard, *DJ*, 21-6-1991).

Medidas provisórias em vigor até a data da publicação da Emenda Constitucional n. 32. Hoje existem duas disciplinas para as medidas provisórias. Um procedimento normal para as editadas após a publicação da Emenda Constitucional n. 32, de 11 de setembro de 2001, que foi tratado acima; e outro especial para as editadas em data anterior e que estavam em vigor. Estas tiveram o prazo de vigência prorrogado indefinidamente, não necessitando de novas reedições, aguardando uma medida provisória que as modifique ou até deliberação definitiva do Congresso Nacional, que as aprove ou rejeite expressamente.

8.7. DECRETOS LEGISLATIVOS (CF, ART. 59, VI)

Decretos legislativos são os atos de competência exclusiva do Congresso Nacional, não sujeitos à sanção ou veto do Presidente da República, geralmente com efeitos externos, utilizados nas hipóteses previstas no art. 49 da Constituição Federal. Não devem ser confundidos com os antigos decretos-leis nem com os decretos expedidos pelo Poder Executivo. Previstos também no art. 68, § 3º, da Constituição Federal para disciplinar as relações jurídicas decorrentes de medidas provisórias que perderam a eficácia por não terem sido aprovadas no prazo de sessenta dias, prorrogável, uma única vez, por igual período.

8.8. RESOLUÇÕES (CF, ART. 59, VII)

Resoluções são os atos de competência privativa do Congresso Nacional, do Senado Federal e da Câmara dos Deputados, geralmente com efeitos internos, utilizados nos demais casos previstos na Constituição Federal (CF, arts. 51 e 52) e nos Regimentos Internos respectivos. Há hipóteses de previsão expressa de resolução como forma de ato normativo exigido pela Constituição, por exemplo, arts. 68, § 2º (resolução do Congresso Nacional delegando função legislativa para a Presidência da República), e 155, § 2º, IV (resolução do Senado fixando alíquotas para a cobrança do ICMS).

8.9. CONSTITUIÇÕES ESTADUAIS

A Constituição do Estado de São Paulo não faz menção a leis delegadas, nem a medidas provisórias (CESP, art. 21). José Afonso da Silva sustenta a impossibilidade de os Estados-Membros editarem medidas provisórias. A edição de atos com força de lei pela Presidência da República, por se tratar de uma exceção ao princípio constitucional da separação de Poderes, deveria ser interpretada restritivamente, admitindo-se somente na esfera federal. Mas outros Estados-Membros admitem a edição de medidas provisórias na esfera estadual, ante a ausência de vedação constitucional, em situações de relevância e urgência. O Supremo Tribunal Federal admite a constitucionalidade da adoção de medidas provisórias pelos Estados-Membros, desde que esse instrumento esteja expressamente previsto na Constituição Estadual e sejam observados os princípios e as limitações estabelecidas pela Constituição Federal (ADIn 2.391).

8.10. EMENDAS PARLAMENTARES IMPOSITIVAS

Emendas parlamentares impositivas em matéria de orçamento público, tanto individuais, como coletivas, foram introduzidas na Constituição Federal pelas Emendas Constitucionais n. 86/2015, 100/2019 e 126/2022, para tornar obrigatória a execução da programação orçamentária proveniente de emendas individuais de Deputados e Senadores, como de bancada de parlamentares de Estado ou do Distrito Federal, dentro de determinados limites aprovados pelo Constituição Federal. O STF, antes da aprovação dessas Emendas Constitucionais, entendia que a previsão de despesas na lei orçamentária era de natureza meramente autorizativa. Ao estabelecerem percentuais específicos para as emendas impositivas, de execução obrigatória (Constituição Federal, art. 166, §§ 9º a 20), buscou-se compatibilizar a discricionariedade do Executivo e a importância do Legislativo na elaboração do orçamento, harmonizando e reequilibrando a divisão entre os Poderes (ADI 5274, Min. Carmen Lúcia). A previsão de emendas impositivas, de execução obrigatória, fortalece o Poder Legislativo, pois os parlamentares não precisam mais negociar com o Poder Executivo a liberação dessas emendas, momento propício para a negociação de votos ou apoio a alguma medida. As emendas, muitas vezes, eram usadas como um mecanismo para que o Executivo conseguisse aprovar matérias de seu interesse no Congresso, com a liberação de valores as vésperas de uma votação importante.

Quadro sinótico – Processo legislativo

Processo legislativo	Conjunto de atos realizados para a elaboração de um ato legislativo.
Espécies de procedimento legislativo	a) Ordinário ou comum. b) Sumário. c) Especial.
Fases do processo legislativo ordinário	a) iniciativa; b) emendas; c) votação ou deliberação; d) sanção ou veto; e) promulgação; e f) publicação.

Iniciativa	Legitimidade para apresentação de proposições legislativas. a) Concorrente, comum ou geral. b) Privativa, reservada ou exclusiva. c) Popular.
Usurpação de iniciativa	Vício de inconstitucionalidade formal, em virtude de apresentação de projeto de lei versando sobre determinada matéria por quem não tem legitimidade para tal.
Emendas	Proposições apresentadas por parlamentares visando alterações no projeto de lei.
Votação ou deliberação	Envolve três momentos distintos: a) discussão; b) votação; e c) aprovação.
Sanção ou veto	Sanção é a aquiescência do Presidente da República ao projeto de lei elaborado pelo Congresso Nacional e encaminhado para sua apreciação. Veto é a discordância do Presidente da República com o projeto de lei aprovado pelo Poder Legislativo e encaminhado para sua apreciação.
Características do veto	a) relativo, limitado ou condicional; b) suspensivo ou superável; c) irretratável.
Quanto à motivação, o veto pode ser	a) jurídico; b) político.
Quanto à amplitude, o veto pode ser	a) total; b) parcial.
Promulgação	É o ato pelo qual se atesta a existência de uma lei.
Publicação	É a comunicação feita a todos, pelo *Diário Oficial*, da existência de uma nova lei.
Procedimento legislativo	a) ordinário; b) sumário.
Procedimentos legislativos especiais	Para a elaboração de emendas constitucionais, leis complementares, leis delegadas, medidas provisórias, leis financeiras, decretos legislativos e resoluções.
Espécies de atos legislativos	a) emendas à Constituição; b) leis complementares; c) leis ordinárias; d) leis delegadas; e) medidas provisórias; f) decretos legislativos; g) resoluções.
Emendas à Constituição	São alterações do próprio texto constitucional. Manifestação do poder constituinte derivado de reforma, atribuída pelo poder constituinte originário ao Poder Legislativo. São subdivididas em iniciativa, procedimento e promulgação.
Leis complementares	São leis aprovadas por maioria absoluta em hipóteses especialmente exigidas pela Constituição.
Leis ordinárias	São atos legislativos típicos. Aprovadas de acordo com o procedimento legislativo estabelecido nos arts. 61 a 66 da Constituição Federal, por maioria simples (CF, art. 47).

Da Organização do Estado, dos Poderes e Histórico das Constituições

Leis delegadas	São leis elaboradas pelo Presidente da República, em virtude de autorização concedida pelo Poder Legislativo.
Medidas provisórias	São atos editados pelo Presidente da República, com força de lei, em casos de relevância e urgência, devendo ser submetidas de imediato ao Congresso Nacional, sob pena de perda de eficácia se não forem convertidas em lei no prazo de sessenta dias, prorrogável, uma única vez, por igual período. Efeitos da medida provisória: 1ª) Vigência temporária; 2ª) Suspensão da eficácia de leis anteriores com ela conflitantes.
Decretos legislativos	São atos de competência exclusiva do Congresso Nacional, não sujeitos à sanção ou veto do Presidente da República, geralmente com efeitos externos (CF, art. 49).
Resoluções	São atos de competência privativa do Congresso Nacional, do Senado Federal e da Câmara dos Deputados, geralmente com efeitos internos, utilizados nos demais casos previstos na Constituição Federal (CF, arts. 51 e 52) e nos Regimentos Internos respectivos.

Capítulo XII
PODER EXECUTIVO

1 INTRODUÇÃO

A função do Poder Executivo é administrar e implementar políticas públicas nas mais diversas áreas de atuação do Estado de acordo com as leis elaboradas pelo Poder Legislativo. O Poder Executivo, em sua origem, dentro do modelo clássico adotado pelo liberalismo político, de menor intervenção possível do Estado na ordem econômica e social, possuía dupla missão: defesa externa e segurança interna. Com a passagem do Estado liberal para o Estado social e a maior intervenção do Estado na ordem econômica, o Poder Executivo passou a acumular cada vez mais tarefas. Passou para o Estado o comando da atividade econômica, a realização de obras de infraestrutura e de atividades de assistência social, bem como uma ampla iniciativa legislativa nos mais variados temas. É da atribuição do Poder Executivo o governo e a administração do Estado. Governo entendido como o conjunto de órgãos que tomam decisões políticas fundamentais, e administração, como o conjunto de órgãos que implementam as decisões políticas fundamentais.

2 SISTEMA DE GOVERNO

O Brasil adota o presidencialismo como sistema de governo. O Poder Executivo é exercido pelo Presidente da República, auxiliado pelos Ministros de Estado (CF, art. 76). O Presidente acumula as funções de Chefe de Estado (representação externa e interna do Estado) e Chefe de Governo (liderança política e administrativa dos órgãos do Estado). É eleito com mandato fixo, não dependendo de maioria política no Congresso Nacional para investir-se no cargo ou nele permanecer.

3 FORMA MONOCRÁTICA

A adoção do presidencialismo como sistema de governo importa na adoção da forma monocrática de poder, com a concentração das chefias do Estado e do governo em uma só pessoa. Nos governos parlamentaristas, tanto monarquistas como republicanos, é adotada a forma dualista de poder, em que a chefia do Estado é atribuída ao Monarca (Inglaterra, Espanha e Japão) ou ao Presidente da República (Itália) e a chefia de governo ao Primeiro Ministro.

4 ELEIÇÃO, MANDATO E POSSE

O Presidente da República e o Vice-Presidente da República são eleitos simultaneamente, pela mesma chapa (CF, art. 77, *caput* e § 1º), por maioria absoluta de votos (CF, art. 77, §§ 2º a 5º), por voto direto, secreto e universal (CF, art. 14, *caput*), para mandato de quatro anos (CF, art. 82), admitida a reeleição para um único período subsequente (CF, art. 14, § 5º). Eles não precisam pertencer ao mesmo partido, mas devem integrar a mesma chapa, a mesma coligação partidária em eleições presidenciais. Não há possibilidade da eleição do Presidente da República de uma chapa e do Vice-Presidente de outra, como se verificou na eleição de Jânio Quadros e João Goulart.

4.1. DURAÇÃO DO MANDATO

A duração do mandato do Presidente da República tem variado na história constitucional brasileira. Já foi fixado em seis anos (CF de 1937 e Emenda n. 8/77 à de 1969), em cinco (CF de 1946 e 1969) e em quatro (CF de 1891, 1934, 1967 e 1988). A Emenda Constitucional n. 16/97 inovou na ordem constitucional brasileira ao admitir a reeleição do Presidente da República para um único período subsequente (nova redação dada ao art. 14, § 5º, da atual CF). O mandato atual do Presidente da República é de 4 (quatro) anos, com início em 5 de janeiro do ano seguinte ao de sua eleição.

4.2. ELEIÇÃO POR MAIORIA ABSOLUTA

A eleição em dois turnos tem por finalidade assegurar que a pessoa eleita para o cargo de Presidente da República, para exercer a chefia do Estado e do Governo brasileiro, tenha obtido a maioria dos votos válidos, de forma a não poder se questionar a legitimidade de sua investidura no cargo. Essa eleição por maioria absoluta não significa necessariamente que seja realizada em dois turnos. Se um dos candidatos obtiver já no primeiro turno mais da metade dos votos, excluídos os nulos e os em branco, será considerado eleito para o cargo de Presidente da República. Por interpretação sistemática dos dispositivos constitucionais devem ser considerados inválidos os votos nulos e os em branco. O segundo turno de votação entre os dois mais votados só ocorre se nenhum dos candidatos obtiver, já no primeiro turno, a maioria absoluta de votos válidos. A eleição em dois turnos mantém a universalidade do sufrágio direto e secreto, pois eleitores que não tenham participado do primeiro turno de votação poderão votar no segundo.

4.3. POSSE

Após a apuração do resultado eleitoral, fixada a data para a posse, o Presidente e o Vice-Presidente da República terão o prazo de dez dias para assumir os respectivos cargos, em sessão conjunta do Congresso Nacional, prestando o compromisso de "manter, defender e cumprir a Constituição, observar as leis, promover o bem geral do povo brasileiro, sustentar a união, a integridade e a independência do Brasil" (CF, arts. 57, § 3º, III, e 78). Se, nesse prazo de dez dias, salvo comprovado motivo de força maior, não tiverem tomado posse dos cargos para os quais foram eleitos, estes serão declarados vagos, com a convocação de novas eleições gerais. Eventual impedimento do Presidente da República não impede o Vice-Presidente de assumir o seu cargo, substituindo-o durante o seu impedimento e sucedendo-o no caso de o cargo tornar-se vago. Foi o que aconteceu com a morte de Tancredo Neves, tendo o então Vice-Presidente José Sarney o substituído, durante sua doença, para depois sucedê-lo no cargo de Presidente da República. Observa-se que antes da posse o candidato eleito ainda não se encontra no exercício do cargo de Presidente da República.

4.4. DATA DAS ELEIÇÕES

As eleições para Presidente e Vice-Presidente da República são realizadas, simultaneamente, no primeiro domingo de outubro do ano anterior ao término do mandato presidencial vigente, em primeiro turno. Caso haja necessidade de um segundo turno entre os dois candidatos mais votados, as eleições serão realizadas no último domingo de outubro (CF, art. 77).

4.5. REQUISITOS

Para alguém concorrer e eventualmente assumir o cargo de Presidente da República é necessário atender as exigências constitucionais a seguir mencionadas: **a)** ser brasileiro nato (CF, art. 12, § 3º); **b)** estar no pleno gozo de direitos políticos (CF, art. 14, § 3º); e **c)** ter mais de 35 anos de idade (CF, art. 14, § 3º, VI, *a*).

5 VICE-PRESIDENTE DA REPÚBLICA

O Vice-Presidente é eleito conjuntamente com o Presidente da República. Não precisam fazer parte do mesmo partido, mas devem integrar a mesma coligação partidária. Competem ao Vice-Presidente da República as atribuições a seguir mencionadas. 1ª) Substituir o Presidente em seus impedimentos e sucedê-lo no caso de vaga (CF, art. 79). Substituirá o Presidente em suas viagens, férias, licenças ou doenças e irá sucedê-lo nas hipóteses de morte, renúncia, afastamento do cargo por decisão criminal, do Supremo Tribunal Federal, ou política, do Senado Federal. 2ª) Integrar, como membro nato, os Conselhos da República e da Defesa Nacional (CF, arts. 89, I, e 91, I). 3ª) Outras funções que lhe forem atribuídas por lei complementar (CF, art. 79, parágrafo único). 4ª) Missões especiais que lhe forem confiadas pelo Presidente da República, como a representação em eventos externos dos quais este não queira ou não possa participar.

6 SUCESSORES DO PRESIDENTE DA REPÚBLICA

É sucessor do Presidente da República, em suas ausências e impedimentos, o Vice-Presidente. No caso de impedimento ou vacância de ambos os cargos, a Constituição estabelece a seguinte ordem de sucessão: Presidente da Câmara dos Deputados, Presidente do Senado Federal e Presidente do Supremo Tribunal Federal (CF, art. 80). Ordem semelhante de sucessão deve ser fixada nas Constituições Estaduais: Vice-Governador do Estado, Presidente da Assembleia Legislativa e Presidente do Tribunal de Justiça.

Substituição presidencial – réu em processo-crime. O Supremo Tribunal Federal decidiu que os substitutos eventuais do Presidente da República, a que se refere o art. 80 da Constituição Federal, caso ostentem a posição de réus criminais perante a Suprema Corte, ficarão impossibilitados de exercer o ofício de Presidente da República. Mas não ficariam inabilitados para a chefia da respectiva Casa. Entendeu que os substitutos eventuais do Presidente da República, se tornados réus criminais perante o STF, não poderiam ser convocados para o desempenho transitório do ofício presidencial, pois não teria sentido que, ostentando a condição formal de acusados em juízo penal, viessem a dispor de maior poder jurídico, ou de maior aptidão, que o próprio Chefe do Poder Executivo da União, titular do mandato presidencial. Na condição de réus, sofreriam interdição para o exercício do ofício de Presidente da República. Essa restrição não impede que esse substituto eventual, embora inabilitado para o exercício temporário da função de Presidente da República, continue a desempenhar a função de chefia da Casa a que pertence: a Câmara dos Deputados, o Senado Federal ou o Supremo Tribunal Federal (ADPF 402, Rel. Min. Celso de Mello, *Informativo STF*, n. 850).

7 PERDA DO CARGO

O Presidente da República e o Vice-Presidente poderão perder o cargo para o qual foram eleitos pelos motivos a seguir expostos. 1º) Condenação proferida pelo Senado Federal, por 2/3 de votos, em processo de *impeachment*, pela prática de crime de responsabilidade, após ter sido admitida a acusação pela Câmara dos Deputados, também pela mesma maioria qualificada (CF, arts. 51, I, 52, I e parágrafo único, e 85). 2º) Condenação proferida pelo Supremo Tribunal Federal pela prática de crime comum cometido no exercício das funções (CF, art. 102, I, b), após ter sido admitida a acusação, por 2/3 dos votos, pela Câmara dos Deputados (CF, arts. 51, I, e 86). 3º) Declaração da vacância do cargo por não tomarem posse dos cargos para os quais foram eleitos no prazo de dez dias (CF, art. 78, parágrafo único). 4º) Ausência do País por período superior a 15 dias sem licença do Congresso Nacional (CF, art. 83).

Observa-se que a renúncia ao cargo é ato unilateral, que não depende de aceitação pelo Congresso Nacional para produzir seus consequentes efeitos jurídicos: a extinção do mandato e a convocação do sucessor para assumir o cargo de Presidente da República.

8 VACÂNCIA DOS CARGOS DE PRESIDENTE E VICE-PRESIDENTE DA REPÚBLICA (CF, ART. 81 E §§ 1º E 2º)

Na hipótese de vacância dos cargos de Presidente e de seu sucessor natural, o Vice-Presidente da República, com a posse de um dos sucessores indicados na Constituição, obedecida a ordem estabelecida no art. 80, deverá ser realizada eleição noventa dias depois de aberta a última vaga. Será eleito um Presidente e um Vice-Presidente da República para completar o mandato. Trata-se do denominado "mandato tampão". Se essas vagas ocorrerem nos dois primeiros anos de mandato, será realizada uma nova eleição pelo voto direto, em dois turnos. Ocorrendo vacância nos dois últimos anos de mandato, a eleição será feita pelo próprio Congresso Nacional. Trata-se da única hipótese de eleição pelo voto indireto prevista na Constituição Federal.

9 ATRIBUIÇÕES DO PRESIDENTE DA REPÚBLICA

As atribuições do Presidente da República estão enumeradas no art. 84 da Constituição Federal. Como autoridade eleita em um Estado Democrático de Direito, deve exercer o poder dentro dos limites estabelecidos pela Carta Política, sob pena de afastamento pela prática de crime de responsabilidade. Dentro do sistema presidencialista de governo adotado pelo Brasil, o Presidente da República acumula as funções de Chefe de Estado e Chefe de Governo. Algumas das atribuições são típicas de Chefe de Estado, como as previstas no art. 84, VII, VIII, XIX, XX, XXI, XXII, por exemplo, manter relações, como representante do Estado brasileiro, com outros Estados e declarar guerra e paz. Outras são típicas de Chefe de Governo, como as elencadas nos incisos I, II, III, IV, V, VI, IX, X, entre outros, como nomear e exonerar ministros, exercer a direção da Administração superior, participar do processo legislativo com poderes de iniciativa, sanção e veto, decretar estado de defesa, estado de sítio e intervenção federal.

10 FACULDADE DE REGULAMENTAR

Entre as atribuições do Presidente da República destaca-se a de "expedir decretos e regulamentos para sua fiel execução" (das leis) (CF, art. 84, IV, última parte). A faculdade de regulamentar é atribuída também aos Chefes do Poder Executivo nas demais esferas de poder político (Governadores e Prefeitos) por disposições semelhantes das respectivas Constituições Estaduais e Leis Orgânicas Municipais. Regulamento é o ato normativo expedido pelo Poder Executivo. Não pode contrariar leis nem criar direitos e obrigações. Em razão do princípio constitucional da legalidade (art. 5º, II), somente a lei pode criar obrigações. Como ensina Michel Temer: "A lei inova a ordem jurídica infraconstitucional; o regulamento não a altera. A lei depende da Constituição; nela encontra seu fundamento de validade. O regulamento depende da lei, nela encontra seu fundamento de validade. Regulamento se prende ao seu texto legal e seu objetivo é facilitar o processo de execução da lei. É o regulamento também norma abstrata e geral mas difere da lei por não importar em modificação da ordem jurídica". Decreto é o meio pelo qual o Presidente da República pratica os atos de sua competência. Todos os seus atos, inclusive os regulamentos, que contêm disposições gerais, são editados na forma de decretos.

Entendeu o STF que ofende os arts. 2º e 84, II, da Constituição, norma que estabelece prazo para o Chefe do Poder Executivo apresentar a regulamentação de disposições legais. Compete, com exclusividade, ao Chefe do Poder Executivo examinar a conveniência e a oportunidade para desempenho das atividades legislativas e regulamentares que lhe são inerentes. Assim, qualquer norma que imponha prazo certo para a prática de tais atos configura indevida interferência do Poder Legislativo em atividade própria do Poder Executivo (ADI 4728/DF, Rel. Min. Rosa Weber, *Informativo STF*, n. 1037).

Decretos autônomos ou regulamentos autônomos ou independentes. Observa-se que a Emenda Constitucional n. 32/2001, que deu nova redação ao art. 84, VI, *a*, autorizou o Presidente da República a dispor, mediante decreto, sobre a organização e funcionamento da administração federal, quando não implicar aumento de despesa nem criação ou extinção de órgãos, bem como a extinguir funções ou cargos públicos, quando vagos. Dessa forma, por expressa disposição constitucional, nesses casos, dispensa-se a aplicação do princípio da reserva legal, admitindo-se a existência na ordem jurídica brasileira dos denominados decretos ou regulamentos autônomos ou independentes (ADIn 2.564). Como ensina Gilmar Mendes, o decreto autônomo é "de perfil não regulamentar, cujo fundamento de validade repousa diretamente na Constituição". Exige-se lei somente para a criação e extinção de órgãos da administração pública (Constituição Federal, art. 88). Para a extinção de cargos, quando vagos, mesmo que criados por lei, basta a edição de decretos específicos pelo Presidente da República. Pelo princípio da simetria, as regras de organização dos Poderes previstas na Constituição Federal são de observância obrigatória para os demais entes da federação (Estados, Distrito Federal e Municípios).

11 CRIMES DE RESPONSABILIDADE E O PROCESSO DE *IMPEACHMENT* (IMPEDIMENTO)

11.1. INTRODUÇÃO

Crimes de responsabilidade são infrações político-administrativas cometidas pelo Presidente da República e outras altas autoridades, punidas com a perda do cargo e a inabilitação para o exercício da função pública. De acordo com o princípio republicano de governo, todas as autoridades exercem o poder político na medida conferida pela Constituição, devendo prestar contas dos atos praticados no exercício da função pública para os demais cidadãos. Caso desrespeitem a *res publica*, cometendo uma infração político-administrativa prevista em legislação específica, podem ser afastados do cargo pelo processo de *impeachment*.

11.2. NATUREZA JURÍDICA

Existem três posições quanto à natureza jurídica do crime de responsabilidade. 1ª) Trata-se de infração político-administrativa, sem caráter penal. É impropriamente denominada crime de responsabilidade. Posição adotada por Paulo Brossard, José Celso de Mello Filho e Michel Temer. 2ª) Cuida-se de infração de índole criminal. 3ª) Trata-se de uma infração de caráter misto, político e penal.

Da Organização do Estado, dos Poderes e Histórico das Constituições

A Constituição estabelece sete hipóteses de crimes de responsabilidade do Presidente da República (CF, art. 85). Esta relação é meramente enunciativa. O texto constitucional delega à legislação ordinária a definição desses delitos e as normas de processo e julgamento (CF, art. 85, parágrafo único). Prevalece na Suprema Corte o entendimento de que o crime de responsabilidade é matéria de competência exclusiva da União (CF, art. 22, I). Em consequência, foi editada a Súmula Vinculante 56: "A definição das condutas típicas configuradoras do crime de responsabilidade e o estabelecimento de regras que disciplinem o processo e julgamento dos agentes políticos federais, estaduais ou municipais envolvidos são da competência legislativa privativa da União e devem ser tratados em lei nacional especial (art. 85 da Constituição da República)" (ADI 2220, Rel. Min. Cármen Lúcia).

11.3. PROCEDIMENTO

A Lei n. 1.079/50 estabelece o procedimento para julgamento dos crimes de responsabilidade cometidos por Presidente da República, Vice-Presidente, Ministros de Estado e do Supremo Tribunal Federal e pelo Procurador-Geral da República. Essa Lei foi recepcionada, em sua maior parte, pela nova ordem constitucional, com as devidas adaptações exigidas pela Constituição de 1988. A denúncia pela prática de crime de responsabilidade, por se tratar de uma infração de natureza político-administrativa, pode ser apresentada por qualquer cidadão (Lei n. 1.079/50, art. 14, princípio da livre denunciabilidade popular). Em relação ao processo e julgamento, a Constituição estabelece um procedimento bifásico. Compete à Câmara dos Deputados o juízo de admissibilidade, o recebimento ou não da acusação, exigindo-se maioria qualificada de 2/3 dos votos dos Deputados Federais para autorizar a instauração do processo de *impeachment*, em relação ao Presidente e ao Vice-Presidente da República, bem como aos Ministros de Estado (CF, arts. 51, I, e 86). Admitida a acusação pela Câmara dos Deputados, cabe ao Senado Federal, sob a presidência do Presidente do Supremo Tribunal Federal, o processo e o julgamento do mérito da acusação, em relação ao Presidente e ao Vice-Presidente da República, bem como aos Ministros de Estado e aos Comandantes das Forças Armadas nos crimes de responsabilidade conexos, exigindo-se, também para a procedência da ação, o afastamento definitivo do Presidente da República e das demais altas autoridades, a maioria qualificada de 2/3 dos votos dos Senadores (CF, arts. 52, I, e 86). O Senado Federal atua, nesse caso, como órgão judicante, sendo atribuída a Presidência da Casa Legislativa ao Presidente do Supremo Tribunal Federal com a finalidade de se assegurar uma direção imparcial e técnica a um órgão de composição essencialmente política. Caberá ao Senado tanto o juízo de pronúncia, a produção de provas, como o próprio julgamento (STF, MS 21564/DF, Rel. Min. Octavio Galotti). Admitida a acusação pela Câmara dos Deputados e instaurado o processo pelo Senado Federal, após deliberação, por maioria simples, da Comissão Especial, o Presidente da República ficará suspenso de suas funções pelo prazo de 180 dias (CF, art. 86, §§ 1º, II, e 2º). Decorrido esse prazo, se o julgamento não estiver concluído, cessa o afastamento provisório do Presidente da República, sem prejuízo do regular prosseguimento do processo (CF, art. 86, § 3º). O Supremo Tribunal Federal decidiu, ainda, que o interrogatório do acusado, instrumento de autodefesa, por aplicação analógica ao rito das ações penais originárias, deve ser o último ato de instrução do processo de *impeachment* (ADPF 378 MC/DF, Rel. Min. Roberto Barroso).

O Supremo Tribunal Federal, no caso Collor, assegurou amplo direito de defesa e entendeu recepcionada pela nova ordem constitucional o dispositivo da Lei n. 1.079/50, que estabelece a votação nominal, ostensiva (MS 21.564/DF, Rel. Min. Octavio Galotti).

A Suprema Corte, em pedido de *impeachment*, firmou o entendimento de que a competência para recebimento, ou não, da denúncia não se trata de admissão meramente burocrática, havendo, inclusive, a possibilidade de rejeição imediata pelo Presidente da Câmara dos Deputados, caso patentemente inepta ou despida de justa causa (*Informativo STF*, n. 640).

11.4. SANÇÕES

A Constituição estabelece duas sanções para os condenados pela prática de crime de responsabilidade: **a)** perda do cargo; e **b)** inabilitação por oito anos para o exercício de função pública. As sanções são aplicadas cumulativamente. Não existe acessoriedade da pena de perda da função pública em relação à perda do cargo. Entendeu o Supremo Tribunal Federal que a renúncia ao cargo, quando já instaurada a sessão de julgamento, não importa na extinção do processo de *impeachment* (STF, MS 21.689/DF, Rel. Min. Carlos Velloso, impetrante: Fernando Collor de Mello, impetrado: Senado Federal, lit. passivos: Barbosa Lima Sobrinho e Marcello Lavanere Machado, *DJ*, 7-4-1995, *Ementário STF*, n. 1.782-2).

11.5. CONTROLE JUDICIAL

É admissível o controle judicial do processo político de apuração de crime de responsabilidade, desde que se alegue lesão ou ameaça a direito (CF, art. 5º, XXXV). O Poder Judiciário, contudo, não pode reexaminar os critérios políticos de oportunidade e conveniência próprios do Poder Legislativo. Pode apreciar o respeito ao devido processo legal, a obediência às formalidades legais e a observância das garantias constitucionais, como os princípios do devido processo legal, da ampla defesa e contraditório.

12 PRERROGATIVAS DO PRESIDENTE DA REPÚBLICA

O Presidente da República, na vigência de seu mandato, não poderá ser preso antes do trânsito em julgado de sentença condenatória (CF, art. 86, § 3º) nem responsabilizado por atos estranhos ao exercício de suas funções (CF, art. 86, § 4º). Ressalta-se que não se trata de irresponsabilidade penal absoluta do Chefe de Estado. Por crimes cometidos no exercício da função de Presidente da República ou em razão dele (*in officio* ou *propter officium*) poderá vir a ser processado criminalmente perante o Supremo Tribunal Federal (CF, art. 102, I, *b*), desde que obtida a indispensável licença da Câmara dos Deputados, por 2/3 dos votos (CF, art. 51, I). Somente não poderá ser processado, durante seu mandato, por crimes cometidos antes da investidura no cargo, bem como por delitos praticados na sua vigência, mas estranhos à função presidencial. O procedimento na ação penal originária perante o Supremo Tribunal Federal está previsto na Lei n. 8.038/90. Eventual condenação criminal, após o trânsito em julgado, provocará a perda dos direitos políticos (CF, art. 15, III), e, por consequência, a perda do mandato de Presidente da República.

13 JULGAMENTO DOS GOVERNADORES DE ESTADO E DO DISTRITO FEDERAL POR CRIME COMUM E DE RESPONSABILIDADE

O Supremo Tribunal Federal decidiu que a imunidade à prisão cautelar e a imunidade processual penal por crimes estranhos ao exercício da função não se estendem aos Governadores dos Estados e do Distrito Federal, pois foram deferidos pela Constituição ao Presidente da República na qualidade de Chefe de Estado e não de Chefe de Governo.

A Suprema Corte estabeleceu que é vedado às unidades federativas instituírem normas que condicionem a instauração de ação penal contra o Governador por crime comum à prévia autorização da Casa legislativa, cabendo ao Superior Tribunal de Justiça dispor fundamentadamente sobre a aplicação de medidas cautelares penais, inclusive o afastamento do cargo (ADI 4777/BA, Rel. Min. Roberto Barroso, *Informativo STF*, n. 872). Governadores de Estado e do Distrito Federal são julgados por crimes comuns perante o Superior Tribunal de Justiça (CF, art. 105, I, *a*) e por crimes de responsabilidade de acordo com o que dispuser a Constituição da respectiva unidade da Federação.

No Estado de São Paulo, por exemplo, pela prática de crime de responsabilidade, o Governador do Estado será julgado por um Tribunal Especial, composto de 15 membros, sete Deputados e sete Desembargadores, sorteados pelo Presidente do Tribunal de Justiça, que atuará também como Presidente desse Tribunal Especial (CESP, art. 49, § 1º), desde que haja prévia licença da Assembleia Legislativa pelo *quorum* de 2/3.

A Suprema Corte, por outro lado, por entender que a competência para dispor legislativamente sobre processo e julgamento por crimes de responsabilidade é privativa da União, que o fez por meio da Lei n. 1.079/50, aplicável aos Governadores e aos Secretários de Estado, declarou a inconstitucionalidade de normas estaduais que atribuíam o julgamento de crime de responsabilidade cometido pelo respectivo Chefe do Poder Executivo à própria Assembleia Legislativa e não ao Tribunal Especial previsto na legislação federal (ADIs n. 4791 e 4792, Rel. Min. Teori Zavascki e Cármen Lúcia, *Informativo STJ*, n. 782).

14 MINISTROS DE ESTADO

14.1. INTRODUÇÃO

Ministros de Estado são auxiliares do Presidente da República na direção superior da Administração federal (CF, arts. 76 e 84, II). São cargos de livre nomeação e exoneração do Presidente da República. Permanecem no cargo enquanto gozarem de sua confiança para exercê-lo; são demissíveis *ad nutum* (CF, art. 84, I). Os Ministros precisam ser brasileiros, maiores de 21 anos e no exercício de direitos políticos (CF, art. 87). Somente o Ministro de Defesa precisa ser brasileiro nato (CF, art. 12, § 3º, VII). Compete-lhes: **a)** dirigir a parte da Administração federal que lhes foi confiada (os Ministérios das respectivas áreas); **b)** referendar os atos e decretos assinados pelo Presidente da República que digam respeito à pasta exercida; **c)** expedir instruções para execução de leis, decretos e regulamentos; **d)** apresentar ao Presidente da República relatório anual de sua gestão; e **e)** praticar os atos pertinentes às atribuições que lhe forem outorgadas ou delegadas pelo Presidente da República (CF, art. 87, parágrafo único, I a IV). Estabelece a Constituição que os Ministérios e órgãos da administração pública deverão ser criados e extintos por lei (CF, art. 88).

14.2. REFERENDA MINISTERIAL

A referenda dos Ministros de Estado em atos e decretos expedidos pelo Presidente da República nos assuntos de competência de sua pasta é considerada indispensável para a validade do ato. Conforme observam José Celso de Mello Filho e Pinto Ferreira, um decreto editado pelo Presidente sem a referenda de nenhum dos Ministros de Estado não é válido, em razão do não cumprimento de expressa disposição constitucional.

14.3. CRIMES DE RESPONSABILIDADE

Ministros de Estado podem cometer crimes comuns, previstos na legislação penal, e crimes de responsabilidade, de natureza político-administrativa, sujeitos ao processo de *impeachment*. Ambas as modalidades de infração são de competência originária do Supremo Tribunal Federal, com exceção dos crimes de responsabilidade conexos aos cometidos pelo Presidente e Vice-Presidente da República, que serão julgados pelo Senado Federal (CF, arts. 50, 51, I, 52, I, e 102, I, *c*).

14.4. IMPROBIDADE ADMINISTRATIVA E FORO COMPETENTE

Os Ministros de Estado, assim como todos os demais agentes políticos, com exceção do Presidente da República, respondem tanto por crimes de responsabilidade, como também pelos atos de improbidade administrativa previstos na Lei n. 8.429/92. Estão sujeitos a duplo regime sancionatório, submetem-se tanto à responsabilização civil pelos atos de improbidade administrativa, como à responsabilização político-administrativa por crimes de responsabilidade. Os atos de improbidade não são absorvidos pelos crimes de responsabilidade.

As ações de improbidade contra Ministro de Estado são julgadas em primeira instância. O foro especial por prerrogativa de função, previsto na Constituição Federal, para Ministros de Estado, em relação às infrações penais comuns, não se estende às ações de improbidade administrativa.

A única exceção ao referido regime sancionatório, em matéria de improbidade, refere-se somente aos atos praticados pelo Presidente da República, conforme previsão expressa do art. 85, V, da Constituição Federal (Pet. 3240-AgR/DF, Rel. Min. Roberto Barroso, j. em 10-5-2018, *Informativo STF*, n. 901).

15 CONSELHOS

Conselhos são órgãos de consulta do Presidente da República em questões de alta relevância. Em certos casos, dada a extrema importância do assunto tratado, existe até uma duplicidade de funções. A Constituição criou dois órgãos desse tipo: o **Conselho da República** e o **Conselho de Defesa Nacional**. A composição e as atribuições desses órgãos estão mencionadas na Constituição Federal, nos arts. 89 a 91. Esses Conselhos vieram substituir o antigo Conselho de Segurança Nacional. São órgãos de assessoramento do Presidente da República, concebidos dentro de uma inspiração democrática. Como órgãos meramente consultivos, suas deliberações, embora indispensáveis nas hipóteses expressamente previstas na Constituição Federal, não vinculam as decisões do Presidente da República. Esses Conselhos foram regulamentados, respectivamente, pelas Leis n. 8.041/90 e 8.183/91. Gilmar Mendes informa que não se conhece de nenhuma reunião do Conselho da República até outubro de 2007 e que o Conselho de Defesa Nacional foi convocado por apenas seis vezes até o ano de 2007, sendo a última em 2002.

Quadro sinótico – Poder Executivo

Poder Executivo	A função do Poder Executivo é administrar e implementar políticas públicas nas mais diversas áreas de atuação do Estado de acordo com as leis elaboradas pelo Poder Legislativo.
Sistema de governo	O Brasil adota o presidencialismo como sistema de governo. O Poder Executivo é exercido pelo Presidente da República, auxiliado pelos Ministros de Estado (CF, art. 76).
Eleição, mandato, posse	O Presidente da República e o Vice-Presidente da República são eleitos simultaneamente, pela mesma chapa (CF, art. 77, *caput* e § 1º), por maioria absoluta de votos (CF, art. 77, §§ 2º a 5º), por voto direto, secreto e universal (CF, art. 14, *caput*), para mandato de quatro anos (CF, art. 82), admitida a reeleição para um único período subsequente (CF, art. 14, § 5º).
Requisitos	a) ser brasileiro nato (CF, art. 12, § 3º); b) estar no pleno gozo de direitos políticos (CF, art. 14, § 3º); c) ter mais de 35 anos de idade (CF, art. 14, § 3º, VI, *a*).

Da Organização do Estado, dos Poderes e Histórico das Constituições

Atribuições do Presidente da República	O Presidente da República acumula as funções de Chefe de Estado e Chefe de Governo.
Crimes de responsabilidade e o processo de *impeachment*	Crimes de responsabilidade são infrações político-administrativas cometidas pelo Presidente da República e outras altas autoridades, punidas com a perda do cargo e a inabilitação para o exercício da função pública.
Procedimento	Regido pela Lei n. 1.079/50.
Sanções	a) perda do cargo; e b) inabilitação por oito anos para o exercício de função pública.
Ministros de Estado	São auxiliares do Presidente da República na direção superior da Administração federal (CF, arts. 76 e 84, II). Compete-lhes: a) dirigir a parte da Administração federal que lhes foi confiada (os Ministérios das respectivas áreas); b) referendar os atos e decretos assinados pelo Presidente da República que digam respeito à pasta exercida; c) expedir instruções para execução de leis, decretos e regulamentos; d) apresentar ao Presidente da República relatório anual de sua gestão; e e) praticar os atos pertinentes às atribuições que lhes forem outorgadas ou delegadas pelo Presidente da República (CF, art. 87, parágrafo único, I a IV).

Capítulo XIII
PODER JUDICIÁRIO

1 INTRODUÇÃO

Dentro do sistema de separação de Poderes, compete ao Poder Judiciário a função jurisdicional do Estado, ou seja, de distribuição de justiça; e de resolução de litígios, ou seja, de aplicação da lei em caso de conflito de interesses. A atividade jurisdicional, no Estado moderno, é monopólio da Administração Pública, não mais se admitindo a vingança privada, a justiça eclesiástica e a justiça dos Senhores Feudais.

2 DISTINÇÕES ENTRE A FUNÇÃO JURISDICIONAL E AS DEMAIS FUNÇÕES BÁSICAS DO ESTADO

A função legislativa é de elaboração de leis. A lei pode ser definida como a norma geral e abstrata, imposta coativamente a todos, emanada do Poder Legislativo. A função executiva é de formulação de políticas governamentais e implementação dessas políticas, de acordo com as leis elaboradas pelo Poder Legislativo. A função jurisdicional é de aplicação das normas, por um órgão independente do Estado, em caso de conflitos de interesses surgidos no seio da sociedade (lides).

O Poder Judiciário, além da função típica, jurisdicional, exerce funções atípicas como organizar suas secretarias e serviços auxiliares (CF, art. 96, I, *b*).

3 PRINCÍPIOS FUNDAMENTAIS DO PODER JUDICIÁRIO

3.1. PRINCÍPIO DA INAFASTABILIDADE DO CONTROLE JURISDICIONAL

O art. 5º, XXXV, da Constituição Federal estabelece que "A lei não excluirá da apreciação do Poder Judiciário lesão ou ameaça a direito". Tal garantia assegura o direito de ação, de invocar a tutela jurisdicional do Estado a qualquer cidadão. O Estado não pode editar leis que impeçam uma pessoa de deduzir uma pretensão em juízo. A contrapartida ao direito de ação é a obrigatoriedade do Estado de prestar a devida tutela jurisdicional, seja contra, seja a favor do interessado.

3.2. PRINCÍPIO DA INÉRCIA

O Poder Judiciário só se manifesta quando provocado. Trata-se de uma forma de garantir a sua imparcialidade.

3.3. PRINCÍPIO DO DEVIDO PROCESSO LEGAL

A prestação jurisdicional deve ser prestada com a obediência de todas as formalidades legais (CF, art. 5º, LIV – "Ninguém será privado de sua liberdade ou de seus bens sem o devido processo legal"). Do devido processo legal decorre uma série de outros princípios, como os do juiz natural e do promotor natural (CF, art. 5º, LIII), do contraditório e da ampla defesa (CF, art. 5º, LV), da proibição das provas ilícitas (CF, art. 5º, LVI) e da publicidade dos atos processuais (CF, art. 5º, LX). O princípio do devido processo legal (gênero) possui duas acepções, o devido processo legal em sentido processual (*procedural due process*) e, outro, em sentido material (*substantive due process*). Em sua formulação substantiva, consiste na proteção dos direitos e liberdades das pessoas contra qualquer modalidade de legislação que se revele opressora ou destituída de razoabilidade.

4 SELEÇÃO DOS MEMBROS DO PODER JUDICIÁRIO

A regra de ingresso dos membros do Poder Judiciário de primeira instância, no Brasil, é o concurso público de provas e títulos, com a participação da Ordem dos Advogados do Brasil em todas as suas fases, exigindo-se do bacharel em direito, no mínimo, três anos de atividade jurídica e obedecendo-se, nas nomeações, à ordem de classificações (CF, art. 93, I). Todas as demais promoções, até o último grau da carreira, serão alternadas pelos critérios de antiguidade e merecimento, observando-se as normas estabelecidas pela Constituição (art. 93, II).

Os Ministros do Supremo Tribunal Federal e dos Tribunais Superiores serão nomeados pelo Presidente da República, após aprovação da escolha pela maioria do Senado Federal (CF, arts. 52, III, *a*, 84, XIV, 101, parágrafo único, 104, parágrafo único, 111-A e 123). Com exceção do Superior Tribunal Militar, aos demais Tribunais Superiores a Constituição exige que a aprovação pelo Senado Federal seja por maioria absoluta. Os integrantes dos Tribunais Regionais Federais e do Trabalho também serão nomeados pelo Presidente da República, na forma prevista pela Constituição (CF, arts. 107 e 115). Em relação aos Tribunais de Justiça dos Estados, a participação do Governador do Estado limita-se à escolha e nomeação de Desembargador proveniente do quinto constitucional do Ministério Público e da advocacia, não compreendendo os integrantes da magistratura (ADIn 160/TO, Rel. Min. Octavio Galotti).

4.1. QUINTO CONSTITUCIONAL

Um quinto do Tribunal Superior do Trabalho, dos Tribunais Regionais Federais e do Trabalho e dos Tribunais dos Estados e do Distrito Federal (Tribunais de Justiça e Tribunais da Justiça Militar) é composto de membros do Ministério Público, com mais de dez anos de carreira, e de advogados de notório saber jurídico e ilibada reputação, com mais de dez anos de efetiva atividade profissional, indicados por lista sêxtupla da respectiva classe (CF, arts. 94, 111-A, I, e 115, I). Recebidas as indicações, o tribunal respectivo, federal ou estadual, forma uma lista tríplice, enviando-a ao Chefe do Poder Executivo, que, nos vinte dias seguintes, escolherá um de seus integrantes para nomeação (CF, art. 94, parágrafo único).

O Supremo Tribunal Federal entende que o Tribunal pode recusar listas sêxtuplas, desde que fundada a recusa em razões objetivas, devidamente motivadas. Mas não pode substituir listas, ainda que escolhendo nomes já indicados em outras listas. A lista será devolvida, por não preenchimento dos requisitos constitucionais exigidos, para que seja completada, conforme o número de candidatos não considerados devidamente qualificados (MS 25.624, Rel. Min. Sepúlveda Pertence; e Recl. 5.413, Rel. Min. Menezes Direito).

O Supremo Tribunal Federal também considerou inconstitucional, por violação ao art. 94 da Carta Magna, dispositivo que sujeitava a nomeação de Desembargador à aprovação pela maioria da Assembleia Legislativa (ADIn 1.450/SP, *Informativo STF*, n. 523).

5 GARANTIAS DO PODER JUDICIÁRIO

Para assegurar a independência do Poder Judiciário a Constituição estabelece uma série de garantias aos próprios tribunais e aos membros do Poder Judiciário, assim como uma série de vedações.

5.1. GARANTIAS INSTITUCIONAIS

1ª) Eleição do presidente do tribunal, bem como de seus órgãos diretivos, pelos próprios tribunais (CF, art. 96, I, *a*). Trata-se da capacidade de autogoverno.

2ª) Elaboração de seu próprio Regimento Interno (CF, art. 96, I, *a*). Trata-se da capacidade normativa interna.

3ª) Organização de seus serviços auxiliares (CF, art. 96, I, *b*, e II).

4ª) Ampla autonomia administrativa e financeira (CF, art. 99). A autonomia administrativa significa que os atos de administração interna são de competência do próprio Poder Judiciário, não subordinados à aprovação ou interferência de qualquer outro Poder. A autonomia financeira importa na atribuição constitucional dada ao Poder Judiciário para elaboração de suas propostas orçamentárias, dentro dos limites traçados pela Lei de Diretrizes Orçamentárias. Embora a iniciativa das leis orçamentárias seja do Chefe do Poder Executivo (CF, art. 166, § 6º), é indispensável que seja colhida uma prévia proposta do Poder Judiciário (CF, art. 99, §§ 1º e 2º).

5ª) Iniciativa legislativa para alteração do número de membros de tribunais inferiores; criação e extinção de cargos e a remuneração de seus serviços auxiliares, bem como a fixação do subsídio de seus membros; e leis de organização judiciária (CF, art. 96, II).

6ª) Entrega dos duodécimos, dos recursos orçamentários destinados à Instituição, até o dia 20 de cada mês (CF, art. 168).

7ª) Destinação das custas e emolumentos "exclusivamente ao custeio dos serviços afetos às atividades específicas da Justiça" (CF, art. 98, § 2º, acrescentado pela Emenda Constitucional n. 45).

5.2. GARANTIAS DOS MAGISTRADOS OU GARANTIAS DE INDEPENDÊNCIA DOS MEMBROS DO PODER JUDICIÁRIO (CF, ART. 95)

1ª) Vitaliciedade. Juízes só perdem o cargo por sentença judicial transitada em julgado do tribunal ao qual estão vinculados. Em primeiro grau a vitaliciedade adquire-se após dois anos de exercício. Esse período é denominado estágio probatório. Os integrantes dos tribunais tornam-se vitalícios a partir da posse, caso já não gozem dessa garantia constitucional. Adquirida a vitaliciedade, é necessária a propositura de uma ação civil própria para a perda do cargo. Durante o estágio probatório, os juízes podem perder o cargo por deliberação do tribunal a que estiver vinculado.

Ministros do Supremo Tribunal Federal e Membros do Conselho Nacional de Justiça, em caso de crimes de responsabilidade, só perderão o cargo por deliberação do Senado Federal (CF, art. 52, II).

2ª) Inamovibilidade. Os juízes não podem ser removidos, a qualquer título, de forma compulsória, do cargo que ocupam, salvo por motivo de interesse público, em decisão por maioria absoluta de votos do tribunal ao qual estão vinculados ou do Conselho Nacional de Justiça. A inamovibilidade não é absoluta, mas qualquer transferência compulsória pressupõe a observância de um rigoroso procedimento previsto em lei, assegurada ampla defesa, e exige maioria absoluta para a deliberação.

3ª) Irredutibilidade de subsídio. Salários de juízes não podem ser reduzidos. Essa irredutibilidade tem sido entendida pela jurisprudência constitucional do Supremo Tribunal Federal como meramente nominal e não real. A perda do valor aquisitivo da moeda, por ser comum a todas as demais carreiras do funcionalismo e a toda a população em geral, em razão das constantes perdas inflacionárias verificadas em nosso país, não autoriza o reajuste automático dos vencimentos dos juízes de forma a garantir o valor real do subsídio. É esse o en-

Da Organização do Estado, dos Poderes e Histórico das Constituições

tendimento da Suprema Corte. O princípio da irredutibilidade de vencimentos, que, na Constituição anterior, contemplava apenas os magistrados e, na atual, aplica-se aos membros do Ministério Público e a todos os servidores públicos, não possibilita, sem lei específica, reajuste automático de vencimentos, como simples decorrência da desvalorização da moeda provocada pela inflação (ACOr 192, Rel. Min. Sydney Sanches, *DJ*, 27-10-1995; e RE 108.818, Rel. Min. Néri da Silveira, *DJ*, 16-6-1995).

5.3. GARANTIAS DA IMPARCIALIDADE (CF, ART. 95, PARÁGRAFO ÚNICO)

Os juízes estão proibidos de exercer atividades que possam prejudicar a sua posição de absoluta imparcialidade entre as partes de uma pendência judicial. Não podem envolver-se em atividades que possam comprometê-los com a possível defesa de interesses políticos ou particulares. Por isso, é-lhes vedado: "I – exercer, ainda que em disponibilidade, outro cargo ou função, salvo uma de magistério; II – receber, a qualquer título ou pretexto, custas ou participação em processo; III – dedicar-se à atividade político-partidária; IV – receber, a qualquer título ou pretexto, auxílios ou contribuições de pessoas físicas, entidades públicas ou privadas, ressalvadas as exceções previstas em lei; V – exercer a advocacia no juízo ou tribunal do qual se afastou, antes de decorridos três anos do afastamento do cargo por aposentadoria ou exoneração", a denominada quarentena.

O Supremo Tribunal Federal já considerou incompatível a acumulação do cargo de juiz com o desempenho de função na Justiça desportiva. De acordo com a Ministra Cármen Lúcia: "As vedações formais impostas constitucionalmente aos magistrados objetivam, de um lado, proteger o próprio Poder Judiciário, de modo que seus integrantes sejam dotados de condições de total independência e, de outra parte, garantir que os juízes dediquem-se, integralmente, às funções inerentes ao cargo, proibindo que a dispersão com outras atividades deixe em menor valia e cuidado o desempenho da atividade jurisdicional, que é função essencial do Estado e direito fundamental do jurisdicionado" (MS 25.938/DF).

6 ORGANOGRAMA DO PODER JUDICIÁRIO NO BRASIL

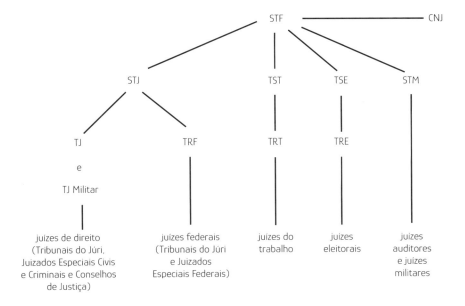

7 SUPREMO TRIBUNAL FEDERAL (CF, ARTS. 101 A 103)

Trata-se do órgão de cúpula do Poder Judiciário brasileiro, com a função principal de "guarda da Constituição". Compete-lhe a relevante atribuição de julgar as questões constitucionais, assegurando a supremacia da Constituição Federal em todo o território nacional. Todavia, o Supremo Tribunal Federal não é uma Corte exclusivamente constitucional, pois diversas outras atribuições foram-lhe conferidas pela Constituição (CF, arts. 102 e 103). Observa-se, ainda, que a defesa da Carta Política não é tarefa exclusiva sua. Compete a todos os Poderes constituídos assegurar a supremacia da Constituição, e o Poder Judiciário pode exercer o controle da constitucionalidade de forma concentrada e em abstrato ou difusa e em concreto.

O Tribunal indica um de seus membros para presidir o Conselho Nacional de Justiça (CF, art. 103-B, I e § 1º) e três para compor o Tribunal Superior Eleitoral (CF, art. 119, I, *a*).

São órgãos da Suprema Corte, de acordo com o Regimento Interno, o Plenário, as Turmas e o Presidente. O Presidente e o Vice-Presidente são eleitos pelo Plenário do Tribunal, dentre os Ministros, e têm mandato de dois anos. São duas Turmas, cada uma constituída por cinco Ministros e presidida pelo mais antigo em sua composição. Não existe divisão por matéria entre as duas turmas da Suprema Corte.

Compete ao Supremo Tribunal Federal a iniciativa legislativa sobre o Estatuto da Magistratura (CF, art. 93, I).

7.1. COMPOSIÇÃO

O Supremo Tribunal Federal é composto por 11 Ministros, escolhidos dentre cidadãos com mais de 35 e menos de setenta anos de idade, de notável saber jurídico e reputação ilibada, nomeados pelo Presidente da República, após prévia aprovação pela maioria absoluta do Senado Federal (CF, art. 101 e parágrafo único). Só brasileiros natos podem integrar a Suprema Corte do Brasil (CF, art. 12, § 3º, IV). Podem permanecer no cago até a aposentadoria compulsória, aos 75 anos de idade (CF, ADCT, art. 100).

7.2. COMPETÊNCIA

Diversas são as competências do Supremo Tribunal Federal, fazendo com que um grande número de causas sejam decididas por essa Corte, em razão de competência originária ou recursal. A essa alta Corte, denominada, pela relevância, Suprema Corte ou Excelso Pretório, compete, "precipuamente", apreciar as questões constitucionais.

As competências do Supremo Tribunal Federal são as expressamente previstas pela Constituição Federal, não podendo ser ampliadas pela legislação infraconstitucional. Submete-se, nos dizeres do Ministro Celso de Mello, a um "regime de direito estrito" (Pet. 1.738, *DJU*, 1º-10-1999).

Em matéria de **jurisdição constitucional**, deve-se destacar:
a) ação direta de inconstitucionalidade (CF, art. 102, I, *a*, primeira parte, e Lei n. 9.868/99);
b) ação declaratória de constitucionalidade (CF, art. 102, I, *a*, segunda parte, e Lei n. 9.868/99);
c) ação de inconstitucionalidade por omissão (CF, art. 103, § 2º);
d) arguição de descumprimento de preceito fundamental (CF, art. 102, § 1º, e Lei n. 9.882/99);
e) mandado de injunção, quando a elaboração da norma regulamentadora faltante for atribuição do Presidente da República, do Congresso Nacional, da Câmara dos Deputados,

Da Organização do Estado, dos Poderes e Histórico das Constituições

do Senado Federal, das Mesas de uma dessas Casas Legislativas, do Tribunal de Contas da União, de um dos Tribunais Superiores, ou do próprio Supremo Tribunal Federal (CF, art. 102, I, *q*); e

f) recurso extraordinário para assegurar a supremacia da Constituição Federal em todo o território nacional (CF, art. 102, III, *a*, *b*, *c* e *d*).

Em matéria de jurisdição da liberdade, deve-se destacar:

a) *habeas corpus*, tendo como paciente altas autoridades federais expressamente mencionadas no texto constitucional (CF, art. 102, I, *d*);
b) *habeas corpus*, quando o coator for Tribunal Superior, quando se trate de crime sujeito à jurisdição única ou quando for recurso ordinário contra decisão denegatória de *habeas corpus* decidido em única instância por Tribunal Superior (CF, art. 102, I, *i*, e II, *a*); e
c) crimes políticos (CF, art. 102, II, *b*).

Em matéria de jurisdição em razão da relevância da questão, cumpre destacar, entre outras:

a) processar altas autoridades federais pela prática de crimes comuns e de responsabilidade (CF, art. 102, I, *b* e *c*);
b) litígios entre Estados estrangeiros ou organismos internacionais e as entidades federativas brasileiras, ou entre a União, os Estados e o Distrito Federal, incluindo as entidades da Administração indireta (CF, art. 102, I, *e* e *f*);
c) pedidos de extradição solicitados por Estados estrangeiros (CF, art. 102, I, *g*).

7.3. RECURSO EXTRAORDINÁRIO

Compete ao Supremo Tribunal Federal julgar, mediante recurso extraordinário, as causas decididas em única ou última instância, quando a decisão recorrida:

a) contrariar dispositivo da Constituição;
b) declarar a inconstitucionalidade de tratado ou lei federal;
c) julgar válida lei ou ato do governo local contestado em face da Constituição;
d) julgar válida lei local contestada em face de lei federal.

Pelo recurso extraordinário, o Supremo Tribunal Federal assegura a supremacia da Constituição mediante controle incidental e difuso da constitucionalidade. Podem ser impugnadas somente decisões proferidas em única ou última instância. Por isso, exige-se o esgotamento das instâncias recursais ordinárias. Devem ser interpostos todos os recursos ordinários possíveis antes de buscar o acesso ao Supremo Tribunal Federal. O recurso extraordinário para ser admitido exige três requisitos: **a)** prequestionamento – a questão constitucional deve ter sido examinada no acórdão impugnado; **b)** ofensa direta à Constituição e não reflexa – ofensa reflexa é que depende de exame de normas infraconstitucionais; e **c)** repercussão geral (CF, art. 102, § 3º).

O recurso extraordinário é utilizado para apreciação de questão de direito constitucional. Para a preservação deste instituto, o Supremo Tribunal Federal editou, entre outras, as seguintes súmulas: 279 – "Para simples reexame de prova não cabe recurso extraordinário"; 280 – "Por ofensa a direito local não cabe recurso extraordinário"; 281 – "É inadmissível o recurso extraordinário, quando couber, na justiça de origem, recurso ordinário da decisão impugnada"; 282 – "É inadmissível o recurso extraordinário, quando não ventilada, na decisão recorrida, a questão federal suscitada"; 356 – "O ponto omisso da decisão, sobre o qual não foram opostos embargos declaratórios, não pode ser objeto de recurso extraordinário por faltar o requisito do prequestionamento"; 636 – "Não cabe recurso extraordinário por contrariedade ao princípio constitucional da legalidade, quando sua verificação pressuponha rever a interpretação dada a normas infraconstitucionais pela decisão recorrida".

7.4. SÚMULAS

Súmulas são enunciados aprovados pelos Tribunais, contendo a jurisprudência predominante em determinada matéria. As súmulas editadas pelos Tribunais não possuem força obrigatória, não vinculam magistrados e tribunais de instância inferior. Foram instituídas pelo Supremo Tribunal Federal, por iniciativa do Ministro Victor Nunes Leal, como uma forma de valorização da jurisprudência firmada e para abreviar o julgamento de casos que se repetem à exaustão. Os primeiros 370 enunciados foram aprovados em Sessão Plenária realizada em 13 de dezembro de 1964. A citação de uma súmula pelo número correspondente dispensa a referência a outros julgados. Hoje, muitos Tribunais editam súmulas de jurisprudência predominante.

Na reforma da legislação processual civil, como forma de racionalização e de atender ao novo princípio constitucional da razoabilidade da duração do processo e de maior celeridade processual (CF, art. 5º, LXVIII), existe uma nítida tendência de valorização dos precedentes jurisprudenciais. De acordo com o Código de Processo Civil, incumbe ao Desembargador Relator, de forma monocrática, negar ou dar provimento a recurso que for contrário a: a) súmula do Supremo Tribunal Federal, do Superior Tribunal de Justiça ou do próprio tribunal; b) acórdão proferido pelo Supremo Tribunal Federal ou pelo Superior Tribunal de Justiça em julgamento de recursos repetitivos; e c) entendimento firmado em incidente de resolução de demandas repetitivas ou de assunção de competência (art. 932, IV e V).

7.5. SÚMULAS VINCULANTES

A Emenda Constitucional n. 45 introduziu a possibilidade de o Supremo Tribunal Federal aprovar, por 2/3 de seus membros, após reiteradas decisões sobre matéria constitucional, súmula com efeito vinculante em relação aos demais órgãos do Poder Judiciário e à administração pública direta e indireta, nas esferas federal, estadual e municipal (CF, art. 103-A). A súmula vinculante foi regulamentada pela Lei n. 11.417/2006.

As súmulas vinculantes serão editadas a partir de reiteradas decisões do Supremo Tribunal Federal sobre uma questão constitucional que acarrete grave insegurança jurídica e multiplicidade de processos sobre questão idêntica.

As súmulas vinculantes são enunciados do Supremo Tribunal Federal com caráter obrigatório para os demais órgãos judiciais e para os órgãos da administração pública de todas as esferas federativas, podendo qualquer interessado fazer prevalecer a decisão da Suprema Corte por meio de reclamação.

Competência. Somente o Supremo Tribunal Federal pode editar, rever ou cancelar súmulas vinculantes.

Requisitos formais: a) aprovação por maioria de 2/3 dos membros da Corte (oito dos 11 Ministros); b) incidir sobre matéria constitucional; c) existência de reiteradas decisões da Suprema Corte sobre o tema.

Objetivo. A validade, a interpretação e a eficácia de normas determinadas, acerca das quais haja controvérsia atual entre órgãos judiciários ou entre estes e a administração pública, que acarrete grave insegurança jurídica e relevante multiplicação de processos sobre questão idêntica. Abrange tanto a interpretação de normas constitucionais como de normas infraconstitucionais em confronto com a Constituição. Estas normas poderão ser federais, estaduais ou municipais.

Legitimidade ativa. O Supremo Tribunal Federal pode editar, rever ou cancelar súmulas vinculantes de ofício ou por provocação dos órgãos e pessoas com legitimidade para a propositura de ação direta de inconstitucionalidade, sem prejuízo do que vier a ser estabelecido em lei (CF, art. 103-A, § 2º). A Lei n. 11.417 ampliou esta possibilidade, atribuindo a iniciativa também ao Defensor Público-Geral da União, aos Tribunais Superiores, Tribunais de Justiça dos Estados e do Distrito Federal, Tribunais Regionais do Trabalho e Eleitorais e Tribunais Militares. Os Municípios poderão propor, incidentalmente ao curso de processo em que seja parte, a edição, a revisão ou o cancelamento de enunciado de súmula vinculante.

O **Procurador-Geral da República**, nas propostas que não houver formulado, manifestar-se-á previamente à edição, revisão ou cancelamento de súmula vinculante (Lei n. 11.417, art. 2º, § 2º).

Efeitos. A súmula vinculante terá efeito geral e vinculante em relação aos demais órgãos do Poder Judiciário e à administração pública direta e indireta, nas esferas federal, estadual e municipal. Os efeitos vinculantes alcançam somente o Poder Executivo e os demais órgãos do Poder Judiciário, não se estendendo ao Poder Legislativo nem à Suprema Corte (Rel. Min. Cezar Peluso, *Informativo STF*, n. 386).

Modulação de efeitos. Em regra, a súmula vinculante terá eficácia imediata a partir da publicação no *Diário Oficial*, mas a Corte poderá, por decisão de 2/3 dos seus membros, restringir os efeitos vinculantes ou decidir que só tenha eficácia a partir de outro momento, tendo em vista razões de segurança jurídica ou de excepcional interesse público.

Reclamação. Do ato administrativo ou decisão judicial que contrariar a súmula vinculante ou aplicá-la indevidamente caberá reclamação diretamente no Supremo Tribunal Federal, que, julgando-a procedente, anulará o ato administrativo ou cassará a decisão judicial e determinará que outra seja proferida em conformidade com o enunciado da jurisprudência predominante da Suprema Corte (CF, art. 103-A, § 3º). Contra omissão ou ato da administração pública, a reclamação só será admitida após o esgotamento das vias administrativas (Lei n. 11.417/2006, art. 7º, § 1º). Após tomar ciência da decisão do Supremo Tribunal Federal, a autoridade prolatora e o órgão responsável deverão adequar as futuras decisões administrativas em casos semelhantes, sob pena de responsabilização pessoal nas esferas cível, administrativa e penal (Lei n. 9.784/99, art. 64-B).

Promulgação de nova lei. O Poder Legislativo possui a prerrogativa de superar entendimentos firmados pelo STF em Súmulas Vinculantes, tanto pela revogação, como pela modificação da lei em que se fundava o entendimento firmado neste tipo de súmula. Neste caso, a Suprema Corte deverá, de ofício ou por provocação, proceder ao seu cancelamento ou revisão, conforme o caso (Lei n. 11.417/2006, art. 5º).

Súmulas tradicionais somente produzirão efeitos vinculantes após sua confirmação por 2/3 de seus integrantes e publicação na imprensa oficial (Emenda Constitucional n. 45, art. 8º).

7.6. REPERCUSSÃO GERAL

A Emenda Constitucional acrescentou mais um requisito de admissibilidade do recurso extraordinário, a repercussão geral da questão constitucional discutida no caso, podendo o Supremo Tribunal Federal recusar a admissão do recurso, por este fundamento, somente pela manifestação de 2/3 dos membros da Corte (CF, art. 102, § 3º).

Conceito. De acordo com o art. 1.035, § 1º, do Código de Processo Civil, para efeito de repercussão geral "será considerada a existência ou não de questões relevantes do ponto de vista econômico, político, social ou jurídico que ultrapassem os interesses subjetivos do processo". A Suprema Corte deve julgar questões relevantes para o país e não se ocupar com questões de menor importância. Deve examinar causas que transcendam aos interesses subjetivos em discussão. Há uma hipótese de presunção de repercussão geral, sempre que o recurso impugnar acórdão que contrarie súmula ou jurisprudência dominante do Supremo Tribunal Federal ou que tenha reconhecido a inconstitucionalidade de tratado ou de lei federal, nos termos do art. 97 da Constituição Federal (CPC, art. 1.035, § 3º).

Procedimento. O recorrente deverá demonstrar a existência de repercussão geral para apreciação exclusiva pelo Supremo Tribunal Federal.

Efeitos. Reconhecida a repercussão geral, o relator no Supremo Tribunal Federal determinará a suspensão do processamento de todos os processos pendentes, individuais ou coletivos, que versem sobre a questão e tramitem no território nacional. Negada a repercussão geral, o presidente ou o vice-presidente do tribunal de origem negará seguimento aos recursos extraordinários sobrestados na origem que versem sobre matéria idêntica. Reconhecida a repercussão geral, o recurso deverá ser julgado no prazo de 1 (um) ano e terá preferência sobre os demais feitos, ressalvados os que envolvam réu preso e os pedidos de *habeas corpus*.

Como alerta o Ministro Ricardo Lewandowski, com o advento da EC n. 45/2004, nenhum Ministro pode contrariar posição firmada pela Corte quanto à existência ou não de repercussão geral de determinada matéria veiculada em recurso extraordinário. Com isso, passa-se a conferir efeito *erga omnes* a decisões originadas em sede de controle difuso (Recl. 4.335-AC, *Informativo STF*, n. 706).

8 SUPERIOR TRIBUNAL DE JUSTIÇA (CF, ARTS. 104 E 105)

O Superior Tribunal de Justiça foi criado pela Constituição de 1988, com a missão de assegurar a supremacia da legislação federal no Brasil, bem como uniformizar a interpretação da lei federal em todo o país. Julga as questões federais da Justiça Federal, Distrital e Estadual comum no Brasil. É a última instância para as causas infraconstitucionais submetidas à jurisdição da Justiça comum, que não versem diretamente sobre questões constitucionais. É o Tribunal da Cidadania. Exerce essas competências ao julgar, em sede de recurso especial, as questões federais de competência da Justiça Estadual, do Distrito Federal e da Justiça Federal comum, anteriormente concedidas ao extinto Tribunal Federal de Recursos e ao Supremo Tribunal Federal. A prevalência e a uniformidade de interpretação das leis federais, que antes eram de competência do Supremo Tribunal Federal, foram transferidas para esse novo órgão, com a clara finalidade de diminuir o volume de causas que chegam ao órgão de cúpula do Poder Judiciário no Brasil. O Supremo Tribunal Federal deve dedicar-se principalmente a questões constitucionais, transferindo-se o julgamento de controvérsias sobre a interpretação da legislação federal não especializada para o Superior Tribunal de Justiça.

A Emenda Constitucional n. 45 ampliou as competências deste órgão de cúpula da Justiça comum em nosso país, ao transferir do Supremo Tribunal Federal para o Superior Tribunal de Justiça a homologação de sentenças estrangeiras e a concessão de *exequatur* às cartas rogatórias (CF, art. 105, I, *i*). Sentenças estrangeiras não terão eficácia no Brasil sem a prévia homologação judicial. A homologação confere eficácia executiva à sentença proferida por tribunal estrangeiro. Cartas rogatórias, ou seja, solicitações feitas por autoridades judiciárias estrangeiras, não dependem de homologação. Exigem somente uma decisão de *exequatur* (execute-se, cumpra-se) do Superior Tribunal de Justiça.

8.1. COMPOSIÇÃO

O Superior Tribunal de Justiça é composto de, no mínimo, 33 Ministros, nomeados pelo Presidente da República, dentre brasileiros com mais de 35 e menos de setenta anos de idade, de notável saber jurídico e ilibada reputação, após a aprovação da escolha pela maioria absoluta do Senado Federal. Um terço dentre juízes dos Tribunais Regionais Federais, 1/3 dentre os Desembargadores dos Tribunais de Justiça, indicados em lista tríplice elaborada pelo próprio Tribunal, e 1/3, em partes iguais, dentre advogados e membros do Ministério Público Federal e Estadual, indicados em lista tríplice elaborada pelo próprio Tribunal, após receberem uma lista sêxtupla encaminhada pelos órgãos de representação das respectivas classes. Podem permanecer no cago até a aposentadoria compulsória, aos 75 anos de idade (CF, ADCT, art. 100).

Para cumprir sua missão constitucional, o Superior Tribunal de Justiça foi organizado pelo critério da especialização. São três Seções de Julgamento, cada uma delas dividida em duas Turmas. As Turmas são integradas por cinco Ministros. Existe, ainda, a Corte Especial. A Primeira Seção aprecia matérias de direito público, com destaque para as questões administrativas e tributárias, entre outras. A Segunda Seção decide matérias de direito privado, examinando questões de direito civil e comercial. A Terceira Seção julga causas que envolvam direito penal, questões previdenciárias, mandados de segurança contra Ministros de Estado e questões de direito público e privado não afetas às outras Seções.

8.2. COMPETÊNCIA

Ao Superior Tribunal de Justiça compete principalmente apreciar "questões federais", julgando os **recursos especiais** interpostos contra decisões dos Tribunais Regionais Federais e de Tribunais Estaduais, quando a decisão recorrida:

a) contrariar ou negar a vigência de tratado ou lei federal;
b) julgar válido ato do governo local contestado em face de lei federal; ou
c) der a lei federal interpretação divergente da que lhe haja atribuído outro tribunal (CF, art. 105, III).

No recurso especial deve ser demonstrada a relevância das questões de direito federal infraconstitucional discutidas, como requisito de admissibilidade, sendo que o Tribunal de origem somente não poderá conhecer com base nesse motivo por 2/3 dos membros do órgão competente para o julgamento. Em certas questões, como ações penais, ações de improbidade administrativa, ações de valor de causa que ultrapasse 500 salários mínimos, ações que possam gerar inelegibilidade, hipóteses em que o acórdão recorrido contrariar jurisprudência dominante do STJ e outras hipóteses previstas em lei, não precisa ser provada a especial relevância (Emenda Constitucional n. 125).

Possui ainda hipóteses de competência originária e de recurso ordinário (CF, art. 105, I e II). Processa e julga crimes comuns cometidos por Governadores dos Estados e do Distrito Federal, crimes comuns e de responsabilidade dos Desembargadores dos Tribunais de Justiça e de Conselheiros dos Tribunais de Contas do Estado e do Distrito Federal, dos membros dos Tribunais Regionais Federais, Eleitorais e do Trabalho e dos membros do Ministério Público da União que oficiem perante tribunais. Processa e julga os *habeas corpus* que envolvam essas autoridades ou Ministros de Estado, ressalvada a competência da Justiça eleitoral. Aprecia, ainda, recursos contra *habeas corpus* concedidos ou negados por Tribunais Regionais Federais ou dos Estados, bem como causas decididas nessas instâncias, sempre que envolverem lei federal.

8.3. RECURSOS REPETITIVOS

Sempre que houver multiplicidade de recursos extraordinários ou especiais com fundamento em idêntica questão de direito, o Presidente ou o Vice-Presidente de Tribunal de Justiça ou de Tribunal Regional Federal selecionará dois ou mais recursos representativos da controvérsia, que serão encaminhados ao Supremo Tribunal Federal ou ao Superior Tribunal de Justiça para fins de afetação, determinando a suspensão do trâmite de todos os processos pendentes, individuais ou coletivos, que tramitem no Estado ou na região, conforme o caso. A escolha feita pelo Presidente ou Vice-Presidente do Tribunal de Justiça ou do Tribunal Regional Federal não vinculará o relator no tribunal superior, que poderá selecionar outros recursos representativos da controvérsia. Decididos os recursos afetados, os órgãos colegiados declararão prejudicados os demais recursos, versando sobre idêntica controvérsia, ou os decidirão aplicando a tese firmada.

9 JUSTIÇA FEDERAL (CF, ARTS. 106 A 110)

9.1. HISTÓRICO

A Justiça Federal foi criada em 1890, logo após a proclamação da República. Foi extinta em 1937 por Getúlio Vargas. Em 1946, a Constituição restabeleceu somente a Justiça Federal de segunda instância, representada pelo Tribunal Federal de Recursos. A Justiça Federal de primeira instância foi restabelecida pelo Ato Institucional n. 2, em 1965.

9.2. ÓRGÃOS

A Justiça Federal comum é composta pelos Tribunais Regionais Federais e pelos juízes federais (CF, art. 106). O art. 27, § 6º, do Ato das Disposições Constitucionais Transitórias estabeleceu que seriam instalados cinco Tribunais Regionais Federais após a promulgação da Constituição. Cada Estado e o Distrito Federal constituem uma seção judiciária, com sede na respectiva capital e varas localizadas de acordo com as leis de organização judiciária (CF, art. 110). Os juízes federais são os membros da Justiça Federal de primeira instância, da qual fazem parte ainda:
a) o Tribunal do Júri, para julgar os crimes dolosos cometidos contra a vida de funcionários dos órgãos da Administração direta e indireta da União no exercício de suas funções; e
b) os Juizados Especiais Federais (CF, art. 98, parágrafo único, acrescentado pela EC n. 22/99), regulamentados pela Lei n. 10.259/2001.

9.3. COMPETÊNCIA

Compete à Justiça Federal julgar as causas em que houver interesse da União ou de suas autarquias, fundações e empresas públicas federais, na condição de autoras, assistentes ou oponentes, com exceção das causas de falência, acidentes do trabalho e as sujeitas à Justiça Eleitoral e à Justiça do Trabalho e outras questões de interesse da Federação previstas no art. 109 da Constituição Federal, tais como crimes políticos, crimes contra a organização do trabalho, crimes cometidos a bordo de navios ou aeronaves, disputa de direitos indígenas. Podem julgar, ainda, as causas relativas a graves violações de direitos humanos para assegurar o cumprimento de obrigações decorrentes de tratados internacionais de direitos humanos dos quais o Brasil seja parte. Neste caso, verificada a omissão ou ineficiência dos órgãos da Justiça Estadual, o Procurador-Geral da República poderá suscitar, perante o Superior Tribunal de Justiça, incidente de deslocamento de competência para a Justiça Federal. A Justiça Federal de primeira instância foi regulamentada pela Lei n. 5.010/66.

10 JUSTIÇA DO TRABALHO (CF, ARTS. 111 A 117)

10.1. HISTÓRICO

Órgãos especializados para a solução de conflitos decorrentes das relações de trabalho foram instituídos por Getúlio Vargas, em 1932, por decreto, mas vinculados ao Ministério do Trabalho. Esses órgãos acolheram, na sua composição, a representação corporativa adotada pelo modelo fascista, em que era concedida legitimidade aos representantes de cada classe social, trabalhadores e patrões, como forma de tentar harmonizar os conflitos decorrentes da relação entre capital e trabalho. Na Constituição de 1934, foi instituída a Justiça do Trabalho no capítulo dedicado à ordem econômica e social. Veio a ser instalada somente em 1º de maio de 1941. Em 1946, com a redemocratização do país, ela se tornou independente, integrando o Poder Judiciário, mas mantendo a representação corporativa. Tendo em vista a superação conceitual e histórica da justiça classista e abusos verificados, a Emenda Constitucional n. 24/99 extinguiu a representação corporativa na Justiça do Trabalho em todas as suas instâncias. As Juntas de Conciliação e Julgamento, órgão da primeira instância da Justiça do Trabalho, compostas de representantes classistas, foram substituídas por Varas do Trabalho, com o exercício da jurisdição por juízes do trabalho.

10.2. ÓRGÃOS

A Justiça do Trabalho é composta pelo Tribunal Superior do Trabalho, por Tribunais Regionais do Trabalho e por juízes do trabalho (CF, art. 111). Em primeira instância existem as Varas do Trabalho, presididas pelo juiz do trabalho. Nas comarcas onde não for instituída Vara do Trabalho, a jurisdição do trabalho em primeira instância poderá ser atribuída aos juízes de direito, com recurso para o respectivo Tribunal Regional do Trabalho (CF, art. 112). Em segunda instância, atuam os Tribunais Regionais do Trabalho, que se compõem de, no mínimo, sete juízes, recrutados, quando possível, na respectiva região e nomeados pelo Presidente da República dentre brasileiros com mais de 30 anos e menos de setenta anos de idade. Um quinto será destinado a advogados e membros do Ministério Público do Trabalho com mais de dez anos de atividade profissional, os demais, mediante promoção de juízes de trabalho. No Estado de São Paulo existem dois Tribunais Regionais do Trabalho, um com sede na capital e outro em Campinas, para julgar as causas do interior paulista. O Tribunal Superior do Trabalho tem por principal função uniformizar a jurisprudência trabalhista. Compõe-se de 27 Ministros, escolhidos dentre brasileiros com mais de 35 anos e menos de setenta anos, nomeados pelo Presidente da República, após aprovação pela maioria absoluta do Senado Federal. Julga recursos de revista, ordinários e agravos de instrumentos contra decisões de Tribunais Regionais do Trabalho e dissídios coletivos de categorias organizadas em nível nacional.

10.3. COMPETÊNCIA

A Emenda Constitucional n. 45 ampliou a competência da Justiça do Trabalho para julgar todas as ações envolvendo as relações de trabalho, abrangidos todos os entes de direito público externos e da administração pública direta e indireta de todas as entidades federativas. Ações que envolvam o exercício do direito de greve, ações sobre representação sindical, ações de indenização por dano moral ou patrimonial decorrentes da relação de trabalho, bem como outras controvérsias decorrentes da mesma relação (CF, art. 114), são julgadas pelas Varas do Trabalho, com a jurisdição exercida por um juiz do trabalho e a possibilidade de recurso para as instâncias superiores.

Dissídios coletivos são os destinados a solucionar os conflitos coletivos decorrentes das relações de trabalho, envolvendo interesses de toda uma categoria de trabalhadores. Foi mantido o poder normativo da Justiça do Trabalho. Pelos dissídios coletivos são estabelecidas regras gerais, denominadas sentenças normativas, que podem estabelecer novos direitos não previstos ainda pela legislação trabalhista. As partes poderão ajuizar dissídios coletivos, quando uma delas se recusar à negociação coletiva ou à arbitragem. Trata-se de competência originária dos Tribunais Regionais do Trabalho. Em caso de greve em atividade essencial, com possibilidade de lesão ao interesse público, o Ministério Público do Trabalho poderá ajuizar dissídio coletivo (CF, art. 114, §§ 1º a 3º).

O Supremo Tribunal Federal deu interpretação conforme ao art. 114 da Constituição para excluir das competências da Justiça do Trabalho "causas que envolvam o Poder Público e seus servidores estatutários, em razão de ser estranho ao conceito de relação de trabalho o vínculo jurídico de natureza estatutária existente entre servidores públicos e a Administração (ADIn 3.395/DF, Rel. Min. Cezar Peluso, *Informativo STF*, n. 422).

A Suprema Corte deu interpretação conforme ao art. 114, I, IV e IX, do texto constitucional para excluir da competência da Justiça do Trabalho o processo e o julgamento de ações penais (ADIn 3.684-MC/DF, Rel. Min. Cezar Peluso).

A respeito da competência da Justiça do Trabalho, o STF editou as Súmulas Vinculantes 22: "A Justiça do Trabalho é competente para processar e julgar as ações de indenização por danos morais e patrimoniais decorrentes de acidente de trabalho propostas por empregado contra empregador, inclusive aquelas que ainda não possuíam sentença de mérito em primeiro grau quando da promulgação da Emenda Constitucional n. 45/04"; e 23: "A Justiça do Trabalho é competente para processar e julgar ação possessória ajuizada em decorrência do exercício do direito de greve pelos trabalhadores da iniciativa privada".

11 JUSTIÇA ELEITORAL (CF, ARTS. 118 A 121)

11.1. HISTÓRICO

A Justiça Eleitoral foi instituída, em 1932, por Getúlio Vargas, com a publicação do Código Eleitoral, tendo o propósito de moralizar o processo eleitoral. Na República Velha, as eleições eram controladas pelo grupo político que estava no poder, com voto em aberto e listas fraudadas de eleitores. A desmoralização do processo eleitoral serviu de justificativa política para a não aceitação do resultado pelos vencidos e a posterior Revolução de 30, comandada por Getúlio Vargas. Incorporada à Constituição de 1934, extinta na Constituição de 1937, foi restabelecida pela Constituição de 1946.

11.2. ÓRGÃOS

A Justiça Eleitoral é composta pelo Tribunal Superior Eleitoral, por Tribunais Regionais Eleitorais, juízes eleitorais e Juntas Eleitorais (CF, art. 118). O Tribunal Superior Eleitoral compõe-se de, no mínimo, sete membros. São escolhidos, mediante eleição nos respectivos tribunais, pelo voto secreto, três Ministros do Supremo Tribunal Federal e dois Ministros do Superior Tribunal de Justiça. Dois juízes são escolhidos pelo Presidente da República dentre seis advogados de notável saber jurídico e idoneidade moral, indicados pelo Supremo Tribunal Federal (CF, art. 119). Existe um Tribunal Regional Eleitoral na capital de cada Estado e no Distrito Federal, com composição também definida pela Constituição Federal (CF, art. 120). Em relação aos juízes dos Tribunais Eleitorais provenientes da advocacia não existe o limite de 75 anos de idade. Os juízes estaduais acumulam as funções de juízes eleitorais.

11.3. COMPETÊNCIA

A competência e a organização da Justiça Eleitoral serão estabelecidas por lei complementar (CF, art. 121). A finalidade é cuidar da lisura de todo o processo eleitoral. Do texto constitucional resultam algumas atribuições, como as relativas ao alistamento eleitoral, às questões relativas às inelegibilidades, à impugnação de mandato eletivo e à expedição e anulação de Diploma (CF, arts. 14 a 17 e 121). As competências estão estabelecidas no Código Eleitoral (Lei n. 4.737/65).

12 JUSTIÇA MILITAR (CF, ARTS. 122 A 124)

12.1. INTRODUÇÃO

A Justiça Militar foi instituída em decorrência da vida do militar, sujeito a estrita hierarquia e disciplina.

12.2. ÓRGÃOS

A Justiça Militar é composta pelo Superior Tribunal Militar e por Tribunais e Juízes militares (CF, art. 122). A organização e o funcionamento da Justiça Militar da União são regulamentados pela Lei n. 8.457/92. O Superior Tribunal Militar compõe-se de 15 Ministros vitalícios, nomeados pelo Presidente da República, depois de aprovada a escolha pelo Senado Federal. Dos dez Ministros militares, quatro são provenientes do Exército e três da Marinha e da Aeronáutica, todos da ativa e do posto mais elevado da carreira. Dos cinco Ministros civis, três dentre advogados de notável saber jurídico e conduta ilibada, com mais de dez anos de atividade profissional e dois, por escolha paritária, dentre auditores e membros do Ministério Público Militar (CF, art. 123). Em primeira instância atuam os Conselhos de Justiça, integrados por um juiz auditor e por oficiais das Forças Armadas.

12.3. COMPETÊNCIA

A Justiça Militar tem competência para julgar os crimes militares definidos em lei (CF, art. 124, parágrafo único). Crimes militares são os tipificados no Código Penal Militar. Militares e civis podem ser julgados pela prática de infrações previstas na legislação penal de competência da Justiça Militar da União, pois esta não estabelece qualquer restrição, ao contrário do que ocorre em relação à Justiça Militar dos Estados, que julga somente policiais militares (CF, art. 125, § 4º). Observa-se que com a redemocratização do país, na nova ordem constitucional, os crimes políticos foram retirados da competência da Justiça Militar e transferidos para a Justiça Federal (CF, art. 109, IV).

Ampliação da competência da Justiça Militar da União – Considerando os riscos de confrontos armados decorrentes das frequentes intervenções das Forças Armadas em questões de segurança interna, a Lei n. 13.491/2017 ampliou a competência da Justiça Militar da União, para alterar o Código Penal Militar e estabelecer que os crimes dolosos contra a vida cometidos por militares (integrantes do Exército, Marinha e Aeronáutica) contra civil continuarão da competência do Tribunal do Júri, mas, quando praticados nos seguintes contextos *"I – do cumprimento de atribuições que lhes forem estabelecidas pelo Presidente da República ou pelo Ministro de Estado da Defesa; II – de ação que envolva a segurança de instituição militar ou de missão militar, mesmo que não beligerante; ou III – de atividade de natureza militar, de operação de paz, de garantia da lei e da ordem ou de atribuição subsidiária, realizadas em conformidade com o disposto no art. 142 da Constituição Federal e na forma*" de diversos textos legislativos, serão da competência da Justiça Militar da União.

13 JUSTIÇA ESTADUAL (CF, ARTS. 125 E 126)

13.1. INTRODUÇÃO

Os Estados, dentro da autonomia política própria das entidades federativas, dispõem de seu próprio Poder Judiciário. Compete-lhes a organização da estrutura de seu organismo judiciário estadual, observados os princípios estabelecidos pela Constituição Federal.

13.2. ÓRGÃOS

A Justiça Estadual é composta do Tribunal de Justiça e de juízes de direito. Em primeira instância atuam ainda o Tribunal do Júri, com competência constitucional para julgar de forma soberana os crimes dolosos contra a vida (CF, art. 5º, XXXVIII), e os Juizados Especiais Cíveis e Criminais (CF, art. 98, I, e Lei n. 9.099/95).

13.3. COMPETÊNCIA

A competência da Justiça Estadual comum é residual. O que não couber à Justiça Federal comum, às Justiças Federais especializadas (trabalhista, eleitoral e militar) e à Justiça Militar Estadual será de sua competência. A competência dos Tribunais de Justiça estaduais será definida pela Constituição Estadual, sendo a lei de organização judiciária de iniciativa exclusiva do Tribunal de Justiça (CF, art. 125, § 1º). Estabelece a Súmula 721 do Supremo Tribunal Federal que "A competência constitucional do Tribunal do Júri prevalece sobre o foro por prerrogativa de função estabelecido exclusivamente pela Constituição Estadual".

A Constituição estabelecerá mecanismos de controle concentrado de constitucionalidade de leis estaduais e municipais perante a Constituição Estadual, com a atribuição de legitimidade ativa para a proposta de ação a mais de um órgão (CF, art. 125, § 2º).

A Emenda Constitucional n. 45 autorizou a atuação descentralizada, mediante a instituição de Câmaras Regionais, com a finalidade de assegurar o pleno acesso do jurisdicionado em todas as fases do processo (CF, art. 125, § 6º).

Desembargadores são julgados nos crimes comuns e de responsabilidade pelo Superior Tribunal de Justiça (CF, art. 105, I, *a*).

Compete aos Tribunais de Justiça dos Estados e do Distrito Federal julgar os juízes estaduais e do Distrito Federal, bem como os membros dos Ministérios Públicos respectivos, nos crimes comuns e de responsabilidade, ressalvada a competência da Justiça Eleitoral (CF, art. 96, III). Como o foro por prerrogativa de função é estabelecido pela Constituição Federal em relação a juízes e Promotores de Justiça, a competência do Tribunal de Justiça prevalece até mesmo em crimes dolosos contra a vida.

A Constituição estabelece também a competência originária do Tribunal de Justiça para julgar crimes comuns cometidos por Prefeitos Municipais (CF, art. 29, X). Estabelece a Súmula 702, do Supremo Tribunal Federal, que "A competência do Tribunal de Justiça para julgar Prefeitos restringe-se aos crimes de competência da Justiça Comum Estadual; nos demais casos, a competência caberá ao respectivo Tribunal de segundo grau". Ou seja, existirão crimes cometidos por Prefeitos de competência originária do Tribunal Regional Federal, e, outros, de competência do Tribunal Regional Eleitoral.

13.4. JUSTIÇA ESTADUAL MILITAR

A Constituição Federal estabelece a possibilidade de ser criada, mediante lei estadual proposta pelo Tribunal de Justiça, uma Justiça Militar Estadual para julgar os crimes militares cometidos por policiais militares e as ações judiciais contra atos disciplinares militares, ressalvada a competência do Tribunal do Júri para os crimes dolosos contra a vida quando a vítima for civil. Crimes militares são os expressamente definidos como tal pela legislação penal militar. Em primeiro grau, a Justiça Militar será constituída por juízes de direito e pelos Conselhos de Justiça. Nos Estados em que o efetivo militar seja superior a vinte mil integrantes é possível a criação de um Tribunal de Justiça Militar Estadual. Existem Tribunais da Justiça Militar, atualmente, apenas nos Estados de Minas Gerais, Rio Grande do Sul e São Paulo. Os juízes de direito do juízo militar julgam, de forma singular, os crimes militares cometidos contra civis e ações judiciais contra atos disciplinares militares. Os Conselhos de Justiça, compostos por oficiais da Polícia Militar, sob a presidência do juiz de direito, julgam os demais crimes militares. A Justiça Militar Estadual não possui competência para julgar civis. Compete à Justiça comum processar e julgar civis acusados da prática de crimes contra as instituições militares estaduais (Súmula 53 do STJ).

14 CONSELHO NACIONAL DE JUSTIÇA

Trata-se de novo órgão introduzido pela Emenda Constitucional n. 45 na estrutura do Poder Judiciário (CF, art. 92, I-A), com sede na capital federal, de natureza administrativa, sem o exercício de qualquer atribuição jurisdicional, com a competência de realizar o controle da atuação administrativa e financeira do Poder Judiciário e de zelar pelo cumprimento dos deveres funcionais dos juízes. É o denominado controle externo exercido sobre o Poder Judiciário. É formado por 15 membros, presidido pelo Presidente do Supremo Tribunal Federal, com representantes de diversos tribunais, do Ministério Público, da Ordem dos Advogados do Brasil e da própria sociedade (CF, art. 103-B). O Presidente da Suprema Corte, além de presidir o colegiado, ficará excluído da distribuição de processos no tribunal de origem e votará em caso de empate. Nas suas ausências e em seus impedimentos, será presidido pelo Vice-Presidente do Excelso Pretório (CF, art. 103-B, § 1º). Os membros do Conselho, com exceção do Presidente do Supremo Tribunal Federal, serão nomeados pelo Presidente da República depois de aprovada a escolha pela maioria absoluta do Senado Federal (CF, art. 103-B, § 2º). A função de Ministro-Corregedor será exercida pelo Ministro do Superior Tribunal de Justiça, que também ficará excluído de distribuição de processos no Tribunal de origem (CF, art. 103, § 5º). Em sua atividade, o Conselho Nacional pode praticar todos os atos mencionados neste dispositivo constitucional. Além da fiscalização administrativa de atos de tribunais de todo o país, terá a importante função de formular políticas institucionais para o Poder Judiciário, ao elaborar um relatório anual sobre a magistratura e propor as providências que considerar necessárias ao Congresso Nacional.

A Suprema Corte, em sede de mandado de segurança, declarou a incompetência absoluta do Conselho Nacional de Justiça, por se tratar de órgão constitucional de controle interno do Poder Judiciário, mas de caráter eminentemente administrativo, para intervir em processos e decisões de natureza jurisdicional, não podendo fiscalizar, reexaminar e suspender os efeitos decorrentes de ato de conteúdo jurisdicional (MS 26580 MC/DF, Rel. Min. Celso de Mello, *Informativo STJ*, n. 788).

O Supremo Tribunal Federal declarou, por maioria de votos, a constitucionalidade do Conselho Nacional de Justiça. A presença de não magistrados não viola o princípio da separação de Poderes. O Conselho Nacional de Justiça não exerce a função típica do Poder Judiciário, a função jurisdicional, somente o controle da atuação financeira e administrativa. Faz parte da estrutura do Poder Judiciário (CF, art. 92, I-A) e de seus 15 integrantes, nove são provenientes do próprio Poder Judiciário. A presença de membros estranhos ao próprio Poder viabiliza o combate ao corporativismo e estende uma ponte entre o Judiciário e a sociedade (ADIn 3.367/DF, Rel. Min. Cezar Peluso, *Informativo STF*, n. 383).

O Supremo Tribunal Federal, como órgão de cúpula do Poder Judiciário brasileiro, não está sujeito às deliberações do Conselho Nacional de Justiça. Ao contrário, a Suprema Corte processa e julga as ações contra o Conselho Nacional de Justiça e o Conselho Nacional do Ministério Público (CF, art. 102, I, *r*) (ADIn 3.367/DF, Rel. Min. Cezar Peluso).

Quadro sinótico – Poder Judiciário

Poder Judiciário	Exerce a função jurisdicional do Estado, ou seja, de distribuição de justiça; e de resolução de litígios, ou seja, de aplicação da lei em caso de conflito de interesses.
Princípios fundamentais do Poder Judiciário	a) Princípio da inafastabilidade do controle jurisdicional. b) Princípio da inércia. c) Princípio do devido processo legal.
Garantias institucionais do Poder Judiciário	1ª) Eleição do Presidente do Tribunal, bem como de seus órgãos diretivos, pelos próprios tribunais. Autogoverno. 2ª) Elaboração de seu próprio Regimento Interno. Capacidade normativa interna. 3ª) Organização de seus serviços auxiliares. 4ª) Ampla autonomia administrativa e financeira. 5ª) Iniciativa legislativa para alteração do número de membros de tribunais inferiores. 6ª) Entrega dos duodécimos e dos recursos orçamentários destinados à Instituição. 7ª) Destinação das custas e emolumentos.
Garantias dos Magistrados	1ª) Vitaliciedade. 2ª) Inamovibilidade. 3ª) Irredutibilidade de subsídio.
Supremo Tribunal Federal	É composto de 11 Ministros nomeados pelo Presidente da República, após prévia aprovação pela maioria absoluta do Senado Federal. São cidadãos com mais de 35 e menos de 70 anos de idade, de notável saber jurídico e reputação ilibada (CF, art. 101 e parágrafo único). Só brasileiros natos podem integrar a Suprema Corte do Brasil (CF, art. 12, § 3º, IV).
Superior Tribunal de Justiça	É composto de, no mínimo, 33 Ministros, nomeados pelo Presidente da República, dentre brasileiros com mais de 35 e menos de 70 anos de idade, de notável saber jurídico e ilibada reputação, após a aprovação da escolha pela maioria absoluta do Senado Federal.
Justiça Federal	Compete à Justiça Federal julgar as causas em que houver interesse da União ou de suas autarquias, fundações e empresas públicas federais. Órgãos – Tribunais Regionais Federais e Juízes Federais.
Justiça do Trabalho	Possui competência para julgar todas as ações envolvendo as relações de trabalho. São julgadas pelas Varas do Trabalho, com a jurisdição exercida por um Juiz do Trabalho. Órgãos – Tribunal Superior do Trabalho, Tribunais Regionais do Trabalho e Juízes do Trabalho.
Justiça Eleitoral	A finalidade da Justiça Eleitoral é cuidar da lisura de todo o processo eleitoral. Órgãos – Tribunal Superior Eleitoral, Tribunais Regionais Eleitorais, Juízes Eleitorais e Juntas Eleitorais.

Justiça Militar	Tem competência para julgar os crimes militares definidos em lei. Órgãos – Superior Tribunal Militar, Tribunais e Juízes Militares.
Justiça Estadual	A competência da Justiça Estadual comum é residual. A competência dos Tribunais de Justiça estaduais será definida pela Constituição Estadual, sendo a lei de organização judiciária de iniciativa exclusiva do Tribunal de Justiça. Órgãos – Tribunal de Justiça e Juízes de Direito.
Justiça Estadual Militar	Julga os crimes militares cometidos por policiais militares e as ações judiciais contra atos disciplinares militares, ressalvada a competência do Tribunal do Júri para os crimes dolosos contra a vida quando a vítima for civil. Órgãos – Em primeiro grau, a Justiça Militar será constituída por Juízes de Direito e pelos Conselhos de Justiça.
Conselho Nacional de Justiça	Introduzido pela Emenda Constitucional n. 45 na estrutura do Poder Judiciário, de natureza administrativa, sem o exercício de qualquer atribuição jurisdicional, com a competência de realizar o controle da atuação administrativa e financeira do Poder Judiciário e de zelar pelo cumprimento dos deveres funcionais dos juízes.

Capítulo XIV
MINISTÉRIO PÚBLICO

1 INTRODUÇÃO

O Ministério Público (CF, arts. 127 a 130), por expressa definição constitucional, é instituição permanente, essencial à função jurisdicional do Estado, incumbida da defesa da ordem jurídica, do regime democrático e dos interesses sociais e individuais indisponíveis (CF, art. 127). A valorização do Ministério Público como órgão de defesa da sociedade é, sem dúvida alguma, uma das maiores novidades introduzidas pela Constituição Democrática de 1988. A sociedade passou a dispor de um órgão público para patrocinar os seus interesses contra os detentores do poder político e econômico, inclusive contra o próprio Estado e seus agentes. Uma das características do Poder Judiciário é justamente a inércia, pois a prestação jurisdicional só é dada quando há uma demanda nesse sentido. Esse princípio destina-se a assegurar a imparcialidade e a isenção do exercício da função jurisdicional. Para a consolidação do Estado Democrático de Direito previsto na Constituição brasileira não basta a imparcialidade do Poder Judiciário. É indispensável a existência de um órgão independente que o movimente na defesa dos interesses sociais e individuais indisponíveis. Essa é a razão pela qual o Ministério Público é considerado "essencial à função jurisdicional do Estado".

Compete à instituição atuar:

a) na defesa da ordem jurídica, como, por exemplo, na promoção da ação penal pública (combate à criminalidade), na instauração do inquérito civil e promoção da ação civil pública para a proteção do patrimônio público e social (combate à improbidade administrativa), na promoção de ação direta de inconstitucionalidade, no controle externo da atividade policial;

b) na defesa do regime democrático, tanto na fiscalização da regularidade do processo eleitoral como na instituição de um Estado Democrático de Direito, que atue no sentido de tornar efetivos os objetivos fundamentais estabelecidos pela Constituição brasileira (CF, arts. 1º e 3º); e

c) na tutela dos interesses sociais e individuais indisponíveis, ou seja, na proteção do meio ambiente, dos interesses difusos e coletivos dos consumidores, das crianças e adolescentes, dos idosos, das pessoas portadoras de necessidades especiais e de todos que precisem de atuação especial do Estado, bem como em questões referentes à saúde e educação pública e à inclusão social.

2 NATUREZA JURÍDICA

O Ministério Público, na Constituição de 1988, foi inserido em um Capítulo denominado "Das funções essenciais à justiça", ao lado da advocacia e da Defensoria Pública, dentro do título destinado à "Organização dos Poderes". Na atual sistemática constitucional, o Ministério Público, portanto, não faz parte da estrutura de nenhum dos Poderes políticos, devendo ser tratado como uma instituição à parte, com autonomia financeira e administrativa (CF, art. 127, § 2º). Tem por atribuição constitucional a defesa dos interesses sociais e individuais indisponíveis, não estando submetido hierarquicamente a nenhum dos Poderes políticos do Estado brasileiro. Em Constituições anteriores, o Ministério Público já foi inserido no capítulo do Poder Executivo ou do Poder Legislativo. Em outros países, como os da Europa Continental (Itália, França, Portugal), os membros do Ministério Público e da magistratura fazem parte da mesma instituição. O fundamental é que, na defesa dos interesses sociais e individuais indisponíveis, o membro do Ministério Público atue com absoluta independência.

A Constituição de 1988 distinguiu as funções do Ministério Público, como órgão de defesa dos interesses da sociedade, das atribuições da advocacia do Estado. Foi criada uma nova instituição, a Advocacia-Geral da União, justamente para zelar pelos interesses patrimoniais do Estado.

Não se trata de um poder do Estado, mas de uma instituição independente dos demais Poderes, considerada essencial ao exercício da função jurisdicional do Estado.

3 PRINCÍPIOS INSTITUCIONAIS

A Constituição estabelece três princípios institucionais para o Ministério Público: unidade, indivisibilidade e independência funcional (CF, art. 127, § 1º).

1º) Unidade. Os membros do Ministério Público integram um só órgão, sob uma mesma direção do Procurador-Geral da República, na esfera federal, e do Procurador-Geral de Justiça, na estadual.

2º) Indivisibilidade. Os integrantes do Ministério Público atuam sempre em nome de toda a instituição, podendo ser substituídos uns pelos outros, dentro dos critérios estabelecidos pela lei.

3º) Independência funcional. Os membros do Ministério Público devem atuar somente de acordo com a lei e sua consciência. No exercício de suas atividades institucionais não estão sujeitos às convicções dos órgãos da administração superior da instituição. Como observa Hugo Nigro Mazzilli, não há hierarquia no sentido funcional, a chefia do Ministério Público envolve apenas a direção administrativa da instituição.

4 PRINCÍPIO DO PROMOTOR NATURAL

A Constituição Federal estabelece, no art. 5º, LIII, que "ninguém será processado nem sentenciado senão pela autoridade competente". Ao lado do tradicional princípio do juiz natural, inscreveu-se, como garantia individual, o princípio do promotor natural. De acordo com este, as atribuições para atuação de um Promotor de Justiça em determinado feito devem ser previamente fixadas. O Procurador-Geral não pode escolher, por motivos aleatórios, um Promotor para atuar em certo processo. Há critérios objetivos de distribuição de atribuições que devem ser observados. A Lei do Estatuto do Ministério Público da União (Lei Complementar n. 75/93) e a Lei Orgânica Nacional do Ministério Público (Lei n. 8.625/93) estabelecem as hipóteses excepcionais em que o Procurador-Geral poderá designar membro do Ministério Público para atuar em determinado procedimento, devendo a escolha recair sobre membro da instituição com atribuição, em tese, para oficiar no feito, segundo as regras ordinárias de distribuição de serviços. Trata-se, por exemplo, da hipótese da designação de um Promotor de Justiça para acompanhar um inquérito policial ainda não distribuído em juízo.

O Supremo Tribunal Federal, por maioria de votos, tem refutado a existência desse princípio, que precisaria ser estabelecido por lei (HC 67.759/RJ, *DJ*, 1º-7-1993, e HC 67.759/RJ, Rel. Min. Ellen Gracie, *DJ*, 1º-8-2008, *Informativo STF*, n. 511).

A Constituição veda expressamente a nomeação de Promotor *ad hoc*, de pessoa estranha à Instituição para a prática de determinado ato processual reservada aos membros da Instituição. As funções do Ministério Público só podem ser exercidas por integrantes da carreira (CF, art. 129, § 2º).

5 ATRIBUIÇÕES DO MINISTÉRIO PÚBLICO

As atribuições do Ministério Público estão enumeradas, de forma não taxativa, no art. 129 da Constituição Federal. Algumas merecem ser destacadas.

1ª) Cabe à instituição promover, de forma privativa, a ação penal pública. Caso não cumpra seu dever no prazo previsto em lei, há possibilidade de oferecimento de uma ação penal privada subsidiária da pública (CF, art. 5º, LIX).

2ª) Função de *ombudsman*, de "zelar pelo efetivo respeito dos Poderes Públicos e dos serviços de relevância pública aos direitos assegurados nesta Constituição, promovendo as medidas necessárias a sua garantia" (CF, art. 129, II).

3ª) Promover, de forma não privativa, a ação civil pública para a proteção do patrimônio público e social, do meio ambiente e de outros interesses difusos e coletivos (p. ex., defesa dos consumidores, das crianças e dos adolescentes, dos deficientes físicos, dos idosos, dos investidores no mercado mobiliário). A Constituição autoriza a instituição a instaurar inquérito civil, um procedimento administrativo de natureza investigatória, com a finalidade de recolher elementos probatórios que possam justificar a propositura de uma eventual ação civil pública.

4ª) Promover ação de inconstitucionalidade de lei ou representação para fins de intervenção.

5ª) Controle externo da atividade policial. Todo controle importa em uma atividade de verificação e fiscalização. O controle externo é feito por um órgão que não faz parte da instituição policial, não dispensando os controles internos exercidos pela própria polícia, como a atividade de corregedoria. O controle externo justifica-se em razão de ser o Ministério Público o destinatário final da atividade policial, pois os inquéritos policiais servem para a formação do convencimento do Promotor de Justiça sobre a existência ou não de infração penal. Justifica-se, ainda, para a preservação dos direitos fundamentais das pessoas investigadas pela prática de crimes.

6ª) A Constituição estabelece também que compete ao Ministério Público "exercer outras funções que lhe forem conferidas, desde que compatíveis com sua finalidade" (CF, art. 129, IX).

6 ESTRUTURA DO MINISTÉRIO PÚBLICO (CF, ART. 128)

I – Ministério Público da União:
a) Ministério Público Federal;
b) Ministério Público do Trabalho;
c) Ministério Público Militar;
d) Ministério Público do Distrito Federal e Territórios.

II – Ministérios Públicos dos Estados.

O Ministério Público Eleitoral não tem uma estrutura própria, mas uma composição mista, com representantes do Ministério Público Federal e Estadual. O Procurador-Geral Regional da República exerce a função de Procurador-Geral perante o Tribunal Superior Eleitoral e indica Procuradores da República para atuarem perante o Tribunal Superior e os Tribunais Regionais Eleitorais. Em primeira instância atuam os Promotores Eleitorais, que integram o Ministério Público Estadual.

É importante ressaltar que os Ministérios Públicos que atuam junto aos Tribunais de Contas, muito embora recebam os mesmos direitos, vedações e forma de investidura dos membros dos demais Ministérios Públicos, não compõem o Ministério Público Federal nem os Ministérios Públicos Estaduais. O Supremo Tribunal Federal firmou o entendimento de que o Ministério Público comum não tem legitimidade para atuar perante os Tribunais de Contas.

7 CHEFIA DO MINISTÉRIO PÚBLICO DA UNIÃO

A chefia do Ministério Público da União é atribuída pela Constituição Federal ao Procurador-Geral da República, que é nomeado pelo Presidente da República dentre os integrantes da carreira maiores de 35 anos de idade, após aprovação de seu nome pela maioria absoluta do Senado Federal, para mandato de dois anos, permitida a recondução (CF, art. 128, § 1º). Poderá, em tese, ser escolhido dentre qualquer um dos ramos do Ministério Público da União: Federal, do Trabalho, da Justiça Militar ou do Distrito Federal e Territórios. O mandato do Procurador-Geral da República foi uma das inovações da Constituição de 1988 para fortalecer o Ministério Público. O Procurador-Geral da República deve atuar com absoluta independência, não mais sendo demissível *ad nutum* pelo Presidente da República. Admitindo a Constituição a possibilidade de recondução, ele pode ser sucessivamente reconduzido, por quantas vezes for de interesse da chefia do Poder Executivo Federal. A destituição do Procurador-Geral da República é possível, desde que observada a forma prescrita na Constituição, por iniciativa do Presidente da República, precedida de autorização da maioria absoluta do Senado Federal (CF, art. 128, § 2º). Em razão do autogoverno do Ministério Público da União, compete ao Procurador-Geral da República nomear e dar posse aos Chefes do Ministério Público Federal, do Trabalho e Militar.

8 CHEFIA DO MINISTÉRIO PÚBLICO DOS ESTADOS E DO DISTRITO FEDERAL

Nos Ministérios Públicos Estaduais e do Distrito Federal, o Procurador-Geral de Justiça é nomeado, respectivamente, pelo Governador do Estado e pelo Presidente da República, escolhido em lista tríplice formada dentre os integrantes da carreira, para mandato de dois anos, permitida uma recondução (CF, art. 128, § 3º). A eleição para lista tríplice é feita mediante o voto plurinominal de todos os integrantes da carreira (Lei n. 8.625/93, art. 9º, e Lei Complementar n. 75/93, art. 156). A lista tríplice é composta pelos três candidatos ao cargo de Procurador-Geral que obtiveram o maior número de votos dentre os integrantes da instituição. Nas esferas estaduais e distrital foi admitida uma única recondução do Procurador-Geral de Justiça com a finalidade de possibilitar o rodízio na ocupação da chefia da instituição. Os Procuradores-Gerais dos Estados poderão ser destituídos de seu cargo pela maioria absoluta da Assembleia Legislativa (CF, art. 128, § 4º). O Procurador-Geral do Distrito Federal poderá ser destituído, antes do término do mandato, por deliberação da maioria absoluta do Senado Federal, após representação do Presidente da República (Lei Complementar n. 75/93, art. 156). Na esfera estadual e distrital a escolha do Chefe do Poder Executivo não é submetida a prévia aprovação pela Assembleia Legislativa ou pela Câmara Legislativa, ante a diversidade da forma de investidura estabelecida pela própria Constituição Federal para a chefia do Ministério Público da União e dos Ministérios Públicos dos Estados-Membros e do Distrito Federal. Qualquer disposição nesse sentido contida em norma estadual será considerada inconstitucional (STF, ADIn 1.962/RO, Liminar, Rel. Min. Ilmar Galvão, *DJ*, 28-5-1999, *Informativo STF*, n. 151).

9 GARANTIAS E VEDAÇÕES (CF, ART. 128, § 5º)

Aos membros do Ministério Público foram atribuídas as mesmas garantias concedidas aos integrantes do Poder Judiciário: vitaliciedade, inamovibilidade e irredutibilidade. Elas são concedidas para que o Promotor e o Procurador de Justiça atuem com absoluta independência no exercício de suas funções de órgão de defesa dos interesses da sociedade, contra quem quer que seja, inclusive contra interesses do próprio Estado-administração.

a) **Vitaliciedade.** Os membros do Ministério Público, após o cumprimento do estágio probatório de dois anos, somente podem ser destituídos do cargo por sentença judicial transitada em julgado.

b) **Inamovibilidade.** Os membros do Ministério Público não podem ser transferidos compulsoriamente de seus cargos, salvo por motivo de interesse público, mediante decisão do órgão colegiado, por maioria absoluta dos votos, assegurada ampla defesa.

c) **Irredutibilidade do subsídio.** Subsídio é a denominação dada à remuneração concedida aos membros do Ministério Público e a outras altas autoridades federais pela Emenda Constitucional n. 19/98. Essa irredutibilidade tem sido entendida pelo Supremo Tribunal Federal apenas como meramente nominal e não real, não acompanhando as perdas do valor aquisitivo decorrentes da inflação.

Ao mesmo tempo em que são concedidas essas importantes garantias, também para assegurar a independência, são impostas algumas vedações:

a) receber, a qualquer título, honorários, percentagens ou custas processuais;
b) exercer a advocacia;
c) participar de sociedade comercial, na forma da lei;
d) exercer qualquer outra função pública, salvo uma de magistério;
e) exercer atividade político-partidária;
f) receber, a qualquer título ou pretexto, auxílios ou contribuições de pessoas físicas, entidades públicas ou privadas, ressalvadas exceções previstas em lei;
g) exercer a advocacia perante o juízo ou o tribunal perante o qual atuaram, pelo período de três anos após o afastamento do cargo por aposentadoria ou exoneração, o denominado período de quarentena (CF, art. 128, §§ 5º, II, e 6º).

10 AGENTES POLÍTICOS

Os membros do Ministério Público atuam como agentes políticos, dotados de plena liberdade funcional, com atribuições, prerrogativas e responsabilidades estabelecidas na própria Constituição. Como ensina Hely Lopes Meirelles, não são funcionários públicos em sentido estrito; possuem normas específicas para escolha, investidura, conduta e processos por crimes funcionais e de responsabilidade. O Ministério Público, como titular exclusivo da ação penal pública, responsável pela provocação do Judiciário nas hipóteses de crime dessa natureza, exerce uma inegável parcela da soberania do Estado.

11 CONSELHO NACIONAL DO MINISTÉRIO PÚBLICO

Trata-se de novo órgão introduzido pela Emenda Constitucional n. 45, de natureza administrativa, com a finalidade de efetuar o controle da atuação administrativa e financeira do Ministério Público e do cumprimento dos deveres funcionais de seus membros. Realiza o controle externo da Instituição. É formado por 14 membros, presidido pelo Procurador-Geral da República, com representantes de todos os ramos do Ministério Público Federal,

Da Organização do Estado, dos Poderes e Histórico das Constituições

três representantes dos Ministérios Públicos Estaduais, juízes de direito, advogados e integrantes da própria sociedade indicados por ambas as Casas do Congresso Nacional (CF, art. 130-A). Pode, para tanto, praticar todos os atos mencionados neste dispositivo constitucional. Além da fiscalização administrativa de atos de Ministérios Públicos de todo o país, terá a importante função de formular políticas institucionais, ao elaborar um relatório anual sobre a atuação da Instituição em todo o país e propor as providências que considerar necessárias ao Congresso Nacional.

12 PODERES DE INVESTIGAÇÃO DO MINISTÉRIO PÚBLICO

O Ministério Público dispõe de competência para realizar atos de investigação necessários para a propositura de ações, nas mais diversas áreas de atuação, penal, civil e de improbidade, para a defesa da ordem jurídica, do regime democrático e da tutela dos interesses sociais e individuais indisponíveis. Em temas relacionados com as diversas esferas de proteção abrangidas pela ação civil pública e em matéria de improbidade administrativa, existem diversas legislações específicas. Em matéria penal, o Supremo Tribunal Federal entendeu que os arts. 5º, LIV e LV, 129, III e VIII, e 144, IV, § 4º, da Constituição Federal não tornam a investigação criminal exclusividade da polícia nem afastam os poderes de investigação do Ministério Público, órgão titular da ação penal pública, fixando, com repercussão geral, a seguinte tese: "O Ministério Público dispõe de competência para promover, por autoridade própria, e por prazo razoável, investigações de natureza penal, desde que respeitados os direitos e garantias que assistem a qualquer indiciado ou a qualquer pessoa sob investigação do Estado, observadas, sempre, por seus agentes, as hipóteses de reserva constitucional de jurisdição e, também, as prerrogativas profissionais de que se acham investidos, em nosso país, os Advogados (Lei n. 8.906/94, art. 7º, notadamente os incisos I, II, III, XI, XIII, XIV e XIX), sem prejuízo da possibilidade – sempre presente no Estado Democrático de Direito – do permanente controle jurisdicional dos atos, necessariamente documentados (Súmula Vinculante 14), praticados pelos membros dessa instituição" (RE 593727/MG, Rel. Min. Gilmar Mendes, *Informativo STF*, n. 785).

Quadro sinótico – Ministério Público

Ministério Público	Instituição permanente, essencial à função jurisdicional do Estado, incumbida da defesa da ordem jurídica, do regime democrático e dos interesses sociais e individuais indisponíveis.
Atribuições	a) defesa da ordem jurídica; b) defesa do regime democrático; c) tutela dos interesses sociais e individuais indisponíveis.
Princípios institucionais	1ª) Unidade. 2ª) Indivisibilidade. 3ª) Independência funcional.
Atribuições	1ª) Promover, de forma privativa, a ação penal pública. 2ª) "Zelar pelo efetivo respeito dos Poderes Públicos e dos serviços de relevância pública aos direitos assegurados nesta Constituição, promovendo as medidas necessárias a sua garantia." 3ª) Promover, de forma não privativa, a ação civil pública para a proteção do patrimônio público e social, do meio ambiente e de outros interesses difusos e coletivos. 4ª) Promover ação de inconstitucionalidade de lei ou representação para fins de intervenção.

Atribuições	5ª) Controle externo da atividade policial. 6ª) Exercer outras funções que lhe forem conferidas, desde que compatíveis com sua finalidade.
Estrutura	I – Ministério Público da União: a) Ministério Público Federal; b) Ministério Público do Trabalho; c) Ministério Público Militar; d) Ministério Público do Distrito Federal e Territórios. II – Ministérios Públicos dos Estados.
Chefia do Ministério Público da União	Atribuída ao Procurador-Geral da República.
Chefia do Ministério Público dos Estados e do Distrito Federal	Nos Ministérios Públicos Estaduais e do Distrito Federal, o Procurador-Geral de Justiça é nomeado, respectivamente, pelo Governador do Estado e pelo Presidente da República.
Garantias e vedações	a) Vitaliciedade. b) Inamovibilidade. c) Irredutibilidade do subsídio.
Vedações	a) receber, a qualquer título, honorários, percentagens ou custas processuais; b) exercer a advocacia; c) participar de sociedade comercial, na forma da lei; d) exercer qualquer outra função pública, salvo uma de magistério; e) exercer atividade político-partidária; f) receber, a qualquer título ou pretexto, auxílios ou contribuições de pessoas físicas, entidades públicas ou privadas, ressalvadas exceções previstas em lei; g) exercer a advocacia perante o juízo ou o tribunal perante o qual atuaram, pelo período de três anos após o afastamento do cargo por aposentadoria ou exoneração, o denominado período de quarentena.
Conselho Nacional do Ministério Público	Órgão introduzido pela Emenda Constitucional n. 45, de natureza administrativa, com a finalidade de efetuar o controle da atuação administrativa e financeira do Ministério Público e do cumprimento dos deveres funcionais de seus membros.
Poderes de investigação do Ministério Público	A Instituição possui amplos poderes de investigação, em todas as áreas de atuação, penal, civil e improbidade administrativa, podendo instaurar procedimentos administrativos próprios e realizar investigações para a propositura de ações penais, de ações civis públicas e de improbidade administrativa.

Capítulo XV
ADVOCACIA E DEFENSORIA PÚBLICA

1 INTRODUÇÃO

A advocacia e a Defensoria Pública foram adequadamente erigidas pela Constituição Federal como essenciais à realização da Justiça.

O Estado, em suas diversas esferas de descentralização do poder político, dispõe de instituições para zelar pela representação de seus interesses em juízo e extrajudicialmente. Devem a União e os Estados manter ainda Defensorias Públicas, com a finalidade de assegurar a garantia constitucional da assistência jurídica integral e gratuita aos que comprovarem insuficiência de recursos.

2 ADVOCACIA-GERAL DA UNIÃO (CF, ART. 131)

Advocacia-Geral da União é a instituição que representa a União, judicial e extrajudicialmente, além de exercer as atividades de consultoria e assessoramento do Poder Executivo.

Histórico. Foi instituída com a Constituição de 1988, pois o Ministério Público Federal acumulava até então as funções de titular da ação penal pública e a representação judicial da União.

Foi colocada, no Título dedicado à Organização dos Poderes, em um capítulo à parte, para que pudesse atender, com independência, aos três Poderes, tendo em vista que a representação judicial da União confiada à Instituição envolve os três Poderes da República.

Observa Paulo Gustavo Gonet Branco que não resta dúvida de que a Advocacia Pública integra o Poder Executivo. A Constituição não assegura independência funcional ao advogado público. Deve seguir as diretrizes estabelecidas pela Instituição. O Supremo Tribunal Federal já declarou inconstitucional norma que estendia essa garantia a advogados públicos (ADIn 470, Rel. Min. Ilmar Galvão, *DJ*, 11-10-2002).

Chefia. O chefe da instituição é o Advogado-Geral da União, cargo de livre nomeação do Presidente da República, que permanece no poder enquanto gozar de sua confiança. Deve ser escolhido dentre cidadãos maiores de 35 anos, de notável saber jurídico e reputação ilibada. A Lei n. 8.682/93 confere-lhe "todos os direitos, deveres e prerrogativas de Ministro de Estado, bem assim o tratamento a este dispensado".

Carreira. O ingresso na carreira da Advocacia-Geral da União depende de aprovação em concurso público de provas e títulos. A Lei Complementar n. 73/93 institui a "Lei Orgânica da Advocacia-Geral da União". Estabelece três carreiras integrantes dessa instituição: Advogado da União, Procurador da Fazenda Nacional e Assistente Jurídico. Essas carreiras inserem-se, respectivamente, nos seguintes órgãos de execução: Procuradoria-Geral da União, Procuradoria-Geral da Fazenda Nacional e Consultoria Jurídica dos Ministérios.

Representação judicial. A representação judicial do Estado, por seus Procuradores, decorre da própria posse no cargo, dispensando a juntada de procuração nos autos. Em relação às autarquias e fundações públicas, a antiga divergência jurisprudencial foi superada pela Lei n. 9.469/97, que expressamente estabeleceu a desnecessidade da apresentação do instrumento do mandato para a representação judicial dessas entidades.

Na execução da dívida ativa de natureza tributária, a representação da União cabe à Procuradoria-Geral da Fazenda Nacional (CF, art. 131, § 4º).

3 PROCURADORIA-GERAL DO ESTADO (CF, ART. 132)

A representação judicial e extrajudicial dos Estados-Membros, além das atividades de consultoria e assessoramento jurídico, é feita pela Procuradoria-Geral do Estado.

Chefia. As Procuradorias do Estado são chefiadas por pessoas de livre nomeação do Governador do Estado, observados os preceitos estabelecidos na Constituição do Estado.

No Estado de São Paulo, a Constituição Estadual estabelece que a direção superior da instituição compete ao Procurador-Geral do Estado, nomeado pelo Governador do Estado, em comissão, entre os Procuradores que integram a carreira, assegurados o mesmo tratamento, prerrogativas e representação de Secretário de Estado. Ação direta de inconstitucionalidade que questionava a necessidade da nomeação dentre os integrantes da carreira foi julgada improcedente pelo Supremo Tribunal Federal. A Constituição Estadual, no exercício da auto-organização conferida pelo art. 25 da Constituição Federal, tem competência para definir critérios de escolha do Procurador-Geral do Estado (ADIn 2.581/SP, *Informativo STF*, n. 476).

Carreira. O ingresso na carreira de Procurador do Estado depende de aprovação em concurso público de provas e títulos, com participação da Ordem dos Advogados do Brasil. Adquire-se a estabilidade depois de três anos de efetivo exercício, mediante avaliação de desempenho perante os órgãos próprios, após relatório circunstanciado das Corregedorias (CF, art. 132, parágrafo único).

Como salientado pela Suprema Corte: "A previsão, em sede constitucional, da atuação dos Procuradores dos Estados e do Distrito Federal, obrigatoriamente organizados em carreira, radicou na necessidade de se garantir às Unidades Federadas um corpo jurídico estruturado e bem preparado para as tarefas de orientação jurídica, com isenção e imparcialidade, e defesa da legalidade e da constitucionalidade em todos os contextos de funcionamento da Administração Pública estadual". Atividades de assessoramento jurídico do Poder Executivo dos Estados devem ser exercidas exclusivamente por Procuradores do Estado, sendo inconstitucional norma que autorize o provimento com cargo em comissão de assistência, consultoria e assessoramento jurídico no âmbito do Poder Executivo (ADI 4.843-MC/PB, Rel. Min. Celso de Mello, *Informativo STF*, n. 743).

4 DEFENSORIA PÚBLICA (CF, ART. 134)

A Defensoria Pública é instituição permanente, essencial à função jurisdicional do Estado, incumbindo-lhe, como expressão e instrumento do regime democrático, fundamentalmente, a orientação jurídica, a promoção dos direitos humanos e a defesa, em todos os graus, judicial e extrajudicial, dos direitos individuais e coletivos, de forma integral e gratuita, aos necessitados, assim considerados na forma do inciso LXXIV do art. 5º da Constituição Federal. A atividade de distribuição da justiça pressupõe que ambas as partes da ação estejam devidamente representadas. Para tanto, é indispensável que o Estado forneça assistência judiciária integral e gratuita para as pessoas carentes, para quem não dispõe de recursos para pagar advogado sem privar-se do indispensável para o seu próprio sustento e de sua família. Trata-se de um dos direitos individuais inscritos no texto constitucional (art. 5º, LXXIV). A Constituição de 1988 ampliou a garantia constitucional tradicional da "assistência judiciária" para "assistência jurídica e integral". Essa tutela para os necessitados não se restringe à atividade judicial, mas compreende toda a esfera jurídica, abrangendo a prática de atos não processuais, como a instauração e movimentação de processos administrativos, atos notariais e prestação de serviços de consultoria.

Da Organização do Estado, dos Poderes e Histórico das Constituições

As Defensorias Públicas da União, dos Estados e do Distrito Federal possuem ampla autonomia administrativa e financeira, bem como iniciativa de apresentar proposta orçamentária dentro dos limites estabelecidos pela legislação. Com a aprovação da autonomia orçamentária, não mais é possível a inclusão da proposta orçamentária da Defensoria Pública entre os órgãos do Poder Executivo. A proposta precisa ser encaminhada pelo Poder Executivo como aprovada pela Defensoria Pública para o Parlamento, devendo o Presidente da República ou os Governadores dos Estados ou do Distrito Federal postular as reduções que entenderem cabíveis perante o Poder Legislativo (ADPF 307, *Informativo STF*, n. 733).

São princípios institucionais da Defensoria Pública, assegurados pela Constituição Federal, a unidade, a indivisibilidade e a independência funcional. A unidade significa que os membros de cada Defensoria Pública integram um só órgão, sob a mesma direção do Defensor Público Geral Federal na esfera da União e do Defensor Público Geral do Estado ou do Distrito Federal em cada unidade da Federação. A indivisibilidade assegura que os integrantes da Defensoria Pública atuam sempre em nome de toda a instituição, podendo ser substituídos uns pelos outros. E a independência funcional assegura que possam atuar somente de acordo com a lei e sua consciência. Não há hierarquia no sentido funcional. A chefia da Defensoria Pública, em relação a seus membros, ocorre apenas na esfera administrativa.

União, Estados e Distrito Federal podem legislar concorrentemente sobre assistência jurídica e defensoria pública (CF, art. 24, XIII). A União deve estabelecer as normas gerais e os Estados desdobrarem essas regras. A Lei Complementar n. 80/90 organiza a Defensoria Pública da União e dos Estados e prescreve normas gerais para a organização nos Estados. O STF entende que as reformas trazidas pelas EC n. 45/2004, 74/2013 e 80/2014 atribuíram autonomia funcional, administrativa e financeira às Defensorias dos Estados e da União. Dessa forma, no contexto atual, as Defensorias Públicas são consideradas órgãos constitucionais independentes, sem subordinação ao Poder Executivo. Deixaram de ser vistas como órgãos auxiliares do governo (RE 1.140.005/RJ, Min. Roberto Barroso, *Informativo STF*, n. 1100).

Chefia da Instituição. A Defensoria Pública da União tem por chefe o Defensor Público-Geral Federal, nomeado pelo Presidente da República, dentre membros estáveis da Carreira e maiores de 35 anos, escolhidos em lista tríplice formada pelo voto direto, secreto, plurinominal e obrigatório de seus membros, após a aprovação de seu nome pela maioria absoluta dos membros do Senado Federal, para mandato de dois anos, permitida uma recondução, precedida de nova aprovação pelo Senado Federal (Lei Complementar n. 80/90, art. 6º).

As Defensorias Públicas dos Estados têm por chefe o Defensor Público-Geral, nomeado pelo Governador do Estado, dentre membros estáveis da carreira e maiores de 35 anos, escolhidos em lista tríplice formada pelo voto direto, secreto, plurinominal e obrigatório de seus membros, para mandato de dois anos, permitida uma recondução (Lei Complementar n. 80/90, art. 99).

Ação civil pública. A Defensoria Pública possui legitimidade para promover ação civil pública e todas as espécies de ações capazes de propiciar a adequada tutela dos direitos difusos, coletivos ou individuais homogêneos quando o resultado da demanda puder beneficiar grupo de pessoas hipossuficientes (art. 5º da Lei n. 7.347/85, na nova redação dada pela Lei n. 11.448/2007, e art. 4º, VII, da Lei Complementar n. 80/94).

Poder de requisição – O STF considerou constitucional, adotando a teoria dos poderes implícitos, leis complementares estaduais que, desde que observados os parâmetros de razoabilidade e proporcionalidade, conferem à Defensoria Pública prerrogativa de requisitar, de quaisquer autoridades públicas e de seus agentes, certidões, exames, perícias, vistorias, diligências, processos, documentos, informações, esclarecimentos e demais providências necessárias ao exercício de suas atribuições. Esse poder não alcança dados cujo acesso dependa de autorização judicial, a exemplo dos protegidos pelo sigilo (ADI 6860/MT, Rel. Min. Nunes Marques, *Informativo STF*, n. 1067).

5 ADVOCACIA (CF, ART. 133)

O advogado, conforme dispõe o art. 133 da Constituição, "é indispensável à administração da justiça, sendo inviolável por seus atos e manifestação no exercício da profissão, nos limites da lei". **Advogado é o bacharel em direito inscrito na Ordem dos Advogados do Brasil.** Sem sua participação não há possibilidade de distribuição equânime da função jurisdicional. O advogado, como ensina José Afonso da Silva, é o "profissional habilitado para o exercício do *ius postulandi*". Para uma perfeita atuação da função jurisdicional do Estado, é indispensável que as partes compareçam em juízo assistidas por profissionais devidamente habilitados para defender seus interesses. A advocacia deve ser entendida como um *munus*, um dever a serviço da justiça. Não existe relação de hierarquia entre advogados, promotores de justiça e juízes; todos são indispensáveis para uma perfeita e adequada distribuição da justiça.

Para assegurar a ampla defesa assegurada pela Constituição como direito fundamental, o Supremo Tribunal Federal editou a Súmula Vinculante 14: "É direito do defensor, no interesse do representado, ter acesso amplo aos elementos de prova que, já documentados em procedimento investigatório realizado por órgão com competência de polícia judiciária, digam respeito ao exercício do direito de defesa".

Nem mesmo a decretação de sigilo, em respeito à garantia constitucional de ser assegurada ao preso a assistência por advogado (CF, art. 5º, LXIII), pode obstar o acesso de advogado a autos de investigação criminal em andamento (STF, HC 82.354, Rel. Min. Sepúlveda Pertence, *RTJ* 191/547).

Inviolabilidade. No exercício da atividade profissional o advogado não pode ser punido por seus atos e manifestações. A própria legislação penal prevê a imunidade judiciária "pela ofensa irrogada em juízo, na discussão da causa, pela parte ou por seu procurador". O Estatuto da Ordem dos Advogados do Brasil estabelece quais os direitos e deveres dos advogados (Lei n. 8.906/94). Contudo, manifestos abusos, ofensas gratuitas, totalmente divorciadas da atividade profissional, continuam sendo punidas como crime, pois a inviolabilidade não é absoluta; deve ser exercida dentro dos limites legais.

Como anotado pelo Ministro Celso de Mello: "A proclamação constitucional da inviolabilidade do Advogado, por seus atos e manifestações no exercício da profissão, traduz significativa garantia do exercício pleno dos relevantes encargos cometidos pela ordem jurídica a esse indispensável operador de direito. Não se reveste, contudo, de valor absoluto, eis que a cláusula assecuratória desta prerrogativa jurídica encontra limites na lei, consoante dispõe o art. 133 da Constituição. Revela-se incompatível com práticas abusivas ou atentatórias à dignidade da profissão ou às normas ético-jurídicas que lhe regem o exercício" (RHC 81.750, *DJ*, 10-8-2007).

Indispensabilidade do advogado. O art. 133 estabelece que o advogado é indispensável à administração da Justiça. São nulos os atos privativos de advogado praticados por pessoa não inscrita na Ordem dos Advogados do Brasil. Esta regra não é absoluta. O próprio Estatuto da OAB ressalva a impetração de *habeas corpus* (Lei n. 8.906/94, art. 1º, § 1º). Nos Juizados Especiais Cíveis, nas causas até determinado valor, a assistência por advogado não é obrigatória (Lei n. 9.099/95, art. 9º, e Lei n. 10.259/2001, art. 10). Em relação aos Juizados Especiais Criminais, a presença de defensor, constituído ou dativo, em respeito ao princípio da ampla defesa, é obrigatória (*Informativo STF*, n. 430). Em processos administrativos a ausência de defesa por advogado não é causa de nulidade. Nesse sentido, o Supremo Tribunal Federal editou a Súmula Vinculante 5: "A falta de defesa técnica por advogado no processo administrativo disciplinar não ofende a Constituição".

6 ORDEM DOS ADVOGADOS DO BRASIL

A Ordem dos Advogados do Brasil é a entidade representativa dos advogados no Brasil. Tem uma longa história de participação na vida política do país, tendo se destacado na luta contra o autoritarismo durante o regime militar e em outros momentos cívicos e democráticos importantes da história brasileira.

Essa relevância é reconhecida pela Constituição brasileira. O Conselho Federal da OAB tem legitimidade para a propositura de ações diretas de inconstitucionalidade e ações declaratórias de constitucionalidade (CF, art. 103, VII). Indica dois representantes para o Conselho Nacional de Justiça e dois para o Conselho Nacional do Ministério Público (CF, arts. 104-B, XII, e 130-A, V). Participa das bancas de concurso de ingresso para a Magistratura, Ministério Público e Procuradorias dos Estados e do Distrito Federal (CF, arts. 93, I, 129, 3º, e 132). Um quinto dos membros do Tribunal Superior do Trabalho, dos Tribunais Regionais Federais e do Trabalho, dos Tribunais de Justiça dos Estados e do Distrito Federal são originários do Ministério Público e da Advocacia, indicados em lista sêxtupla pelos órgãos de representação das respectivas classes (CF, arts. 94, 107, 111-A, 115). No Superior Tribunal de Justiça, um terço dos Ministros também provém do Ministério Público e da advocacia, de forma paritária. As indicações são feitas em listas sêxtuplas encaminhadas pela Ordem dos Advogados do Brasil para os respectivos Tribunais.

O Supremo Tribunal Federal reconheceu à OAB um *status* especial: "A OAB não é uma entidade da Administração Indireta da União. A Ordem é um serviço público independente, categoria ímpar no elenco das personalidades jurídicas existentes no direito brasileiro. A OAB não está incluída na categoria na qual se inserem essas a que se tem referido como 'autarquias especiais' para pretender-se afirmar equivocada independência das hoje chamadas 'agências'. Por não consubstanciar uma entidade da Administração Indireta, a OAB não está sujeita a controle da Administração, nem a qualquer das suas partes está vinculada. Essa não vinculação é formal e materialmente necessária. A OAB ocupa-se de atividades atinentes aos advogados, que exercem função constitucionalmente privilegiada, na medida em que são indispensáveis à administração da Justiça [art. 133 da CF/88]. É entidade cuja finalidade é afeita a atribuições, interesses e seleção de advogados. Não há ordem de relação ou dependência entre a OAB e qualquer órgão público. A OAB, cujas características são autonomia e independência, não pode ser tida como congênere dos demais órgãos de fiscalização profissional. A OAB não está voltada exclusivamente a finalidades corporativas. Possui finalidade institucional" (STF, ADIn 3.026/DF, Rel. Min. Eros Grau). O Conselho Federal e os Conselhos Seccionais da OAB, por exercerem serviço público independente, que não se confunde com serviço estatal, e por gerirem recursos de seus associados, não estão obrigados a prestar contas ao Tribunal de Contas da União nem a qualquer outra entidade externa (RE 1182189, *Informativo STF*, n. 1091).

Quadro sinótico – Advocacia e Defensoria Pública

Advocacia e Defensoria Pública	Devem a União e os Estados manter Defensorias Públicas, com a finalidade de assegurar a garantia constitucional da assistência jurídica integral e gratuita aos que comprovarem insuficiência de recursos.
Advocacia-Geral da União	É a instituição que representa a União, judicial e extrajudicialmente, além de exercer as atividades de consultoria e assessoramento do Poder Executivo.
Procuradoria-Geral do Estado	A representação judicial e extrajudicial dos Estados-Membros, além das atividades de consultoria e assessoramento jurídico, é feita pela Procuradoria-Geral do Estado.
Defensoria Pública	É instituição essencial à função jurisdicional, incumbida da orientação jurídica e defesa, em todos os graus, dos necessitados. Esta tutela para os necessitados não se restringe à atividade judicial, mas compreende toda a esfera jurídica, abrangendo a prática de atos não processuais, como a instauração e movimentação de processos administrativos, atos notariais e prestação de serviços de consultoria.
Advocacia	O advogado, conforme dispõe o art. 133 da Constituição, "é indispensável à administração da justiça, sendo inviolável por seus atos e manifestação no exercício da profissão, nos limites da lei". Advogado é o bacharel em direito inscrito na Ordem dos Advogados do Brasil.
Inviolabilidade	No exercício da atividade profissional o advogado não pode ser punido por seus atos e manifestações. Contudo, a inviolabilidade não é absoluta e deve ser exercida dentro dos limites legais.
Indispensabilidade do advogado	O advogado é indispensável à administração da Justiça. São nulos os atos privativos de advogado praticados por pessoa não inscrita na OAB.
Ordem dos Advogados do Brasil	A OAB é a entidade representativa dos advogados no Brasil. O Conselho Federal da OAB tem legitimidade para a propositura de ações diretas de inconstitucionalidade e ações declaratórias de constitucionalidade.

Capítulo XVI
DEFESA DO ESTADO E DAS INSTITUIÇÕES DEMOCRÁTICAS

1 INTRODUÇÃO

O Título V da Constituição Federal, intitulado "Da defesa do Estado e das instituições democráticas", contém três capítulos, dedicados, respectivamente, ao estado de defesa e ao estado de sítio, às Forças Armadas e à segurança pública. A antiga ideologia da "segurança nacional", que impregnou a Constituição anterior, imposta no regime militar, não mais prevalece entre nós. Foi substituída por uma concepção de defesa do próprio Estado Democrático de Direito instaurado no Brasil pela Constituição de 1988. As Forças Armadas e os diversos organismos policiais devem desenvolver suas atividades em uma perspectiva de defesa da ordem democrática. Como salienta José Afonso da Silva, "a defesa do Estado é defesa do território contra invasão estrangeira, defesa da soberania nacional, é defesa da Pátria, não mais deste ou daquele regime político ou de uma particular ideologia ou de um grupo detentor do poder".

2 SISTEMA CONSTITUCIONAL DE CRISES

Considerando os momentos de grave crise institucional, pelos quais qualquer país pode passar, conforme revela a experiência histórica, a própria Constituição estabelece mecanismos de salvaguarda da ordem jurídica, com a suspensão ou restrição de diversos direitos individuais. Se estes, as denominadas liberdades negativas, são claros limites impostos à atuação do Estado, o estado de defesa e o estado de sítio são formas extraordinárias de preservação da ordem para a superação de momentos de grave crise institucional, com o fortalecimento do poder do Estado e a restrição de direitos individuais.

3 LEGALIDADE ESPECIAL OU EXTRAORDINÁRIA

Impõe-se, nos momentos de grave crise institucional, um sistema denominado legalidade especial ou extraordinária, em substituição ao regime de legalidade ordinária vigente no país.

4 PODERES DE CRISE

Decretado o estado de defesa ou o estado de sítio, o Presidente da República fica investido de poderes extraordinários, os denominados poderes de crise, podendo impor restrições aos direitos individuais não admitidas em períodos de legalidade ordinária. Esses poderes estão expressamente previstos pela própria Constituição, não podendo ser ultrapassados. Como observa José Celso de Melo Filho, "essa circunstância – definição prévia e exaustiva das medidas de coerção – confere rigidez ao sistema de legalidade especial".

5 PRINCÍPIOS INFORMADORES

Três são os princípios informadores nesses momentos de crise: necessidade, temporariedade e proporcionalidade.

1º) Princípio da **necessidade**. Só é admitida a decretação do sistema de legalidade extraordinária ou especial nas hipóteses taxativamente previstas pela Constituição.

2º) Princípio da temporariedade. Só se admite a decretação dessas medidas de salvaguarda da ordem democrática, com suspensão de direitos individuais, por períodos definidos.

3º) Princípio da proporcionalidade. Deve existir uma correlação entre os fatos que justificaram a instauração do estado de exceção e as medidas de salvaguarda adotadas.

Violado o princípio da necessidade, a decretação da medida extrema significaria um simples golpe de Estado. Violado o princípio da temporariedade, a medida extrema, com prolongamento indevido do fortalecimento dos poderes do Estado e a suspensão de garantias fundamentais, daria origem a uma ditadura.

6 ESPÉCIES DE ESTADOS DE EXCEÇÃO

A atual Constituição admite duas formas de legalidade especial ou extraordinária, o estado de defesa e o estado de sítio. São graduações do estado de exceção. Como observa Manoel Gonçalves Ferreira Filho, o estado de defesa "consiste numa forma mais branda do estado de sítio".

6.1. ESTADO DE DEFESA (CF, ART. 136)

O estado de defesa pode ser decretado, pelo Presidente da República, em locais restritos, por tempo determinado, para preservar ou prontamente restabelecer a "ordem pública ou a paz social ameaçadas por grave e iminente instabilidade institucional ou atingidas por calamidades de grandes proporções na natureza". O estado de defesa é sempre em local determinado e por prazo não superior a trinta dias, prorrogáveis, uma única vez, por igual período, se persistirem as razões que justificaram a sua decretação.

Pressupostos formais. **a)** Prévia oitiva dos Conselhos da República e de Defesa Nacional, cujas manifestações não são vinculantes; **b)** decreto do Presidente da República determinando o tempo de duração, as áreas abrangidas e as medidas coercitivas a serem adotadas; e **c)** submissão do decreto, com sua justificação, ao Congresso Nacional, que deverá deliberar, no prazo de dez dias, por maioria absoluta, aprovando ou rejeitando o estado de defesa. Se o Congresso Nacional estiver em recesso, será convocado extraordinariamente no prazo de cinco dias. Aprovado o decreto, o Congresso não poderá entrar em recesso parlamentar. As medidas de restrição de direitos individuais que podem vir a ser adotadas estão enumeradas no art. 136, §§ 1º e 3º. Em caso de eventual rejeição do decreto pelo Congresso Nacional, cessa de imediato o estado de defesa.

6.2. ESTADO DE SÍTIO (CF, ART. 137)

É a forma mais grave de legalidade especial ou extraordinária. São duas as modalidades de estado de sítio previstas em nossa Constituição: repressivo e defensivo.

a) Estado de sítio repressivo é o que tem como pressuposto material "comoção grave de repercussão nacional ou ocorrência de fatos que comprovem a ineficácia de medida tomada durante o estado de defesa" (CF, art. 137, I).

b) Estado de sítio defensivo é o que tem como pressuposto material a "declaração de estado de guerra ou resposta a agressão armada estrangeira" (CF, art. 137, II).

No estado de sítio repressivo podem ser adotadas medidas coercitivas previstas no art. 139 da Constituição. O estado de sítio repressivo poderá ser decretado por períodos sucessivos de trinta dias.

No estado de sítio defensivo, considerando a agressão armada realizada por Estado estrangeiro, pois o estado de guerra só é admitido nessa hipótese (CF, art. 84, XIX), a situação

Da Organização do Estado, dos Poderes e Histórico das Constituições

de legalidade extraordinária poderá ser decretada pelo tempo que perdurar a guerra ou a agressão estrangeira, não encontrando na Constituição qualquer restrição à medida coercitiva que possa vir a ser adotada pelo decreto do Presidente da República editado após autorização do Congresso Nacional.

Pressupostos formais. a) Prévia oitiva dos Conselhos da República e de Defesa Nacional, cujas manifestações não são vinculantes; **b)** decreto do Presidente da República, indicando, no caso de estado de sítio repressivo, a duração, as garantias constitucionais suspensas e o executor das medidas específicas e das áreas abrangidas; e **c)** autorização concedida por maioria absoluta do Congresso Nacional, após exposição pelo Presidente da República dos motivos determinantes do pedido. No estado de sítio, por sua maior gravidade e consequências, a manifestação do Congresso Nacional é anterior ao decreto do Presidente da República, autorizando ou não a medida. No caso do estado de defesa, o decreto do Presidente da República, já expedido, é que será submetido à aprovação ou rejeição do Congresso.

7 CONTROLE POLÍTICO

O decreto de estado de defesa ou estado de sítio está sujeito a um duplo controle: político e jurisdicional. O controle político é exercido pelo Congresso Nacional em três momentos distintos. **a) Controle prévio.** O estado de sítio somente poderá ser decretado pelo Presidente da República após autorização concedida pelo Congresso Nacional por maioria absoluta (CF, arts. 49, IV, e 137, parágrafo único). Já o estado de defesa poderá ser decretado pelo Presidente da República, mas a medida excepcional deverá ser submetida de imediato ao exame do Poder Legislativo, para aprovação por maioria absoluta ou rejeição (CF, arts. 49, IV, e 136, § 4º). **b) Controle concomitante.** Para cada prorrogação do estado de defesa ou do estado de sítio, haverá necessidade de uma nova aprovação por maioria absoluta do Poder Legislativo. A Mesa do Congresso Nacional, ouvidos os líderes partidários, designa uma comissão composta de cinco de seus membros para acompanhar e fiscalizar a execução das medidas coercitivas referentes ao estado de defesa e ao estado de sítio (CF, art. 140). O Congresso Nacional poderá sustar qualquer uma das medidas adotadas (CF, art. 49, IV, última parte). **c) Controle sucessivo.** Cessado o estado de defesa ou o estado de sítio, o Presidente da República deverá relatar ao Congresso Nacional as medidas aplicadas, com especificação e justificação das providências adotadas (CF, art. 141).

8 CONTROLE JURISDICIONAL

O controle jurisdicional é exercido pelo Poder Judiciário, pois as medidas coercitivas adotadas, mesmo em um regime de legalidade especial ou extraordinária, estão submetidas ao poder hierárquico da Constituição Federal. O Poder Judiciário não é atingido em sua independência funcional pelas restrições de direitos individuais impostas durante o estado de defesa ou o estado de sítio. Ele pode apreciar os aspectos formais das medidas coercitivas adotadas durante o estado de exceção. Medidas abusivas, impostas fora das previsões constitucionais ou além das medidas coercitivas previstas no decreto presidencial, podem ser obstadas em juízo. Por se tratar de atos de natureza eminentemente política, só é vedado ao Poder Judiciário examinar os critérios de oportunidade e conveniência, a existência ou não de motivos para a decretação do estado de legalidade extraordinária.

Quadro sinótico – Defesa do Estado e das instituições democráticas

Sistema constitucional de crises	Em momentos de grave crise institucional, a Constituição estabelece mecanismos de salvaguarda da ordem jurídica, com a suspensão ou restrição de diversos direitos individuais.
Princípios informadores	1º) Princípio da necessidade. 2º) Princípio da temporariedade. 3º) Princípio da proporcionalidade.
Espécies de estados de exceção	Estado de defesa e estado de sítio.
Estado de defesa	O estado de defesa pode ser decretado, pelo Presidente da República, em locais restritos, por tempo determinado, para preservar ou prontamente restabelecer a "ordem pública ou a paz social ameaçadas por grave e iminente instabilidade institucional ou atingidas por calamidades de grandes proporções na natureza".
Pressupostos formais	a) Prévia oitiva dos Conselhos da República e de Defesa Nacional, cujas manifestações não são vinculantes; b) decreto do Presidente da República determinando o tempo de duração, as áreas abrangidas e as medidas coercitivas a serem adotadas; e c) submissão do decreto, com sua justificação, ao Congresso Nacional.
Estado de sítio	É a forma mais grave de legalidade especial. Pode ser: repressivo ou defensivo. a) Estado de sítio repressivo – tem como pressuposto material "comoção grave de repercussão nacional ou ocorrência de fatos que comprovem a ineficácia de medida tomada durante o estado de defesa" (CF, art. 137, I). b) Estado de sítio defensivo – tem como pressuposto material a "declaração de estado de guerra ou resposta a agressão armada estrangeira" (CF, art. 137, II).
Pressupostos formais	a) Prévia oitiva dos Conselhos da República e de Defesa Nacional, cujas manifestações não são vinculantes; b) decreto do Presidente da República, indicando, no caso de estado de sítio repressivo, a duração, as garantias constitucionais suspensas e o executor das medidas específicas e das áreas abrangidas; e c) autorização concedida por maioria absoluta do Congresso Nacional, após exposição pelo Presidente da República dos motivos determinantes do pedido.
Controle político (do decreto de estado de defesa ou de sítio)	É exercido pelo Congresso Nacional em três momentos distintos. a) Controle prévio. Poderá ser decretado pelo Presidente da República após autorização concedida pelo Congresso Nacional por maioria absoluta. b) Controle concomitante. Para cada prorrogação do estado de defesa ou do estado de sítio, haverá necessidade de uma nova aprovação por maioria absoluta do Poder Legislativo. c) Controle sucessivo. Cessado o estado de defesa ou o estado de sítio, o Presidente da República deverá relatar ao Congresso Nacional as medidas aplicadas.
Controle jurisdicional	Exercido pelo Poder Judiciário. O Poder Judiciário não é atingido em sua independência funcional pelas restrições de direitos individuais impostas durante o estado de defesa ou o estado de sítio. Ele pode apreciar os aspectos formais das medidas coercitivas adotadas durante o estado de exceção.

Capítulo XVII
HISTÓRIA DAS CONSTITUIÇÕES BRASILEIRAS

1 EVOLUÇÃO CRONOLÓGICA

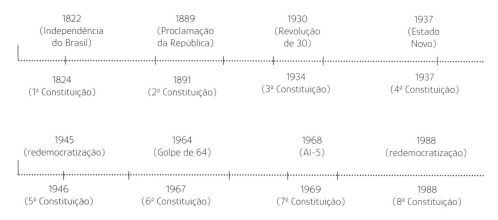

2 INTRODUÇÃO

A história brasileira, conforme assinala a cronologia acima, evidencia o acerto de Lassale para a sua concepção sociológica de Constituição como a soma dos fatores reais de poder. Sempre que ocorreu uma alteração fundamental na estrutura do poder político na história brasileira, uma Constituição, uma nova lei básica de organização e delimitação dos poderes do Estado foi editada para dar a formulação jurídica em conformidade com a ordem surgida. Não há como dissociar o acompanhamento da evolução do direito constitucional do estudo da dimensão política e histórica existente no momento de cada alteração. O direito constitucional brasileiro apresenta momentos sucessivos de concentração e desconcentração de poderes políticos, reflexos das transformações ocorridas no seio da sociedade. Essas alterações trazem evidentes modificações na estrutura do Estado, bem como em seus limites. O Brasil, em sua história, já teve oito Constituições, quatro elaboradas de forma democrática (1891, 1934, 1946 e 1988) e quatro impostas de maneira autoritária (1824, 1937, 1967 e 1969). Iremos apontar a seguir as principais características de cada Constituição.

3 CONSTITUIÇÃO DE 1824 – 1ª CONSTITUIÇÃO BRASILEIRA

3.1. MOMENTO HISTÓRICO

Proclamada a independência do Estado brasileiro, impunha-se a elaboração de uma Constituição sob os influxos das ideias do liberalismo político então em voga na Europa. A Monarquia constitucional opunha-se à absolutista. Desde a sessão de instalação da Assembleia Constituinte, o Imperador já havia advertido que não aceitaria restrições políticas que lhe parecessem intoleráveis, lançando o seguinte alerta: "com minha espada defenderia a

Pátria, a Nação e a Constituição, se fosse digna do Brasil e de mim". A primeira Assembleia Constituinte brasileira foi dissolvida pelo Imperador, que constituiu um Conselho de Notáveis para a elaboração da Carta Magna. O texto foi promulgado por Dom Pedro I como a 1ª Constituição brasileira. Esta, embora outorgada pelo Chefe de Estado, foi a Constituição de mais longa duração em toda a história brasileira (65 anos), com a aprovação de uma única emenda constitucional, o Ato adicional de 1834. Permaneceu em vigor até a Proclamação da República, em 1889.

No segundo reinado, observou-se, na prática, uma espécie de parlamentarismo no Brasil, embora abafado pelo excesso de poderes concedidos ao Imperador. Para Pinto Ferreira, o parlamentarismo no Brasil provém da época da regência de Feijó. Para outros autores, contudo, surgiu em 1847, com a criação do cargo de Presidente do Conselho de Ministros, algo semelhante ao Primeiro Ministro nos regimes parlamentaristas. Não se tratava de um regime parlamentarista puro, pois, para se conservar no poder, o Gabinete precisava continuar a merecer a confiança do Parlamento e também do Imperador, titular do Poder Moderador. Dom Pedro II utilizou-se disso com sabedoria para alternar no exercício do poder liberais e conservadores, conforme as conveniências de cada momento. Carlos Maximiliano esclarece que existia, na época, o seguinte dito popular, ainda atual: "não há nada mais parecido com um saquarema (os conservadores) do que um luzia (os liberais) no poder".

3.2. CARACTERÍSTICAS PRINCIPAIS

1ª) Forma unitária de Estado. 2ª) Monarquia constitucional como forma de governo. 3ª) Território brasileiro dividido em províncias, com presidentes nomeados pelo Imperador e exoneráveis *ad nutum* (a qualquer momento, de acordo com os critérios de oportunidade e conveniência do Imperador). 4ª) O catolicismo era considerado a religião oficial do Estado, sendo assegurado somente o culto doméstico de outras crenças, sem forma alguma exterior de templo. 5ª) Sufrágio censitário, pois, para participar do processo eleitoral, era exigida renda mínima anual e, para ser eleito, uma renda ainda maior, graduando-se conforme o cargo. Para ser eleitor: cem mil-réis; membro do Conselho Geral da Província: duzentos mil-réis; Deputado: quatrocentos mil-réis; e Senador: oitocentos mil-réis. 6ª) Existência de quatro poderes políticos: Executivo, Legislativo, Judiciário e Moderador (doutrina de Benjamin Constant). **a)** O Executivo era chefiado pelo Imperador, com o auxílio dos Ministros de Estado. **b)** O Legislativo, delegado à Assembleia Geral com a sanção do Imperador, era exercido pelo sistema bicameral, ou seja, composto de duas Casas: a Câmara dos Deputados e o Senado. A Câmara era constituída de representantes eleitos e com mandato de quatro anos para o exercício do cargo. O Senado era composto de membros vitalícios, escolhidos pelo Imperador dentro de lista tríplice feita a partir do voto dos eleitores de cada província. **c)** O Judiciário era considerado independente e composto de juízes e jurados. **d)** O Poder Moderador era delegado privativamente ao Imperador, como Chefe Supremo da Nação, e considerado "a chave de toda organização política", com amplos poderes, como de nomeação de Senadores, convocação e dissolução da Câmara dos Deputados, suspensão de magistrados, sanção e veto de proposições legislativas. 7ª) Uma ampla declaração de direitos destinados a assegurar a inviolabilidade dos direitos civis e políticos dos cidadãos brasileiros (art. 179). A escravidão, contudo, foi mantida durante quase toda a vigência do regime imperial e da própria Constituição. 8ª) Competiam ao próprio Poder Legislativo as atribuições de guarda da Constituição e de interpretação das leis. 9ª) Caráter de semirrigidez da Constituição imperial: somente era exigido *quorum* especial para aprovação de emendas que se referissem aos limites e atribuições dos poderes políticos. 10ª) Na época do Império, competia ao próprio Poder Legislativo velar pela supremacia da Constituição, não tendo sido instituído um sistema judicial de controle da constitucionalidade.

4 CONSTITUIÇÃO DE 1891 – 2ª CONSTITUIÇÃO BRASILEIRA E 1ª CONSTITUIÇÃO REPUBLICANA

4.1. MOMENTO HISTÓRICO

Diversos fatos históricos levaram à alteração dos fatores reais de poder. A Monarquia não contava mais com sua tradicional base de apoio, os fazendeiros de café do Vale do Paraíba, em razão da abolição da escravatura no ano anterior. Havia insatisfação de alguns setores políticos com o fato de a Princesa Isabel, herdeira do trono, ser casada com um estrangeiro, o Conde D'Eu. Com o fim da Guerra do Paraguai, o Exército mobilizado passou a ser uma força política considerável, não mais aceitando a simples subordinação ao poder do Imperador. Além disso, existia uma séria aspiração federalista das províncias, de maior autonomia política. A República, no Brasil, resulta de um golpe militar desferido em 15 de novembro de 1889, com o banimento da família imperial do território nacional. Como escreveu Aristides Lobo, um dos poucos civis envolvidos na revolta: "O povo assistiu tudo aquilo bestializado, atônito, surpreso, sem conhecer o que significava. Muitos acreditavam sinceramente estar vendo uma parada". Com a proclamação da nova forma de governo, impunha-se a elaboração de uma nova Constituição. Foi convocada uma Assembleia Nacional Constituinte, que elaborou a 1ª Constituição republicana, a qual foi bastante influenciada pelo modelo constitucional norte-americano, o que se evidencia pela própria denominação adotada: "Estados Unidos do Brasil".

4.2. CARACTERÍSTICAS PRINCIPAIS

1ª) Forma federativa de Estado, com rígida separação de competências entre a União e os Estados (federalismo dualista). 2ª) Forma republicana de governo. 3ª) Território brasileiro dividido em Estados. As antigas províncias transformaram-se em Estados-Membros dos Estados Unidos do Brasil, contando com Constituições e leis próprias. 4ª) Ampla liberdade de culto. O catolicismo deixou de ser a religião oficial do Estado brasileiro, permitindo-se o livre culto de todas as crenças. 5ª) Tripartição de Poderes políticos: **a)** Executivo; **b)** Legislativo; e **c)** Judiciário. **a)** O Poder Executivo era exercido pelo Presidente da República, eleito por sufrágio direto e maioria absoluta. Caso nenhum dos candidatos obtivesse a maioria absoluta, o Congresso Nacional elegeria o Presidente da República, por maioria simples, entre os dois candidatos mais votados nas eleições gerais. O Presidente era auxiliado por Ministros de sua confiança, que deveriam referendar os atos praticados pelo Chefe do Poder Executivo nas diversas áreas em que se dividia a Administração federal. **b)** O Poder Legislativo era exercido pelo Congresso Nacional, composto de duas Casas Legislativas, a Câmara dos Deputados e o Senado. A Câmara era constituída de representantes eleitos pelo povo, e o Senado, de três representantes eleitos por cada Estado e pelo Distrito Federal. **c)** O Poder Judiciário era formado por juízes e tribunais. Foi instituído o Supremo Tribunal Federal, com 15 juízes nomeados pelo Presidente da República, após aprovação pelo Senado Federal, "dentre os cidadãos de notável saber e reputação". 6ª) Ampliação dos direitos individuais, com a inclusão do *habeas corpus* entre os direitos constitucionais do cidadão brasileiro. 7ª) Instituído um sistema judicial difuso de controle da constitucionalidade, de acordo com o modelo norte-americano, admitindo-se o recurso para o Supremo Tribunal Federal de decisões judiciais em que se questionasse a validade de leis e atos dos governos locais em face da Constituição.

5 CONSTITUIÇÃO REPUBLICANA DE 1934 – 3ª CONSTITUIÇÃO BRASILEIRA

5.1. MOMENTO HISTÓRICO

A Constituição de 1891 perdurou até a Revolução de 1930, que pôs fim ao regime da denominada República Velha. Várias causas são apontadas: esgotamento do modelo político até então vigente, representativo das velhas oligarquias rurais; rompimento da política do café com leite, da alternância do poder entre os Estados de São Paulo e Minas Gerais, com a indicação de Júlio Prestes para a sucessão de Washington Luiz, ambos paulistas; sistema eleitoral viciado, baseado no voto em aberto, no "coronelismo político", com eleições controladas pelos próprios ocupantes do poder político, desmoralização do processo eleitoral e não aceitação do resultado pelos vencidos; crise econômica de 1929, com a desestruturação do setor cafeeiro, que dava sustentação política ao governo; surgimento de novas questões sociais e econômicas decorrentes do processo de urbanização e industrialização e de reivindicações político-econômicas de uma nova classe social: o operariado.

Em 1932 eclodiu, em São Paulo, a denominada Revolução Constitucionalista, para o regresso do Brasil às formas constitucionais. Observa-se, contudo, que uma Assembleia Nacional Constituinte já havia sido convocada pelo governo central dois meses antes da eclosão dessa fracassada revolução. A Constituição de 1934 é fruto desse órgão constituinte. Foi bastante influenciada pela Constituição alemã de Weimar. A concepção de intervenção do Estado na economia veio a substituir a antiga ideia liberal do *laisser-faire*, com a implantação da política do *new deal* nos Estados Unidos da América e o planejamento nos países socialistas. Com a extensão do direito de voto às mulheres, pelo Código Eleitoral de 1932, pela primeira vez uma mulher foi eleita para compor uma Assembleia Nacional Constituinte no Brasil.

5.2. CARACTERÍSTICAS PRINCIPAIS

1ª) Manteve a Federação e a República como forma de Estado e de governo. 2ª) A Constituição incorporou uma concepção de intervenção do Estado na ordem econômica e social e dedicou um título à ordem econômica e social. 3ª) Adotou um modelo cooperativo de federalismo, acabando com a rígida repartição de competências estabelecida pela Constituição de 1891. 4ª) Manteve a tripartição dos Poderes políticos, mas com características próprias. a) O Poder Legislativo era exercido pela Câmara dos Deputados, com a mera colaboração do Senado Federal, que era disciplinado no capítulo da coordenação dos Poderes. A Câmara dos Deputados era composta de representantes eleitos pelo povo e por organizações profissionais (modelo corporativista). b) O Poder Executivo era exercido pelo Presidente da República, eleito pelo voto universal, direto e secreto. Extinção do cargo de Vice-Presidente da República. c) O Poder Judiciário era composto pela Corte Suprema e por três ramos: Justiça Federal, Militar e Eleitoral, além das Justiças Estaduais. 5ª) Constitucionalizou a Justiça Eleitoral, já criada em 1932, com competência privativa para o processo das eleições, como uma forma de moralização do processo eleitoral. 6ª) Instituiu a Justiça do Trabalho. 7ª) Incorporou direitos sociais, nova modalidade de direitos fundamentais, representando uma prestação positiva do Estado (aposentadoria, salário mínimo, jornada de oito horas de trabalho, repouso semanal, licença-maternidade etc.). 8ª) Extensão constitucional do direito de voto às mulheres, quando exercessem função pública remunerada. 9ª) Ampliação dos direitos e garantias individuais, com a introdução do mandado de segurança e da ação popular no texto constitucional. O mandado de segurança é um instituto jurídico próprio do direito nacional. Trata-se de uma decorrência da doutrina brasileira do *habeas corpus*, construída a partir da vigência da Constituição de 1891, com fundamento em Rui Barbosa, que não restringia esse remédio ao simples direito de ir e vir. Essa restrição veio a ser estabelecida somente pela reforma de 1926 à Constituição de 1891, justificando, em 1934, a criação de uma nova ação constitucional para a tutela dos demais direitos individuais líquidos e certos não amparados pelo remédio heroico em casos de violação por autoridade. 10ª) Introdução de três importantes inovações no sistema de controle de constitucionalidade que perduram até hoje. a) Cláusula da reserva de Plenário, pela qual os tribunais, somente por maioria absoluta, podem declarar a inconstitucionalidade de leis ou atos do Poder Público. Essa exigência tem por finalidade impedir decisões contraditórias de órgãos fracionários de um mesmo tribunal ou de maiorias ocasionais. b) Comunicação da decisão declaratória de inconstitucionalidade proferida pelo Supremo Tribunal Federal ao Senado Federal, para que este órgão providencie a suspensão da executoriedade da lei em território nacional. Essa medida não se confunde com a efetiva revogação da norma considerada inconstitucional por outra. O ato legislativo expedido pelo Senado confere efeitos *erga omnes* à decisão proferida pelo Supremo pela via difusa de controle de constitucionalidade. c) Representação interventiva. Foi criada a possibilidade de o Supremo Tribunal Federal, provocado pelo Procurador-Geral da República, declarar a inconstitucionalidade de lei estadual que viole algum dos princípios sensíveis inseridos na Constituição Federal.

6 CONSTITUIÇÃO DE 1937 – 4ª CONSTITUIÇÃO BRASILEIRA

6.1. MOMENTO HISTÓRICO

A Constituição de 1934 durou pouco mais de três anos, substituída pela de 1937, imposta por Getúlio Vargas. Foi uma época de avanço dos regimes totalitários em todo o mundo. Influenciado pelo modelo fascista de organização política, instaurou um regime político conhecido como o "Estado Novo". Na verdade, tratava-se de uma ditadura pura e simples, pois o Presidente da República legislava por decretos-leis e aplicava-os como Poder Executivo. Essa Carta Constitucional deveria ter sido submetida a um plebiscito, o que não ocorreu. Pelo art. 186, o país todo foi declarado em estado de emergência, com a suspensão de direitos individuais. Esse artigo foi revogado somente em novembro de 1945, com a redemocratização do país e Getúlio Vargas já afastado do poder. Essa Constituição é conhecida como "A polaca", dada a influência que recebeu da Constituição da Polônia.

6.2. CARACTERÍSTICAS PRINCIPAIS

1ª) Manutenção da Federação como forma de Estado apenas nominalmente, pois todo o poder político foi transferido para o governo central, especialmente para o Presidente da República (federalismo nominal). 2ª) Separação de Poderes somente formal, pois o Legislativo e o Judiciário foram extremamente reduzidos em suas funções. a) Concentração de poderes políticos no Poder Executivo, considerado como "autoridade suprema do Estado", a quem foram atribuídas as funções de coordenar a atividade dos órgãos representativos, dirigir a política interna e externa, promover e orientar a política legislativa de interesse nacional e superintender a administração do país. O Presidente da República podia expedir decretos-leis sobre matérias de competência legislativa da União, nos períodos de recesso parlamentar ou de dissolução da Câmara dos Deputados, bem como dissolvê-la. b) O Poder Legislativo era exercido pelo Parlamento Nacional, com a colaboração do Conselho de Economia Nacional e do Presidente da República, composto de duas Casas Legislativas, a Câmara dos Deputados e o Conselho Federal. Aquela era composta de representantes eleitos pelo povo, enquanto este, de representantes do Estado e de membros nomeados pelo Presidente da República, substituindo o antigo Senado. Nenhum membro das Casas Legislativas possuía iniciativa isolada de projetos de lei. A iniciativa era em princípio do governo. Somente 1/3 dos Deputados ou membros do Conselho Federal podia apresentar projetos de lei. Uma lei de iniciativa do Parlamento podia conter somente normas gerais sobre determinado assunto. **c)** O Poder Judiciário era composto do Supremo Tribunal Federal, de uma Justiça Militar e de Justiças Estaduais. **3ª)** Refletindo a mentalidade autoritária da nova Carta Constitucional, direitos e garantias individuais foram restringidos, e o mandado de segurança e a ação popular, excluídos do texto constitucional. **4ª)** Houve um retrocesso no processo de controle de constitucionalidade. Uma lei declarada inconstitucional pelo Poder Judiciário poderia ser novamente apreciada pelo Legislativo a pedido do Presidente da República. Caso confirmada por 2/3 dos votos de cada Casa, a decisão do Supremo Tribunal Federal ficava sem efeito.

7 CONSTITUIÇÃO DE 1946 – 5ª CONSTITUIÇÃO BRASILEIRA

7.1. MOMENTO HISTÓRICO

O grande fato político antecedente dessa Constituição foi a redemocratização do país em 1945. O Brasil lutou na 2ª Guerra Mundial, do lado das nações aliadas, contra o nazismo e o fascismo, tendo enviado forças expedicionárias para a Itália. Com o regresso dessas tropas, seria um contrassenso a conservação no Brasil de um regime político semelhante aos que haviam sido derrubados na Europa. A Constituição de 1946 é fruto de uma Assembleia Nacional Constituinte convocada após o afastamento de Getúlio Vargas do poder, da qual participaram representantes de todas as correntes políticas existentes no país. Essa Constituição, que perdurou até 1967, sobreviveu ao golpe militar de 1964, embora desfigurada por sucessivos atos institucionais, que concentravam poderes nas mãos do Presidente da República.

7.2. CARACTERÍSTICAS PRINCIPAIS

1ª) Recuperação da autonomia das entidades federadas. **2ª)** Restauração do sistema de separação de Poderes. **3ª)** Restabelecimento do cargo de Vice-Presidente da República, extinto posteriormente durante a vigência do sistema parlamentar de governo. **4ª)** Retomada do regime democrático. **5ª)** Reintrodução do mandado de segurança e da ação popular no capítulo dos direitos individuais inseridos no texto constitucional. **6ª)** A Constituição de 1946 manteve o controle difuso de constitucionalidade pela via de exceção. Contudo, a Emenda n. 16, de 1965, introduziu entre as competências do Supremo Tribunal Federal o julgamento da ação direta de inconstitucionalidade de lei ou ato normativo federal ou estadual proposta pelo Procurador-Geral da República. Foi instituído um sistema duplo de controle de constitucionalidade, tanto pela via de ação como pela de exceção, ambos com características próprias. **7ª)** Admitiu-se a possibilidade de comparecimento de Ministros de Estado ao Congresso Nacional para prestar esclarecimentos, por convocação ou voluntariamente.

7.3. EMENDA PARLAMENTARISTA

Como fórmula de compromisso entre as forças democráticas e os militares, após a renúncia do então Presidente Jânio Quadros, para assegurar a preservação da ordem constitucional e a posse do Vice-Presidente da República eleito pelo voto popular, João Goulart, foi introduzido o sistema parlamentar de governo no país pela Emenda Constitucional n. 4, em setembro de 1961. Realizado posteriormente um plebiscito, o povo brasileiro, por ampla maioria, optou pelo retorno ao sistema presidencialista de governo. Pela Emenda Constitucional n. 6, de janeiro de 1963, foi restabelecido o presidencialismo no Brasil.

8 CONSTITUIÇÃO DE 1967 – 6ª CONSTITUIÇÃO BRASILEIRA

8.1. MOMENTO HISTÓRICO

O Presidente da República João Goulart foi derrubado por um golpe militar em 31 de março de 1964. No dia 9 de abril, a Junta Militar editou o primeiro ato institucional, mantendo a Constituição de 1946, mas com diversas modificações: eleição indireta do Presidente da República; possibilidade de aprovação por decurso de prazo de projetos de lei de iniciativa do Presidente da República; suspensão das garantias individuais de estabilidade e vitaliciedade, com possibilidade de demissão após "investigação sumária"; suspensão de direitos políticos pelo prazo de dez anos; e cassação de mandatos legislativos. Pelo Ato Institucional n. 2 foram extintos os partidos políticos e excluídos de apreciação judicial os atos praticados com fundamento em atos institucionais. Pelo Ato Institucional n. 4, o Congresso Nacional foi convocado extraordinariamente para discutir, votar e promulgar o projeto de Constituição apresentado pelo Presidente da República em prazo pouco superior a quarenta dias. Essa é a origem da Constituição de 1967. Os militares sentiram a necessidade de institucionalizar os "ideais e princípios da Revolução". Tratava-se de uma Constituição outorgada, pois o Congresso Nacional não havia sido eleito com essa finalidade e não mais possuía legitimidade política para a representação da vontade nacional, visto que diversos congressistas oposicionistas tiveram seus mandatos cassados. Essa Constituição prevaleceu somente por dois anos, sendo logo substituída pela Carta Constitucional de 1969.

8.2. CARACTERÍSTICAS

1ª) Impregnada pela ideologia da "segurança nacional" em diversos aspectos. a) Criação de um Conselho de Segurança Nacional. b) Possibilidade de civis serem julgados pela Justiça Militar em caso de crimes contra a segurança nacional. 2ª) Centralização dos Poderes políticos na União, especialmente nas mãos do Presidente da República, com iniciativa de lei em qualquer área, tendo campos de iniciativa exclusiva, aprovação de leis por decurso de prazo e expedição de decretos-leis em casos de relevância e urgência. 3ª) Redução de direitos individuais, admitindo-se a possibilidade de suspensão desses direitos em caso de abuso.

9 CONSTITUIÇÃO DE 1969 – 7ª CONSTITUIÇÃO BRASILEIRA

9.1. MOMENTO HISTÓRICO

Embora o Texto Constitucional de 1967 tenha sido promulgado em época de desenvolvimento econômico, em razão da reorganização do sistema financeiro e produtivo, bem como da entrada maciça de capital estrangeiro no país, a época era de grande radicalização política. De um lado, o cerceamento das liberdades democráticas e a prática sistemática de tortura e perseguição política, com prisões ilegais, mortes e exílios. De outro, em resposta ao acirramento político-ideológico, guerrilha urbana e rural, assaltos a bancos, sequestros de embaixadores etc. O governo militar, com a edição do Ato Institucional n. 5, de dezembro de 1968, concentrou ainda mais poderes nas mãos do Presidente da República, com a consequente restrição de direitos individuais e políticos. Em 1969, uma Junta Militar assumiu o poder, não aceitando que o Vice-Presidente, Pedro Aleixo, tomasse posse em razão da doença do Presidente Costa e Silva. Sob o pretexto jurídico de que nos períodos de recesso do Congresso Nacional competia ao Poder Executivo legislar sobre todas as matérias, a Junta Militar promulgou a Emenda n. 1 à Constituição de 1967. O propósito do regime militar foi a inclusão do conteúdo dos atos institucionais na própria lei fundamental de organização do Estado. Foram tantas as modificações introduzidas por essa emenda constitucional na lei de organização básica do Estado brasileiro que prevaleceu o entendimento de que se tratava de uma nova Constituição. Como aponta José Celso de Mello Filho, "a questão da cessação da vigência da Carta de 1967, e sua consequente substituição por um novo e autônomo documento constitucional, perdeu o seu caráter polêmico, em face da decisão unânime do STF, reunido em sessão plenária, que reconheceu, expressamente, que a Constituição do Brasil, de 1967, está revogada (*RTJ*, 98:952-63)". A principal característica dessa Constituição era o art. 182 estabelecendo que continuavam em vigor o Ato Institucional n. 5 e os demais atos institucionais posteriormente baixados. Observa, com precisão, Jorge Miguel que "A Constituição de 69 é a anticonstituição", pois o próprio Texto Constitucional admitia a existência de duas ordens, uma constitucional e outra institucional, com a subordinação da primeira à segunda. Pela ordem institucional o Presidente da República poderia, como fez, sem qualquer controle judicial, fechar o Congresso Nacional, intervir em Estados e Municípios, suspender direitos, cassar mandatos legislativos, confiscar bens e sustar garantias de funcionários, sobrepondo-se a direitos nominalmente tutelados pela ordem constitucional.

10 CONSTITUIÇÃO DE 1988 – 8ª CONSTITUIÇÃO BRASILEIRA

10.1. MOMENTO HISTÓRICO

De um lado, o regime político instaurado em 1964 já se havia esgotado. Os próprios militares preparavam o retorno para o regime democrático desde a distensão lenta e gradual do governo Geisel, a anistia política, o processo de abertura do governo Figueiredo e a eleição indireta de Tancredo Neves e José Sarney pelo Congresso Nacional para os cargos de Presidente e Vice-Presidente da República. Por outro lado, as forças oposicionistas conseguiram obter seguidas vitórias nas eleições realizadas e mobilizar a opinião pública e as forças da sociedade civil para o processo de redemocratização do Estado brasileiro. A capacidade de negociação dos líderes oposicionistas e a existência de divergências no partido de sustentação do governo contribuíram para a vitória das forças democráticas na eleição indireta realizada pelo Congresso Nacional para a escolha do Presidente da República. Pela Emenda n. 26 à Constituição de 1967, encaminhada pelo Presidente José Sarney ao Congresso Nacional, em 1985, foi convocada uma nova "Assembleia Nacional Constituinte". Foram eleitos Senadores e Deputados, em 1986, com a missão de elaboração da atual Constituição brasileira, promulgada em 5 de outubro de 1988. Trata-se da Constituição Cidadã, na feliz expressão de Ulysses Guimarães, Presidente da Assembleia Nacional Constituinte, em razão de ser amplamente voltada para a defesa dos direitos dos cidadãos. Essa Constituição é fruto de um poder constituinte originário, que teve origem em um processo de transição pacífica do regime militar para o regime democrático. A maior evidência de que a atual Constituição é fruto de um poder constituinte originário, muito embora tenha sido convocada por uma emenda à Constituição, foi a realização do plebiscito em que o povo brasileiro pôde escolher a forma de governo a ser adotada pelo Estado brasileiro: República ou Monarquia. A República era uma das cláusulas pétreas de todas as Constituições republicanas. Só foi possível a realização da consulta popular em razão de a Assembleia Nacional Constituinte possuir poderes próprios de um constituinte originário, não estando subordinado a limitações anteriormente existentes.

10.2. CARACTERÍSTICAS PRINCIPAIS

1ª) A Federação, a República e o presidencialismo foram mantidos como forma de Estado, forma de governo e sistema de governo. 2ª) Restabelecimento do regime democrático no país. 3ª) Valorização dos direitos fundamentais da pessoa humana. a) Surgimento de novas ações constitucionais: o *habeas data*, o mandado de injunção e o mandado de segurança coletivo. b) Tutela de novas espécies de direitos, os denominados interesses coletivos e difusos, como o meio ambiente, os direitos do consumidor, o patrimônio histórico e cultural. c) Valorização dos direitos sociais, com a criação de novos direitos (p. ex., licença-paternidade) e a ampliação de outros já existentes na legislação ordinária (p. ex., férias acrescidas de 1/3, licença-maternidade de 120 dias, aviso prévio proporcional). d) Extensão do direito de voto aos analfabetos e aos menores entre 16 e 18 anos de idade. 4ª) Os Municípios foram elevados expressamente à condição de entidades federativas, com autonomia política preservada no texto da própria Constituição. 5ª) Valorização do Poder Legislativo, com o fim da possibilidade de o Executivo legislar por decretos-leis e da aprovação de atos legislativos por decurso de prazo. 6ª) Ampliação do controle abstrato da constitucionalidade. a) Extensão da legitimidade ativa para a propositura da ação direta de constitucionalidade para diversas outras pessoas além do Procurador-Geral da República. b) O Procurador-Geral da República passou a exercer um mandato, não sendo mais demissível *ad nutum* pelo Presidente da República, podendo, portanto, agir com maior independência. c) Instituída a tutela do controle da constitucionalidade por omissão, com a previsão de duas novas ações constitucionais: a ação de inconstitucionalidade por omissão e o mandado de injunção. d) Pela Emenda Constitucional n. 3, de 1993, foi instituída a ação declaratória de constitucionalidade de lei ou ato normativo federal. 7ª) Realização de um plebiscito, em que o povo pôde escolher a forma de governo, República ou Monarquia, e o sistema de governo, presidencialismo ou parlamentarismo, tendo-se optado pela manutenção do *status quo*. 8ª) Realização de uma revisão constitucional cinco anos após a promulgação da Constituição. 9ª) Pela Emenda Constitucional n. 16, de 1997, foi admitida a possibilidade de reeleição do Presidente da República, dos Governadores do Estado e do Distrito Federal e de Prefeitos Municipais. 10ª) Pela Emenda Constitucional n. 24, de 1999, foi extinta a representação classista na Justiça do Trabalho. 11ª) Reforma Econômica do Estado brasileiro, conforme salientado por Luiz Roberto Barroso, em *Temas de direito constitucional*, mediante três transformações estruturais. a) Extinção de restrições ao capital estrangeiro, como a supressão da conceituação de empresa brasileira de capital nacional; dispensa da exigência de controle do capital nacional para a exploração de recursos minerais e aproveitamento dos potenciais de energia elétrica; e abertura da navegação de cabotagem para embarcações estrangeiras. b) Flexibilização dos monopólios estatais, com a possibilidade de concessão a empresas privadas da exploração dos serviços públicos de distribuição de gás canalizado e telecomunicações e a quebra do monopólio estatal do petróleo. c) Privatização, feita pela alienação de empresas estatais e pela possibilidade de concessão de serviços públicos a empresas privadas (Emendas Constitucionais n. 5/95, 6/95, 7/95, 8/95, 9/95 e 49/2006). 12ª) Reforma administrativa (Emendas Constitucionais n. 19/98 e 32/2001). 13ª) Reforma previdenciária, modificando as regras concernentes à aposentadoria (Emendas constitucionais n. 3/93, 20/98, 41/2003 e 47/2005). 14ª) Reforma do Judiciário, alterando a estrutura deste poder, com a finalidade de imprimir maior celeridade na solução das demandas judiciais e maior eficácia às decisões dos tribunais superiores (Emendas Constitucionais n. 22 e 24/99, 45/2004 e 47/2005).

11 CONSTITUIÇÕES PROVISÓRIAS

O Brasil, em dois momentos históricos, foi regido por Constituições provisórias: após a Proclamação da República, com o Decreto n. 1, de 15 de novembro de 1889, e após a Revolução de 1930, com o Decreto n. 19.398, de 11 de novembro de 1930. Como aponta José Celso de Mello Filho, a ordem constitucional anterior, nesses dois momentos históricos, foi substituída por instrumentos jurídicos que, "emanados de governos revolucionários, representaram, em nossa história política, documentos dotados de inegável força constitucional".

Quadro sinótico – História das Constituições brasileiras

Constituições brasileiras	1ª – 1824 – Independência do Brasil em 1822. 2ª – 1891 – Proclamação da República em 1889. 3ª – 1934 – Fim da República Velha e a ascensão de Getúlio Vargas em 1930, bem como a Revolução Constitucionalista de 1932 em São Paulo. 4ª – 1937 – Estado Novo em 1937. 5ª – 1945 – Redemocratização do país em 1945. 6ª – 1967 – Golpe de 1964. 7ª – 1969 – AI-5 em 1968. 8ª – 1988 – Redemocratização do país em 1985, com o fim do regime militar.
Constituições democráticas	Provenientes de uma Assembleia Nacional Constituinte, com a participação de representantes legitimamente eleitos pelo povo: 1891, 1934, 1946 e 1988.
Constituições outorgadas	Impostas, elaboradas sem a participação de representantes legitimamente eleitos pelo povo: 1824, 1937, 1967 e 1969.